中国投资银行竞争力研究报告

（2015）

济南大学金融研究院
中国投资银行评价研究中心

中国金融出版社

责任编辑：肖丽敏
责任校对：孙　蕊
责任印制：陈晓川

图书在版编目（CIP）数据

中国投资银行竞争力研究报告（Zhongguo Touzi Yinhang Jingzhengli Yanjiu Baogao）（2015）/济南大学金融研究院，中国投资银行评价研究中心．—北京：中国金融出版社，2015.7

ISBN 978-7-5049-8105-9

Ⅰ.①中… Ⅱ.①济…②中… Ⅲ.①投资银行—市场竞争—研究报告—中国—2015 Ⅳ.①F832.33

中国版本图书馆CIP数据核字（2015）第202631号

出版发行 中国金融出版社
社址 北京市丰台区益泽路2号
市场开发部 （010）63266347，63805472，63439533（传真）
网上书店 http://www.chinafph.com
（010）63286832，63365686（传真）
读者服务部 （010）66070833，62568380
邮编 100071
经销 新华书店
印刷 北京市松源印刷有限公司
尺寸 185毫米×260毫米
印张 13
字数 255千
版次 2015年7月第1版
印次 2015年7月第1次印刷
定价 45.00元
ISBN 978-7-5049-8105-9/F.7665

“中国投资银行竞争力研究报告”
课题学术委员会

主任委员： 夏　斌

委　　员（以汉语拼音为序）：

曹凤岐：北京大学
贺　强：中央财经大学
何　杰：深圳证券交易所
胡金焱：山东大学
胡汝银：上海证券交易所
林义相：中国证券业协会副会长
刘瑞波：山东财经大学
马庆泉：中国人民大学
施光耀：中国上市公司市值管理中心主任
王松奇：中国社会科学院
吴晓求：中国人民大学
夏　斌：国务院发展研究中心
朱武祥：清华大学

“中国投资银行竞争力研究报告”课题组成员

课题组负责人： 孙国茂

课题组成员： 孙国茂　朱相平　冯　琳　李泽祥　陈国文
孙同岩　刘　叶　孙艳艳　周　雪　姜顺其

目　　录

第1章　2014年中国宏观经济运行分析

2014年是十八届三中全会提出新一轮改革目标、我国开始全面深化改革的第一年。5月，习近平总书记在河南考察时提出“经济新常态”概念。习近平指出：“我国发展仍处于重要战略机遇期，我们要增强信心，从当前我国经济发展的阶段性特征出发，适应新常态，保持战略上的平常心态。在战术上要高度重视和防范各种风险，早作谋划，未雨绸缪，及时采取应对措施，尽可能减少其负面影响。”从宏观经济运行的主要指标看，我国经济已经进入增长速度换挡期、结构调整阵痛期和前期刺激政策消化期。2014年，我国GDP达到63.65万亿元，比上年增长7.4%。受外需疲软、内需持续回落、房地产周期性调整等多方面因素的共同作用，一方面，GDP增速继续回落；另一方面，在消费升级以及政策调整的作用下，经济结构出现较大幅度的调整。经济结构出现新的优化、整体价格水平的小幅回落以及就业状况的持续稳定，给2014年相对低迷的宏观经济增添了一抹“亮色”。这表明，我国宏观经济开始迈进新的阶段，正如李克强总理在2015年《政府工作报告》中所说：“发展的协调性和可持续性增强。”

纵观2014年全年，GDP增速呈现出“前低、中稳、后缓”状态；CPI变化相对平稳，但价格下行压力已经显现；投资增速在地方投资、房地产下滑，以及制造业萧条等因素的作用下逐季回落，在基础设施投资项目以及房地产政策常态化的作用下，第四季度投资增速下滑的速度开始明显趋缓；在奢侈品消费、政府消费以及房地产类消费下滑的情况下，虽然消费增速逐季回落，但以网络购物、教育、健康和休闲为主体的新型消费在消费转型升级的作用下，增长势头迅猛，部分对冲了传统消费下行的压力，这使得2014年底消费增速下行有所放缓；全年进出口总体状况持续疲软，出口在低迷的状态下呈现“前低后高”的季度性变化特征。社会融资总额达到16.09万亿元，比2013年减少了1.23万亿元。

虽然“三期叠加”使我国面临艰巨的改革发展和社会稳定任务，但是党中央、国务院始终坚持“稳中求进”的工作总基调，保持宏观政策的连续性和稳定性，创新宏观调控思路和方法，有针对性地进行预调、稳调，扎实做好各项工作，实现了经济社会稳步发展。目前，我国经济运行仍面临困难和挑战，经济下行压力较大，结构调整阵痛显现，企业生产经营困难增多，部分经济风险显现等，这就要求主动适应经济发展新常态，把转方式、调结构放在更加重要的位置，统筹兼顾“稳增长、调结构、促改革、惠民生、防风险、扩开放”，坚持“稳中求进”的工作基调，坚持速度服从质量、注重改革释放活力，为经济平稳转入新常态和“十三五”顺利开局奠定良好的基础。

1.1 2014年宏观经济运行特点

1.1.1 下行压力下经济运行保持平稳

尽管全年经济增长低于上一年度，但是经济运行仍处在合理区间。2014年GDP达63.65万亿元，同比增长7.4%，比2013年回落0.3个百分点（见图1－1），我国经济在中高速增长的新均衡点确认之前，经济运行将持续承压。得益于中央“稳中求进”总基调下一系列宏观政策和结构改革的作用，迄今为止这一进程总体平稳。自2012年以来，经济运行在一个相对狭窄的范围内波动。在连续12个季度中，GDP当季增速最高值（8.0%）与最低值（7.35%）仅差0.65个百分点（见图1－2）。经济运行在下行趋势中避免了大起大落，为各类市场主体有序转型创造了较好的宏观环境。

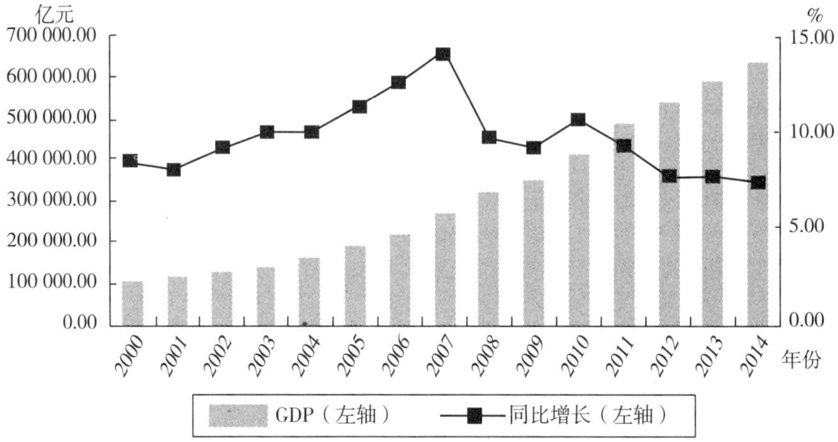

资料来源：Wind资讯，公司金融研究中心。

图1－1 GDP及增长速度（2000—2014年）

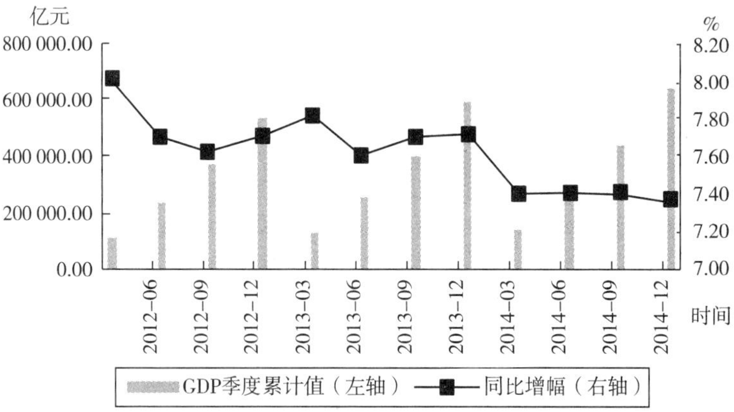

资料来源：Wind资讯，公司金融研究中心。

图1－2 季度GDP与同比增幅（2012—2014年）

1.1.2　经济结构进一步优化

继 2013 年第三产业占 GDP 比重首次超过第二产业之后，2014 年第三产业占比进一步提高，服务业成为最大的经济部门和最大的经济增长来源。2014 年第三产业拉动 GDP 增长 3.60 个百分点，对经济增长贡献率为 48.90%，比上年增加 1.30 个百分点（见图 1－3）。消费拉动 GDP 增长 3.70 个百分点，与上年持平；对经济增长的贡献率为 50.20%，比上年增加 2.00 个百分点，超过投资 1.70 个百分点，对经济增长的贡献率稳步上升，超过投资贡献成为经济增长第一动力。近两年的重化工业去产能化、房地产行业挤泡沫、融资平台去杠杆化以及消费领域挤浪费等调整措施，总体上有利于加快结构调整。

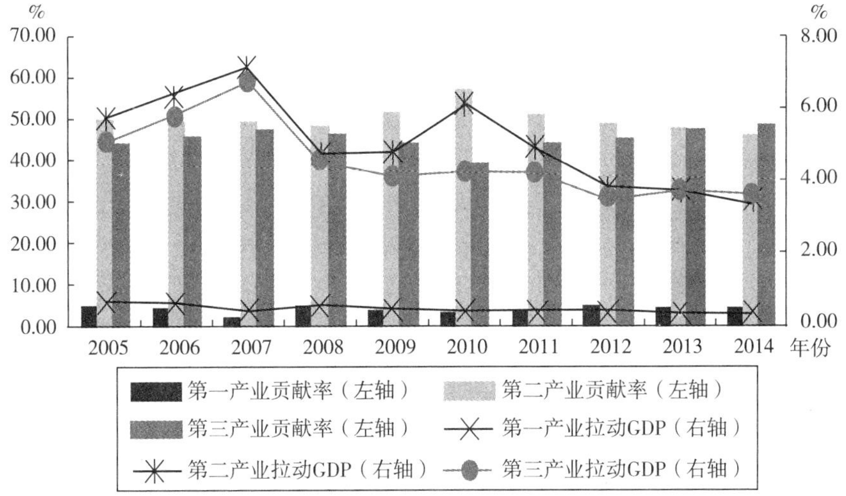

资料来源：Wind 资讯，公司金融研究中心。

图 1－3　三产业对 GDP 贡献率和拉动 GDP 增长年度变化（2005—2014 年）

1.1.3　主要效益指标健康合理

2014 年，效益指标相对于宏观经济增速的弹性减小，表明市场主体逐步适应宏观环境的变化，盈利模式开始发生转变。2014 年，国有及规模以上非国有工业企业利润总额达 64 715.30 亿元，同比增长 3.0%，比上年增加 1.51 个百分点，增速偏低但并未超出预期；全年公共财政收入和税收收入分别为 140 349.74 亿元和 119 158.00 亿元，同比分别增长 8.60% 和 7.81%（见图 1－4）。

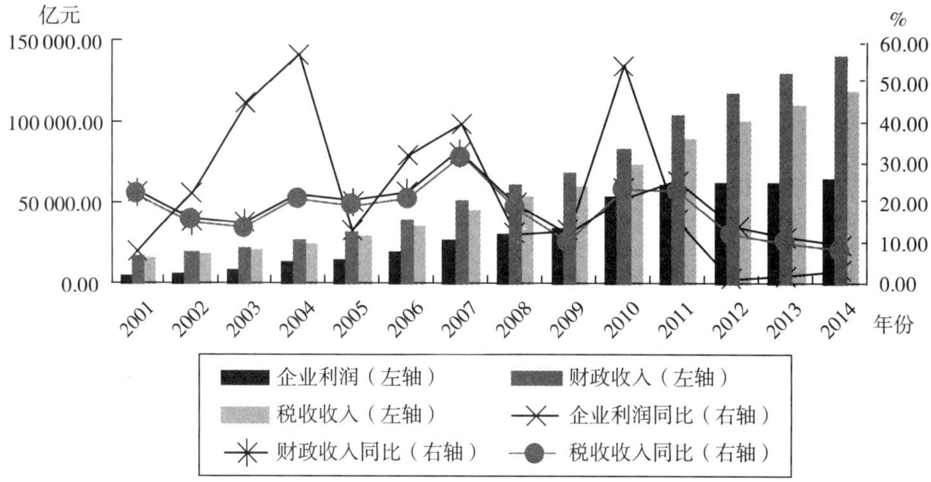

资料来源：Wind 资讯，公司金融研究中心。

图1-4　企业利润、财政收入和税收收入年度变化情况（2001—2014年）

1.1.4　新一轮改革初显成效

十八届三中全会后，中央政府积极推进各项改革。李克强总理在2015年的《政府工作报告》中指出："国务院各部门全年取消和下放246项行政审批事项，取消评比达标表彰项目29项、职业资格许可和认定事项149项，再次修订投资项目核准目录，大幅缩减核准范围"。政府的权力清单、责任清单进一步规范。此外，财税、金融等领域改革稳步推进，通过有保有压、有扶有控的措施，推动经济进一步向协调发展迈进。努力加强经济社会发展薄弱环节，加大中西部铁路、棚户区改造和城市地下管网等建设，进一步夯实农业基础，实现粮食生产"十一"连增，增强了经济发展的后劲。同时，"一带一路"战略加快推进，中韩、中澳自贸区完成实质性谈判，成功举办APEC领导人非正式会议，达成了建立亚太自贸区的时间表。上海自贸区取得一些可复制、可推广的经验，天津、福建、广东三个新的自贸区建设开始启动，对外开放正在迈入新台阶。

1.1.5　经济下行对就业影响不明显

2014年随着我国人口结构的变化，新增劳动力总量压力已经明显减弱。全年的月度城镇新增就业稳步增加，2月同比增速最大，达4.19%，3～11月同比增速小幅上升，12月城镇新增就业达到1 322万人，同比增长0.92%，增速较前几个月份有所下降（见图1-5）。从全国就业供求分析看，求人倍率[①]稳定在1.1左右，总体上维持求大于供的格局。31个大中城市的调查失业率为5%左右，并未随经济下行而走高。根据国务院发

---

① 求人倍率是劳动力市场在一个统计周期内有效需求人数与有效求职人数之比，即求人倍率=有效需求人数/有效求职人数，它表明了当期劳动力市场中每个岗位需求所对应的求职人数。理论上求人倍率可以反映一个统计周期内劳动力市场的供需状况，当求人倍率大于1，说明职位供过于求；如果求人倍率小于1，说明职位供不应求。

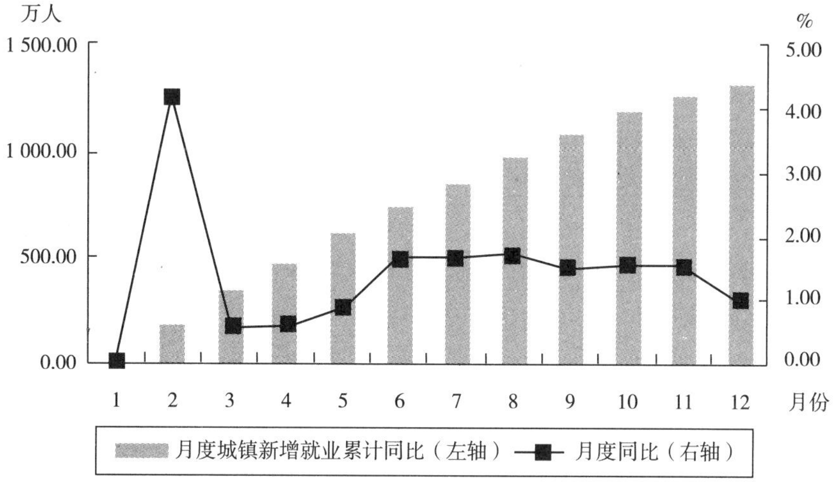

资料来源：Wind 资讯，公司金融研究中心。

图 1－5　城镇新增就业月度累计和月度同比（2014 年）

展研究中心近期调查，2015 年预计增加招工的企业占 30.3%，持平的占 57.3%，减少的占 12.4%。

1.1.6　债务水平上升风险可控

在增长放缓的背景下，综合偿债压力会明显加大。2014 年全国债务余额占 GDP 比例达到 215% 左右。中央政府债务余额为 100 708.35 亿元，同比增长 10.00%，占 GDP 比重为 15.82%，比上一年度增加了 0.31 个百分点（见图 1－6）。当前，因房地产调整带来的部分中小开发商资金链断裂，采掘、钢铁等重化工业的深度调整，以及中小企业

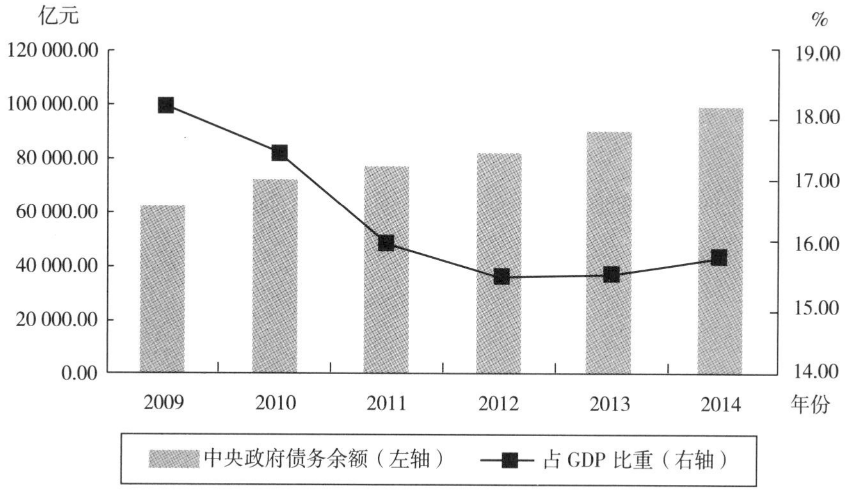

资料来源：Wind 资讯，公司金融研究中心。

图 1－6　中央政府债务余额及 GDP 占比年度变化情况（2009—2014 年）

经营困难加大等，导致一些金融产品出现违约，小贷公司破产，加上联保互保等因素，金融风险进一步暴露。商业银行不良贷款呈上升趋势，而且拨备覆盖率总体有所下降。但自2013年以来，我国明显加大了对金融、财政风险的监管和处置力度。对“影子”银行、非标资产的监管和地方债务管理加强，银行风险有所释放，不良资产的核销处置加快，风险虽在累积但尚在可控范围。

1.2 对2014年宏观经济运行的评价

1.2.1 对2014年经济改革的评价

党的十八届三中全会对全面深化改革作出了总体部署。在过去的一年里，单独二孩、废除劳教、新型城镇化、户籍、纪检、简政放权等领域的改革已经实施或准备推动；司法、财税、文化、土地制度等领域的改革方案正在审议；十八届三中全会还提出“国家治理体系和治理能力现代化”，将执政理念从“管理”转向“治理”。新一届政府的改革力度前所未有，各类改革政策的制定和出台也比前几年要快得多。

一是财税方面的改革。2014年6月30日财税体制改革方案审议通过。中共中央政治局召开会议审议《深化财税体制改革总体方案》，重点推出三方面改革：一是改进预算管理制度，强化预算约束、规范政府行为、实现有效监督，加快建立全面规范、公开透明的现代预算制度；二是深化税收制度改革，优化税制结构、完善税收功能、稳定宏观税负、推进依法治税，建立有利于科学发展、社会公平、市场统一的税收制度体系，充分发挥税收筹集财政收入、调节分配、促进结构优化的职能作用；三是调整中央和地方政府间财政关系，在保持中央和地方收入格局大体稳定的前提下，进一步理顺中央和地方收入划分，合理界定政府间事权和支出责任，促进权力和责任、办事和花钱相统一，建立事权和支出责任相适应的制度。同时，国务院常务会议决定实施煤炭资源税改革，推进清费立税减轻企业负担。

二是金融方面的改革。银行体系的存款保险制度、保险行业的个税递延养老保险试点、沪港通和股票发行注册制改革都是2014年金融改革的重头戏。资本市场方面，5月，国务院出台《关于进一步促进资本市场健康发展的若干意见》，积极稳妥地推进股票发行注册制改革，建立以信息披露为中心的股票发行制度。11月，中国人民银行和中国证监会联合下发《关于沪港股票市场交易互联互通机制试点有关问题的通知》，沪港通股票交易于11月17日开始。保险行业发展方面，8月，国务院公布《关于加快发展现代保险服务业的若干意见》，试点个税递延型养老保险。在存款保险制度建设方面，11月30日存款保险拟实行限额偿付，最高限额为人民币50万元。

三是行政改革方面。国务院花大力气进一步简化或取消不必要的行政审批和程序，直接激活了微观经济主体，释放制度红利。转变政府职能、简政放权是本届政府办的第一件大事。到2014年9月，先后取消和下放7批共632项行政审批等事项。中央层面政府核准的投资事项比 2013 年减少 40%，连同 2013 年减少的 60%，新一届中央政府两年内核准项目数量共将减少约 76%，对发挥投资拉动作用、平稳度过换挡期至关重要。小微企业、现代服务业创业环境进一步改善。转变政府职能是当前形势下保持经济持续健康发展的迫切需要和重大举措，而简政放权则是改变政府职能的突破口，是释放改革红利、打造中国经济升级版的重要一招。通过简政放权，放开市场“看不见的手”，用好政府“看得见的手”。让“放”和“管”有效地结合起来，形成现代化的政府管理手段。

四是民生方面改革。户籍制度、教育、医疗、体育、社会保障方面的改革有序推进。户籍和社保方面，2 月，国务院提出将合并新型农村社保和城镇居民社保，建立全国统一的城乡居民基本养老保险制度。7 月，国务院又指出将要建立居住证制度。国务院进一步推进户籍制度改革，取消农业户口与非农业户口性质区分。教育改革方面，高考改革“落地”、教师轮岗“加速”、严惩教师“失德”等一系列改革措施促进教育领域长期健康发展。医疗体系改革方面，在加快推动公立医院改革、积极推动社会办医、扎实推进全民医保体系建设、巩固完善基本药物制度和基层运行新机制、规范药品流通秩序等方面都取得了扎实的进展。体育改革方面，2014 年 10 月，国务院印发了《关于加快发展体育产业促进体育消费的若干意见》，部署积极扩大体育产品和服务供给，推动体育产业成为经济转型升级的重要力量，促进群众体育与竞技体育全面发展，加快体育强国建设，不断满足人民群众日益增长的体育需求。文件提出，到 2025 年，基本建立布局合理、功能完善、门类齐全的体育产业体系，体育产品和服务更加丰富，市场机制不断完善，消费需求愈加旺盛，对其他产业的带动作用明显提升，体育产业总规模超过 5 万亿元，成为推动经济社会持续发展的重要力量。

五是在价格、节能减排和土地领域的改革。2014 年出台了较为具体的规划，并逐步付诸实施。资源要素价格改革方面，李克强总理在 11 月 15 日召开的国务院常务会议上，部署加快推进价格改革，更大程度地让市场定价；决定实施普遍性降费，进一步为企业特别是小微企业减负添力。节能减排方面，国务院 5 月 15 日印发《2014—2015 年节能减排低碳发展行动方案》。根据方案，2014—2015 年，我国将努力实现单位 GDP 能耗、化学需氧量、二氧化硫、氨氮、氮氧化物排放量分别逐年下降 3.9%、2%、2%、2%、5% 以上，单位 GDP 二氧化碳排放量两年分别下降 4%、3.5% 以上。农村土地制度改革方面，2014 年 12 月 2 日中央深化改革领导小组谈农村土地制度改革，指出土地征收、集体经营性建设用地入市、宅基地制度改革关系密切，试点工作中要分类实施。

1.2.2　对 2014 年经济运行的评价

面对经济持续下行压力，新一届政府创新调控思路和方式，在加强区间管理的基础上，推出定向调控措施，宏观经济运行总体平稳，主要指标处于合理区间，经济增长和就业仍处于下限之上，物价增长小幅回落，持续保持在上限之下；下行因素与上行因素并存，在经济增速稳中缓降的同时，结构优化效应增强。其中，工业、房地产、投资构成 2014 年经济增长下行压力增大的一组经济指标，尽管在调整时间先后上存在差异，但表现出高度的关联性和一致性，而这些指标的持续下行是经济向新常态转换的一种必然结果和内在要求，也是结构调整优化必然经过的阵痛；就业形势较好，居民收入和消费稳定增长，服务业较快增长，特别是网上购物等新业态快速增长，这四个指标增长趋势一致，表现出很强的关联性，是我国经济向新常态转变的新亮点和减缓经济下行压力、优化经济结构的重要支撑力量；出口增长对经济增长的贡献率明显下降，从过去的高增长转为与 GDP 大致同步的温和增长，而且月度、季度间增长极不稳定，连续几年都出现了“过山车式”的波动，很难把握，企业也很不适应。另外，对影响经济运行和政策影响较大的因素是各种潜在金融风险释放。一些非银行金融机构，在高利贷的引诱下盲目扩张，形成巨额坏账，在金融政策回归常态化及经济下行压力持续化的情况下，开始释放局部的金融风险；房地产、煤炭等行业中的一些企业，因资金流不足导致资金链断裂的事件时有发生；还有一些地方对土地财政的过度依赖及融资平台的过度负债，所积累的隐性风险也开始显性化。尽管总体看来，金融风险和财政风险可控，但这些因素会导致社会融资成本上升，对一些行业或地方经济发展产生较大的影响，增加经济运行的不确定性，宏观调控政策的制定对此要更加重视、更加谨慎。

总体来看，2014 年我国宏观经济运行已经进入新常态，不仅经济增长转向中高速，而且伴随着深刻的结构变化、发展方式变化和体制变化。而结构、方式和体制的变化不断推进、显现，正是新常态下中国经济新动力所在、机遇所在。与此同时，适应新常态的宏观经济政策也在逐步成型，成为保持经济平稳增长、促进经济活力增强、结构不断优化升级的有力支撑，但同时也要看到经济运行存在的严峻问题和挑战。经济增长下行压力依然较大，投资总体乏力，新消费热点带动不足，外需总体偏弱，增长动力面临“青黄不接”的挑战；经济结构调整依然偏慢、发展方式粗放、创新动力不足、产能过剩比较严重等问题没有根本解决；经济运行风险有所增加，地方债、“影子”银行、房地产等领域的风险有所显现，财政收入增长放缓与财政支出刚性增长之间的矛盾有所突出；农业、外贸、社会、民生和生态环境等领域也出现了一些新的问题和挑战，一些促改革、稳增长的政策措施落实不到位。这些问题均制约着我国经济的各方面发展，需引起高度重视。

1.3 财政政策实施效果

2014 年，面对复杂多变的国际环境和艰巨繁重的国内改革发展稳定任务，党中央、国务院把握发展方向，坚持稳中求进工作总基调，全面深化改革，继续创新宏观调控思路和方式，有效实施积极的财政政策，经济运行处于合理区间，发展的协调性和可持续性增强。在实施积极的财政政策过程中，实行定向减税和普遍性降费，拓宽小微企业税收优惠政策范围，扩大“营改增”试点。加快财政支出进度，积极盘活存量资金。积极财政政策的实施必然会扩大财政赤字和国债规模。2009—2013 年，我国已经连续 5 年实施积极的财政政策，2014 年我国财政赤字规模为 1.35 万亿元，同比增长 12.5%；占

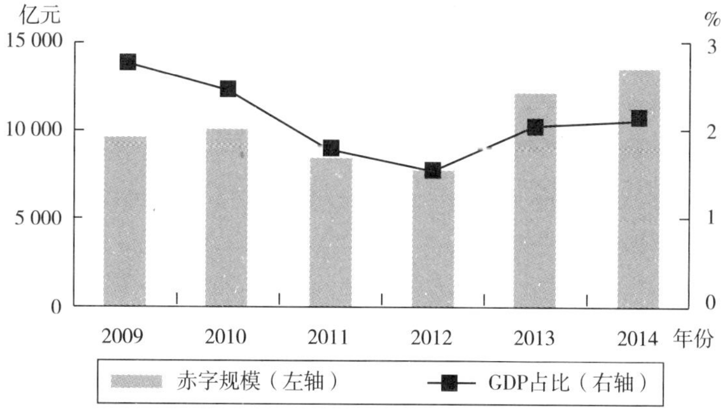

资料来源：Wind资讯，公司金融研究中心。

图1－7　我国财政赤字规模及GDP占比年度变化情况（2009—2014年）

GDP比重为2.12%，同比增加0.08个百分点（见图1－7），但仍处于3%这一国际公认的“安全警戒线”之下。

在积极财政政策的主基调下，国家实行了一系列针对性强、卓有成效的财政税收政策，并随着宏观经济形势进行微调。主要有以下几点：

——财税改革深入发展，进一步扩大了“营改增”范围。2014年1月，财政部对小微企业加大企业所得税、增值税、营业税等优惠政策力度；12月，财政部和国家税务总局发布《关于对小微企业免征有关政府性基金的通知》，宣布自2015年1月1日起至2017年12月31日，对按月纳税的月销售额或营业额不超过3万元（含3万元）以及按季纳税的季度销售额或营业额不超过9万元（含9万元）的纳税义务人，免征教育费附加、地方教育附加、水利建设基金、文化事业建设费，进一步扩展小型微利企业税收优惠政策。

——加大对政府债务的管理力度，特别是地方政府性债务的管理，建立起以政府债券为主体的地方政府举债融资机制，对地方政府性债务实行分类管理和限额控制，建立债务风险预警及化解机制；推动投融资创新机制，采取面向社会成立PPP中心，大力发展PPP模式，引导社会资本参与基础设施建设和运营，这些政策措施的实施切实防控了我国政府财政风险，使财政风险控制在合理范围之内。

——预算约束强化，预算管理更加规范，法制更加健全。全国人民代表大会在规定时限内批复中央部门预算，严格控制预算追加事项和追加时限，减少部门预算调整。加快中央对地方转移支付下达进度，一般性转移支付资金由批准预算后90日内下达缩短为30日内下达。清理规范税收等优惠政策，违法、违规的优惠政策自2014年12月1日起一律停止执行，经过清理后保留的优惠政策以及今后新制定的优惠政策一律纳入长效机制、规范管理。此外，进一步加大公共财政购买支出和转移性支付，完善促进养老、健康、教育、信息、文化等政策，民生工程各方面建设取得了重大进展。

需要指出的是，在资本市场运行过程中，财政政策有着不可或缺的地位，它指导、推动着资本市场的发展与健全。首先，税收对资本市场的影响，是税收宏观机制的表现。政府加大对中小微企业的税收优惠政策，在宏观经济下行的背景下，增加了企业的收入和利润，进而改善企业资本结构，增强投资者对资本市场的信心，激发他们参与资本市场的热情，促进资本市场健康发展；反过来，资本市场的健康发展，也会促使资本市场产品的价值提升，人们持有的财富增加，又会增加人们对资本市场产品的需求，进一步促进资本市场发展，形成良性循环。其次，政府实施的一系列政府债务管理措施以及投融资机制的创新建设，对我国资本市场的发展作用不容小觑。政府债务规模控制在合理范围之内，为我国资本市场的健康运行提供了一个安全稳定的金融环境，投融资机制的创新又丰富了资本市场的金融工具，进一步提高了资本市场配置资源的效率，促进资本市场融资功能大幅提升。2014 年，资本市场股权、债券融资额为112 219.58亿元，同比增长 261.24%（见图 1－8），资本市场成为资源配置的主战场。最后，预算管理以及社会保障政策措施的实施，不仅为我国资本市场提供了强有力的资金和专业人才支持，为市场注入新活力，而且通过各方面的投入，提高了投资者对资本市场的理性认识，增强了投资者应对资本市场变化的本领，使资本市场的理性因素大大增强，降低了资本市场的波动性。

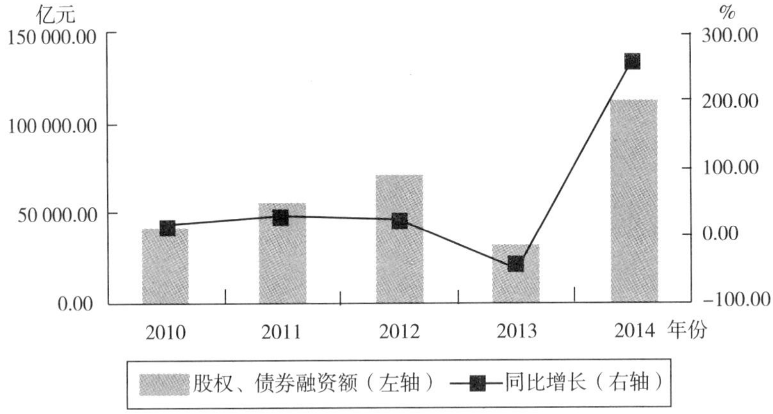

资料来源：Wind 资讯，公司金融研究中心。

图 1－8　资本市场股权、债券融资额年度变化情况（2010—2014 年）

此外，国家对一大批优惠政策的清理及法律环境的建设为资本市场创造了更加公平的竞争环境，加快统一开放、竞争有序的资本市场建设，反对地方保护主义和不正当竞争，着力清除要素和资本流动的壁垒，保护投资者利益以及资本市场稳健发展具有重要意义。总之，积极财政政策的实施对我国资本市场的各方面发展产生了一系列积极的影响，且效果显著。

1.4　货币政策实施效果

在经济增速处于下行区间、物价涨幅整体走低的情况下，中国人民银行在近两年坚

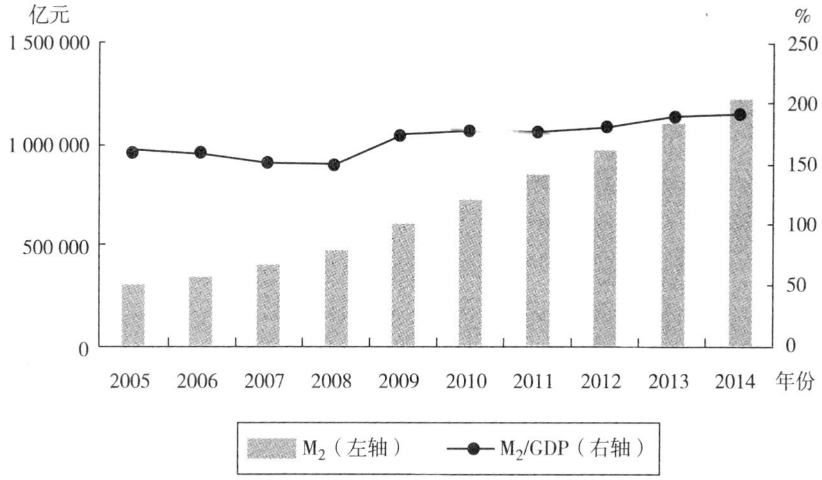

资料来源：Wind资讯，中国人民银行，公司金融研究中心。

图1-9　中国 M_2 与 M_2/GDP年度变化情况（2005—2014年）

持了"总量稳定、结构优化"并定向调控的货币政策思路，总体来看，2014年货币供应量增速平稳，银行体系流动性较充裕。截至2014年底，广义货币供应量 M_2 余额为122.84万亿元，按可比口径同比增长12.2%，增速比上年末低1.4个百分点，呈温和下跌趋势，低于13%的政策目标，但是远高于7.4%的GDP增幅，致使 M_2/GDP之比仍在高位运行（见图1-9）；狭义货币供应量 M_1 余额为34.81万亿元，同比增长3.2%，增速比上年末低6.1个百分点，M_1 增速下跌较快。因此，M_2 与 M_1 的剪刀差也从2013年底的4.3%扩大到2014年底的9.0%（见图1-10），企业经营困难加剧，持有活期存款意愿减弱。2014年，由于宏观经济的下行、银行风险偏好下降以及房地产市场长周期向

资料来源：Wind资讯，公司金融研究中心。

图1-10　中国货币供应量同比增速（2010—2014年）

下拐点的出现，资金涌向房地产市场的情况难以再现，而直接融资的渠道并未打开，因此，在改革预期的提振和宽松货币环境造成的无风险利率下行条件下，增量资金不断涌入股票和债券市场，推升了资产价格的急剧上升，其中，债券市场已经持续近一年的牛市，股票市场也在7月启动了牛市行情并出现暴涨，大量社会资金的涌入，为资本市场提供了流动性支持，提升了资本市场的活力。

近年来，作为货币供给主要渠道的外汇占款增速急剧下降。2014年12月末，外汇占款余额为294 090.46亿元，比11月下降约1 183.65亿元，同比增长2.74%，全年同比增速逐月下降（见图1-11），2014年外汇占款增速继续延续2011年以来的下降趋势。外汇占款减速带来“钱紧”问题，导致金融机构存款派生能力不足，金融机构在表内、表外信用均受制约的情况下，通过直接融资渠道派生信用来解决存贷比问题，进一步促进股权和债权等资本市场的发展，全年资产证券化（ABS）① 规模达2 000亿元，为2013年的10倍之多，资本市场的多元化建设取得长足发展。此外，中国人民银行近年来积极推动流动性调节工具创新，2013年先后创设公开市场短期流动性调节工具（SLO）和常备借贷便利（SLF），2014年初在部分地区开展分支机构常备借贷便利（SLF）操作试点，还新引入中期借贷便利（MLF）和抵押补充贷款（PSL）② 等中期流动性调节工具，公开市场操作也从回笼货币变成净投放货币。2014年，货币市场流动性充裕，春节前后曾出现短期波动，3月后上海银行间同业拆放利率（Shibor）隔夜品种总体稳定在2.4%~3.6%，7月初和12月末出现两个高点，分别为3.35%和3.53%。

此外，社会融资继续向表内信贷倾斜，人民币贷款延续长期化趋势。2014年我国社

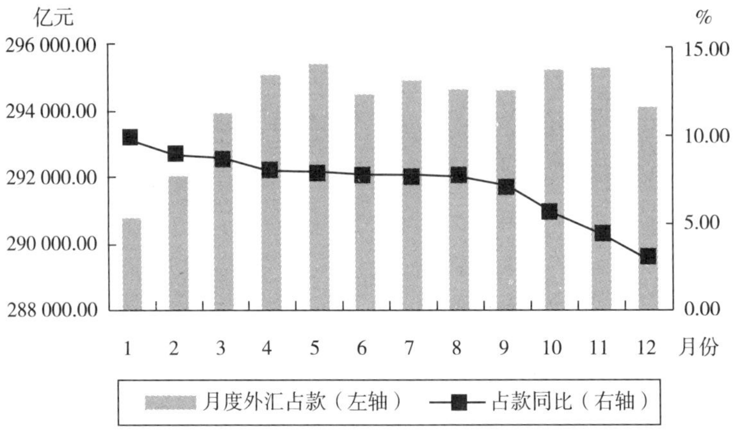

资料来源：Wind资讯，公司金融研究中心。

图1-11 月度外汇占款额及同比变化情况（2014年）

---

① ABS（Asset-backed Securities）是指发起人将其流动性不足但具有未来现金流收入的贷款或其他信贷资产打包成流动性强的证券，通过证券发行的方式出售给资本市场上的投资人。

② PSL与MLF都是2014年新创建的政策工具。PSL是指中央银行以抵押方式向商业银行发放贷款，合格抵押品可能包括高信用评级的债券类资产及优质信贷资产等。MLF则与SLF类似，两者最大的区别是SLF期限以1—3个月为主，而MLF借款期限要比SLF更长一些。

会融资规模累计值为 16.46 万亿元，同期减少 8 598 亿元，同比下降 4.96%，但仍处于历史次高水平（历史最高为 2013 年的 17.32 万亿元）。其中，新增人民币贷款 9.48 万亿元，占比达到了 57.59%，同比提高 8 个百分点。而包括信托贷款和未贴现银行承兑汇票在内的表外融资则出现加速收缩，信托贷款从上年同期的 1.84 万亿元下降到 2014 年 12 月末的 5 174 亿元；未贴现的银行承兑汇票 6 月后也出现下降（见图 1－12），表外融资（包括委托贷款、信托贷款和未贴现的银行承兑汇票三项）合计达 2.90 万亿元，同期减少 2.27 万亿元；占同期社会融资规模的 17.61%，同比降低 12.3 个百分点。社会融资投放进一步延续了“表外融资减少、表内信贷增多”的倾向，这一方面是因为在经济下行的背景下银行风险偏好降低，对承兑汇票的接受持更谨慎的态度，另一方面则是因为随着经济结构调整步伐加快、监管措施加强，商业银行的一些表外业务开始转向表内。值得关注的是，2014 年我国企业债券和非金融企业境内股票融资达到 28 167 亿元，同比增加 38.54%，从而带动直接融资金额和占比双双创下历史新高。直接融资在社会融资规模中的占比提高是融资结构优化的表现，有助于企业融资成本的降低。人民币贷款延续中长期化趋势。2014 年，人民币中长期贷款增加 6.06 万亿元，同比增加 2.5 万亿元，占全部人民币贷款增量的 61.96%，提高 21.96 个百分点。与此同时，人民币汇率双向波动性增强，跨境资本流动也从“偏流入”转向“偏流出”。

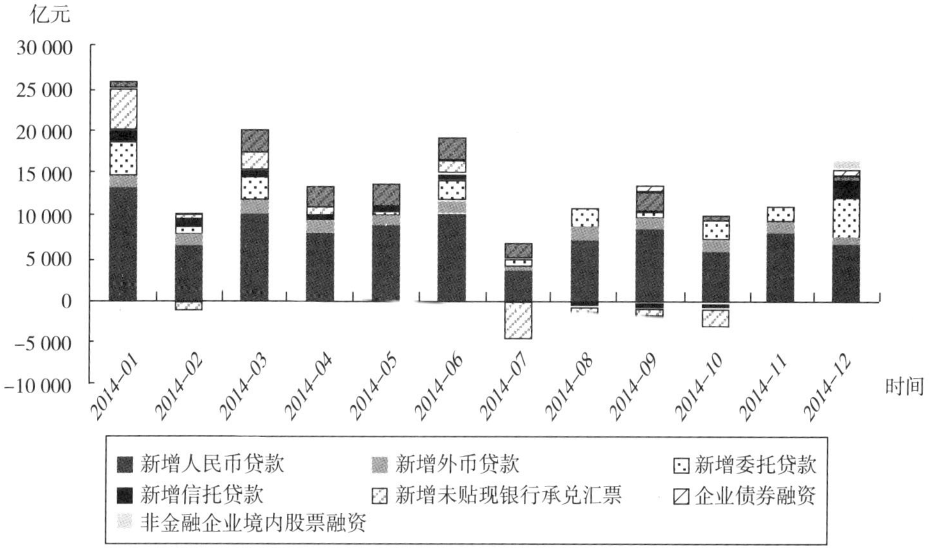

资料来源：Wind 资讯，公司金融研究中心。

图 1－12　中国社会融资月度变化情况（2014 年）

货币政策的实施对资本市场也产生了一定的影响。2014 年，中国人民银行共实施两次定向下调存款准备金率，实施一次非对称下调金融机构人民币贷款和存款基准利率。

——自 2014 年 4 月 25 日起，中国人民银行下调县域农村商业银行法定存款准备金率 2 个百分点，下调县域农村合作银行法定存款准备金率 0.5 个百分点。定向降准消息公布次日，上证综指报 2 067.38 点，微跌 5.45 点，跌幅为 0.26%；深证成指报 7 434.73 点，上涨43.51点，涨幅为0.59%。

——2014年6月9日，中国人民银行宣布自6月16日起对符合审慎经营要求且“三农”和小微企业贷款达到一定比例的商业银行（不含2014年4月25日已下调过准备金率的机构）下调人民币存款准备金率0.5个百分点，对财务公司、金融租赁公司和汽车金融公司下调人民币存款准备金率0.5个百分点。消息公布次日，上证综指收盘上涨22.03点，涨幅为1.08%，报2 052.53点；深证成指收盘上涨114.42点，涨幅为1.58%，报7 341.66点，连续两次的定向降准有望形成资金稳定流向“三农”和小微企业的机制，短期内提振了市场信心。

——2014年11月22日，中国人民银行启动了28个月以来的首次降息。其中，金融机构一年期贷款基准利率下调0.4个百分点至5.6%；一年期存款基准利率下调0.25个百分点至2.75%。降息后的首个交易日，上证综指收盘报2 532.88点，涨幅为1.85%，成交额3 302亿元；深成指数收盘报8 577.91点，涨幅为2.95%，成交额达2 541亿元，两市单日成交量突破万亿元，融资余额迅速提升。融资融券业务的快速发展也使得股权市场加杠杆的模式变得越来越普遍，加大了股票市场的波动性，再加上实体经济资金需求的上升，导致“去杠杆”压力进一步加大。

综上所述，2014年货币政策对资本市场的影响有好有坏，一方面，宽松的货币政策环境为资本市场提供了大量的资金支持；另一方面，宽松货币环境导致的融资融券等新兴业务的快速发展，加大了资本市场的波动性，资本市场风险也因此增加。

1.5 影响经济增长的主要原因分析

2014年影响我国经济增长由高速增长转向中高速增长新常态的因素是多方面的，是多种因素综合作用的结果，其中主要因素包括以下几个方面。

1.5.1 房地产市场的周期性逆转导致经济下滑

房地产转折性变化是我国经济下行压力加大的重要原因。根据国际经验，户均住房达1套左右，房地产新开工面积往往达到峰值。2013年以来我国城镇户均住房已经达到1套，住房市场格局已从供不应求转向供求基本平衡和局部供给过剩。2014年1月以来，房地产市场发生了全面逆转，截至12月末，房地产累计投资完成额达502 004.9亿元，同比增长15.7%；房屋新开工面积为179 592.49万平方米，同比减少10.7%；房地产销售面积为120 648.54万平方米，同比减少7.6%。分月度看，投资完成额增速2—9月小幅回升，10—12月又产生回落；新开工面积增速、销售面积增速虽实现逐月增加的趋势，但全年增速均在0以下（见图1－13）。

1.5.2 消费平稳增长，成为拉动经济增长亮点

2014年，全社会消费品零售总额为26.24亿元，名义同比增长下降了1.1个百分

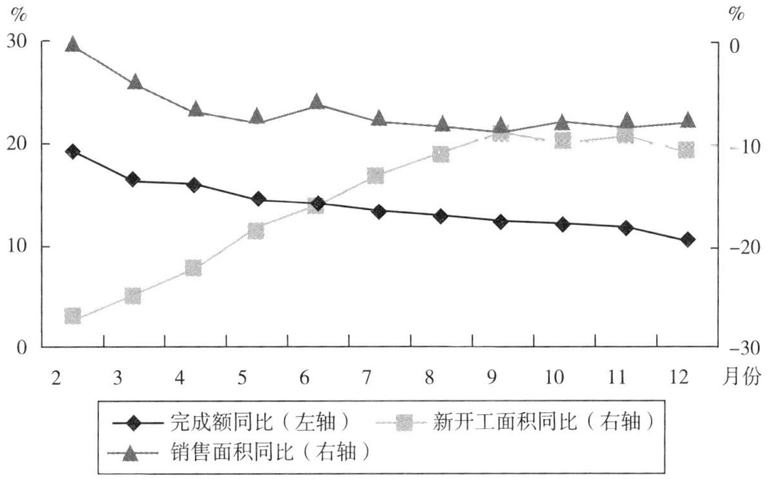

资料来源：Wind 资讯，公司金融研究中心。

图 1－13　房地产市场投资完成额、新开工面积、销售面积月度同比（2014 年）

点，扣除价格因素，实际增长放缓了 0.6 个百分点。特别是 2013 年以来持续加大反腐力度、严格执行八项规定对高端消费产生了较明显的抑制效应。从需求结构看，这是非常积极的变化，过去在经济调整期，消费与投资同步下滑，如 1997—2001 年，投资年均增长 11.3%，同期消费增速降得更多，年均仅增长 8.7%。而现在投资增速加速回落，消费增长则明显趋稳，使得消费对 GDP 增长的贡献上升，拉动力增强。究其原因，主要是因为 2014 年政府在金融、税收、工商制度改革等方面对中小企业的支持、服务业的较快发展以及经济总量的提升带来的规模效应等因素，促使 2014 年我国就业形势良好，促进了居民收入的稳定增长，而收入的较快增长又促进了消费的平稳增长。2014 年最终消费对经济增长的贡献率为 50.2%，增长 2 个百分点，拉动 GDP 增长 3.7%，与 2013 年持平；资本形成总额对经济增长的贡献率为 48.5%，回落 5.7 个百分点，拉动 CDP 增长 3.6%，回落 0.6 个百分点，对经济的贡献率最终消费高于资本形成总额 1.7 个百分点，为稳定经济增长发挥了重要作用，成为拉动经济增长的亮点（见图 1－14）。

1.5.3　出口低位回升对经济作用有限

我国 2014 年实现出口金额 120 422.84 亿元，相比 2013 年增加 22 849.45 亿元，同比增长 6.03%，对拉动经济增长发挥了一定的作用，主要原因在于以美国为主的西方经济体的经济运行出现一定好转以及我国出口贸易伙伴国的多元化，但是两方面的因素决定出口增长缓慢，对经济增长的贡献有限。首先，欧洲方面仍未完全摆脱通缩的风险，日本经济前景也不明朗，经合组织（OECD）领先指标、摩根大通全球制造业 PMI 和汇丰新兴市场指数持续处于扩张水平，9 月以来，经合组织（OECD）、世贸组织、国际货币基金组织等先后下调了未来一到两年的全球经济增长预期，整体外需维持“弱复苏”格局；其次，美元走强趋势确立，第三季度以来已经出现较大幅度的升值，而人民币美

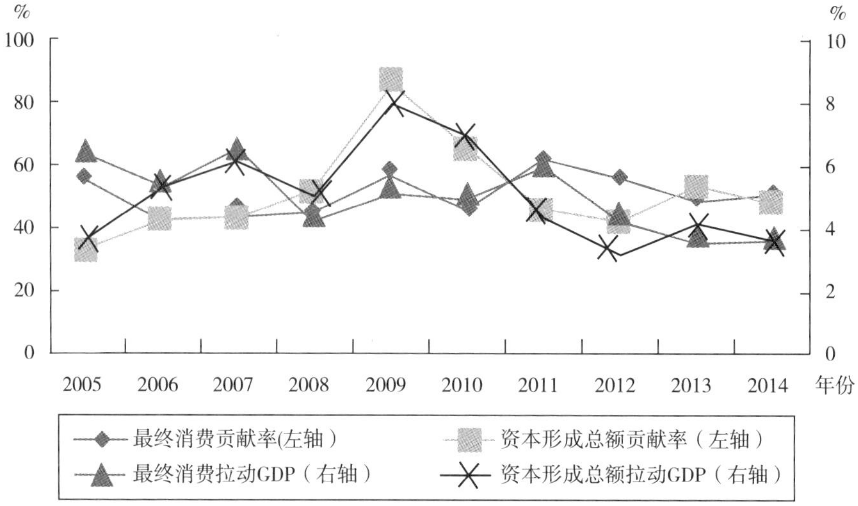

资料来源：Wind 资讯，公司金融研究中心。

图 1-14 最终消费、资本形成总额对经济增长贡献率和拉动情况（2005—2014 年）

元维持强势，使得人民币有效汇率显著走高，2015 年美元将继续走强，而人民币对美元很难出现大幅贬值，这意味着人民币有效汇率将维持高位，对我国出口竞争力有削弱作用。两种因素综合作用，导致 2014 年出口回升缓慢，对经济增长的作用有限。

1.5.4 金融服务实体经济问题仍未得到解决

金融是现代经济的核心，金融发展的根基是实体经济。离开了实体经济，金融就会成为无源之水、无本之木。2014 年，国务院连续出台相关文件来解决有关问题，但从实际运行来看，并没有得到很好的改善，金融领域仍然存在融而不通、结构异化、脱实入虚、成本高企等现象，对经济发展不利。具体体现在以下几点：

——金融总量增速下滑。2014 年，M_2 余额为 122.84 万亿元，同比增长 12.2%，比 2013 年下降 1.4 个百分点，低于中央银行制定的目标，6 月以来持续下滑，是 2012 年以来的次低点；M_1 余额为 34.81 万亿元，同比增长 3.2%，比 2013 年下降 3.9 个百分点，增长更低，二者的增速之差已达到 9 个百分点，意味着货币流动性降低，人们消费信心和投资信心双双降低。同时贷款增速的下降、货币流通速度的降低以及社会融资总量增长的不理想，均对经济的发展带来一定的制约。

——融资成本居高不下。根据国际货币基金组织统计，2014 年我国贷款利率为 6%，高于全球主要经济体，包括美国的 3.25%、欧元区的 2.43%、日本的 1.25% 和英国的 0.5%。但根据相关部门的基层调研，现在中小企业的资金成本平均在 15% 左右，20%、30% 的也比比皆是。政府虽然采取了多种措施来降低融资成本，但很多措施被金融机构的监管规避行为对冲，有的甚至因为规避监管而提高了融资成本。

——货币金融资源配置出现严重问题，突出表现在金融与工业经济的背离，中小企业融资难与大企业融资便利，国有企业融资便利与非国有企业融资难。政府一直鼓励金融资源更多地向中小企业与创新型企业配置，但在目前的金融体制下，金融资源更多地向大型国有企业、地方政府和房地产领域配置。金融体制的这些问题不是一朝一夕就可以解决的，预计将对未来经济发展形成较强的融资约束。

1.6　经济运行面临的主要问题和挑战

经济发展进入新常态，我国发展仍处于可以大有作为的重要战略机遇期，但无论是从国际形势还是从内部变化来看，我国经济发展都面临诸多挑战。

1.6.1　经济发展进入新常态的转型风险

经济进入新常态，我国经济发展面临增长速度、增长动力、经济结构和发展方式等全方位的转型切换，面临的风险主要包括以下几个方面：

——发展速度换档的风险。顺应经济增速的下滑，政府做出了“增长速度换档期”的判断，这既是客观经济规律作用的结果，也是我国经济发展阶段的自然反应。但是，在切换的过程中也存在风险，就是在增速换挡中发生危机，经济增长陷入停滞。2012 年以来，我国经济增速进入新的平台，基本保持在 7.5%—8% 的区间波动，但近期增长速度连续跌破 7.5% 的下限，出现继续探底的趋势，这一风险值得警惕。

——发展动力置换的风险。从旧常态向新常态过渡，一个重要的内容就是发展动力的转换，但转换过程如果发生动力断档，那也会给经济造成迅速下跌的风险。当前以旧的要素投入为核心的增长动力在老去，新的创新驱动的动力机制还没有培育起来；旧的支柱产业在衰退，新的战略性产业虽然蓬勃发展，但其主导性、牵引力还没有充分发挥；旧的经济增长点在多年发挥作用后作用力削弱，新的经济增长点处于萌芽阶段。发展动力一旦断代，经济可能出现失速风险。

——发展体制转轨的风险。我国以往的经济发展很大程度上是政府主导型的，在这种发展体制下，我国形成了以投资为核心的经济发展体系，辅之出口导向型经济体系。这种体制的缺陷早有体现，但受制于 2008 年国际金融危机的冲击，在应对危机的过程中，这种体制不仅没有转型反而在某些方面有所强化，经济发展高投资、地方政府高负债现象更加突出。在经济新常态要求下，经济发展和经济管理体制的转型势在必行，经济发展驱动力要从投资、出口转移驱动向创新驱动转变，充分发挥市场的基础性调节作用。而经济体制的转变过程很有可能使经济发展出现断层，从而影响发展速度。

1.6.2　面临更加复杂多变的国际环境

就世界经济面临的发展环境来看，国际金融危机的深层次影响仍在持续发酵，未来一段时间世界经济形势更加复杂多变，不确定性因素增加，深度调整将成为未来一段时间世界经济的新常态。

首先，发达国家制造业回流成为新常态。国际金融危机使美国和欧盟等发达经济体重新认识制造业对推动技术进步、拉动就业的重要性，将重塑制造业视做拉动经济复苏、恢复经济活力的关键，并出台了一系列政策来实现本国的“再工业化”，吸引制造企业回归。美国先后推出《促进创业企业融资法》（简称“JOBS 法案”）《美国制造业促进法案》、《重振美国制造业政策框架》、《先进制造业伙伴计划》等一系列法案、框架和计划，鼓励企业在本国建厂，为制造业回流本土创造良好的政策环境。德国政府提出了“工业 4.0”战略，进一步提高德国工业的竞争力，在新一轮工业革命中占领先机。

其次，发达经济体经济结盟成为新常态。长期以来，发达国家一直是推动世界经济增长的最主要引擎，2008 年国际金融危机之后，新兴经济体的增速明显高于发达经济体。为推动发达经济体经济快速复苏并继续主导世界经济，以美国为首的发达国家从军事结盟、外交结盟开始转向经济结盟，这对于非经济结盟的国家和地区形成战略挤压。

再次，新兴市场国家和发展中国家经济增速放缓成为新常态。当前，新兴市场国家和发展中国家的经济总量已占到全球一半之多。但是，国际金融危机导致作为全球增长引擎的新兴市场国家和发展中国家的经济增速放缓，对世界经济产生了重大影响。同时，一些新兴市场国家经济结构长期失衡直接导致其经济脆弱。

最后，世界经济还存在一些不确定的因素。当前，国际大宗商品价格波动幅度加大，未来 10 年或更长的时间，国际大宗商品价格大幅波动可能成为新常态。国际金融危机引发了人们对经济全球化和自由贸易的反思，进一步催化了贸易保护主义情绪的释放，各国政府将采取更多的贸易保护措施来缓解国内的矛盾和压力，地缘政治等非经济因素影响加大。在欧洲，乌克兰危机引发的地缘政治格局正在发生冷战结束后最剧烈的嬗变，其外溢效益已经传递到亚太地区。在亚洲，一些国家出于觊觎之心与狭隘的民族主义情绪，在岛屿争端和海洋权益问题上狂飙突进；在美国“亚太再平衡战略”的催化下，我国同周边国家的关系出现了一系列问题。地缘政治等非经济因素已经并将继续影响我国周边稳定、能源安全和经济安全。

1.6.3 陷入“中等收入陷阱”的风险

世界银行在 2006 年首次提出了“中等收入陷阱”的概念①，按照世界银行的标准，2012 年我国已经进入中等收入国家的行列。目前经济增长减速、经济发展动力不足、经济发展方式不适应、就业压力上升、腐败现象蔓延等其他国家在进入中等收入阶段出现过的问题，在我国也一定程度地存在。这些问题如果解决不好，不但会给社会稳定造成极大的危害，甚至会使我国陷入“中等收收入陷阱”。同时，我国还出现了严重的贫富差距问题，社会科学调查中心发布的“中国家庭追踪调查”数据显示，我国家庭收入两极分化严重；2014 年官方公布过去 10 年的基尼系数，始终在 0.47 以上，远远高于国际公认的 0.4 的警戒线。只有加快转变经济发展方式，形成新的发展动力，才能避免经济

① 基本含义是指鲜有中等收入的经济体成功地跻身为高收入国家，这些国家往往陷入经济增长的停滞期，既无法在工资方面与低收入国家竞争，又无法在尖端技术研制方面与高收入国家竞争。

快速发展积累的矛盾集中爆发，防止经济增长出现大幅波动或陷入停滞，最终避免陷入“中等收入陷阱”。但是，我国经济提质增效升级的动力基础薄弱，国内消费需求增长乏力，最终消费支出总额占 GDP 的比重低于世界平均水平，同时，企业普遍缺乏核心技术，转型升级困难。这些现象的存在，无一不加大了我国经济陷入“中等收入陷阱”的风险。

1.6.4　各类经济风险将持续一段时间

高杠杆和泡沫化是经济风险的主要特征。当前高杠杆的风险点主要包括两个方面：企业高负债风险与地方政府性债务风险，而泡沫化的风险源则在于以房地产为主的资产价格风险。

近年来，企业高负债风险日益凸显，2014 年多家大型企业因负债率高企、无力偿还债务或资金周转出现问题而出现债务危机，陷入破产重整的境地。企业靠高负债、高杠杆实现企业大规模扩张，在经济增速放缓与结构调整的双重压力下，这种高负债模式的风险逐渐暴露。地方政府性债务风险同样具有高杠杆特征。在地方政府融资机制没有建立与完善的当下，地方政府性债务的来源与偿还存在明显的“三个依赖”，即举债主体依赖地方政府融资平台、资金来源依赖银行贷款、偿债资金依赖土地出让收入，这样的依赖路径显然不可持续。

房地产市场的风险显然属于泡沫化风险，当然也兼具高杠杆特征。房地产经过 10 年的繁荣，房价持续高涨，大量资金流入房地产市场，整个市场出现泡沫化迹象。随着市场进入调整下行期，房地产领域的风险隐患逐渐显现，部分地区已经出现小型房企因资金链问题而破产的案例。从发展态势来看，企业高负债风险、地方政府性债务风险和资产价格泡沫化风险还处于凸显阶段，短时期内难以化解。这些问题的存在均是我国经济未来发展面临的考验，需要引起我们的高度重视。

第 2 章　2014 年中国证券市场运行情况

2014 年不仅对经济转型是十分重要的一年，而且对资本市场发展也至关重要。各项改革方兴未艾，一系列重要规划的先后出台对全年证券市场走势产生了极其重要的影响。2014 年 5 月，国务院发布《关于进一步促进资本市场健康发展的若干意见》，对中国资本市场的发展起到了至关重要的作用。2014 年下半年上证综指一跃冲上了 3 000 点关口，最高达到 3 239.36 点，创四年以来的新高，收盘 3 234.68 点，全年指数上涨 52.87%；深证综指最高点为 1 504.48 点，收盘 1 415.19 点，全年指数上涨 33.8%。2014 年底两市总市值达到了 42.86 万亿元，同比增加 57.29%；A 股连续数日破万亿元的单日成交量更是创下了全球资本市场的新纪录，沪深两市融资额也首度超过万亿元。

《关于进一步推进新股发行体制改革的意见》的颁布标志着新一轮新股发行改革启动。2014 年新的发行制度改革包括老股转让受限、超募规模受限、新股定价受限、发行市盈率受限等；同时，“史上最严的退市制度”的推出、“沪港通”的正式实施、上市公司员工持股计划发布、新三板启动做市业务等对中国资本市场的健康发展起到了关键的作用。

本章主要从 2014 年证券市场一级市场、二级市场的概况、企业的兼并与收购状况、新三板的总体运行状况、互联网金融的发展情况以及证券市场的监管状况等方面来进行阐述。

2.1　一级市场基本情况

2.1.1　股票一级市场

2014 年 1 月 21 日，全国证券期货监管工作会议在北京召开。中国证监会主席肖钢发表讲话，表示会精简审批，推进股票发行注册制改革。肖钢表示，目前审批事项偏多，要进一步精简行政审批备案登记等事项。中国证监会已经确定未来 3 年将继续取消 21 项行政审批事项，继续研究进一步取消和下放审批事项，规范审批事项管理，提出“去、留、改、并”的建议和意见，为深入推进行政审批制度改革提供决策依据。同时指出，当前我国已具备了向注册制过渡的基本条件。但实施还需要一个过程，并且要以

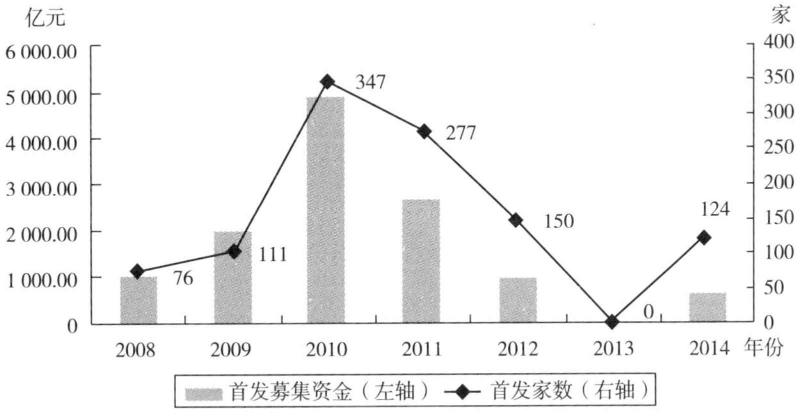

资料来源：Wind 资讯，公司金融研究中心。

图 2-1　IPO 家数及 IPO 募集资金（2008—2014 年）

《证券法》修改为前提。要抓紧制订过渡期安排，做好 2014 年的新股发行审核工作。

作为首只挂牌上市的新股，纽威股份（603699. SH）于 2014 年 1 月正式在上海证券交易所上市，这也标志着新一轮新股发行的重启。截至 2014 年底，共有 124 家企业上市[①]，首发募集资金合计为 668. 89 亿元（见图 2-1）。其中，主板上市 43 家，中小板上市 31 家，创业板上市 50 家。

增发和配股市场活跃度相比 2013 年也有一定的提升。2014 年共有 493 家企业完成增发和配股，同比增加了 202 家；增发和配股募集资金合计为 7 056. 5 亿元，同比增加 74%。具体来看，2014 年增发家数为 478 家，同比增加了 200 家；增加募集资金为 6 911. 24 亿元，同比增加 92. 07%（见图 2-2）；从配股规模来看，2014 年配股家数为 15 家，同比增加了 3 家；配股募集资金为 145. 26 亿元，同比降低 68. 23%（见图 2-3）。

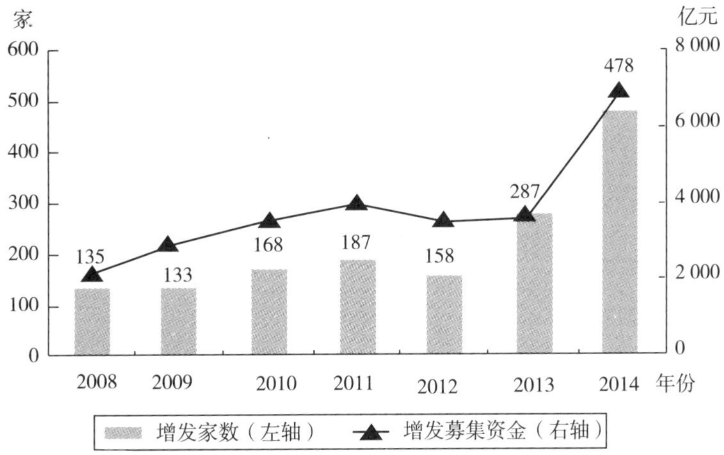

资料来源：Wind 资讯，公司金融研究中心。

图 2-2　增发家数及募集资金（2008—2014 年）

① 2014 年 1 月，江苏奥赛康药业有限公司 IPO 被中国证监会紧急叫停。

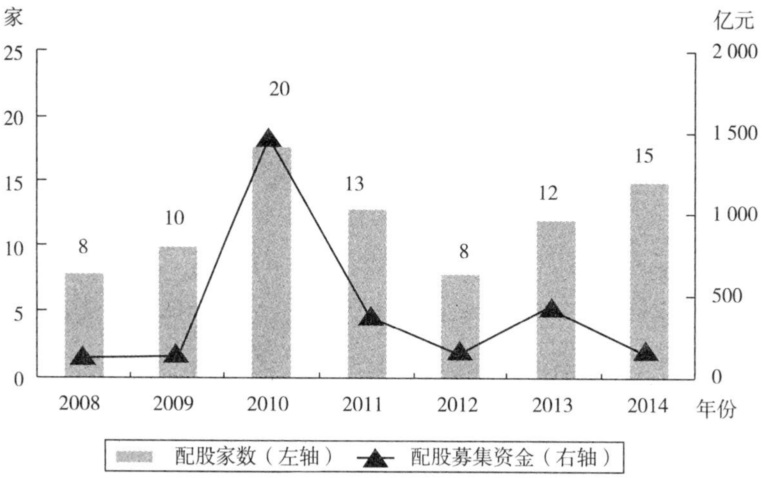

资料来源：Wind 资讯，公司金融研究中心。

图 2－3 配股家数及募集资金（2008—2014 年）

2.1.2 债券一级市场

由于经济发展步入新常态，2014 年国内经济基本面较为疲弱，加之中央银行采取的微调货币政策使得资金面整体稳中趋松，债券市场呈现出明显的“牛市”格局。

从债券一级市场上来看，全年债券市场共发行各类债券 11.87 万亿元，较 2013 年增加 3.17 万亿元，同比增长 36.47%，增速提高 27.42 个百分点。2014 年在中央结算公司登记新发债券 1 458 只，发行量共计 5.95 万亿元，占债券市场发行总量的 50.13%；上海清算所登记新发债券 4 691 只，发行量共计 5.54 万亿元，占债券市场发行总量的 46.67%。交易所新发债券 624 只，发行量共计 0.38 万亿元，占债券市场发行总量的 3.2%（见表 2－1）。

表 2－1　债券市场发行情况（2014 年）　单位：亿元

分类	发行量	发行只数
全市场	118 749.8	6 773
中央结算公司登记托管的债券	59 517.84	1 458
上海清算所登记托管的债券	55 383.991	4 691
中证登登记托管的债券	3 847.99	624

资料来源：中国债券信息网，上海清算所网站，中国清算网。

从银行间债券市场新发债的券种结构来看，与 2013 年相比，2014 年非公开定向债务融资和企业债发行量增幅最大。2014 年国债发行 1.44 万亿元，同比增长 7.39%；政策性银行债发行 2.3 万亿元，同比增长 10.65%；受中国银监会《商业银行资本管理办法》影响，近两年二级资本工具发行规模与商业银行次级债呈现此消彼长的特点，商业银行债发行 0.08 万亿元，同比下降 25.34%，二级资本工具发行 0.36 万亿元；企业债券发行 0.7 万亿元，同比增长 46.5%；中期票据发行 0.95 万亿元，同比增长 40.98%；短期融资券（含超短期融资券）发行 2.15 万亿元，同比增长 35.64%；非公开定向债务融资工具发行 1.02 万亿元，同比增长 80.22%；政策性银行债和国债两者发行量合计约占发行总量的 31.45%（见图 2-4）。

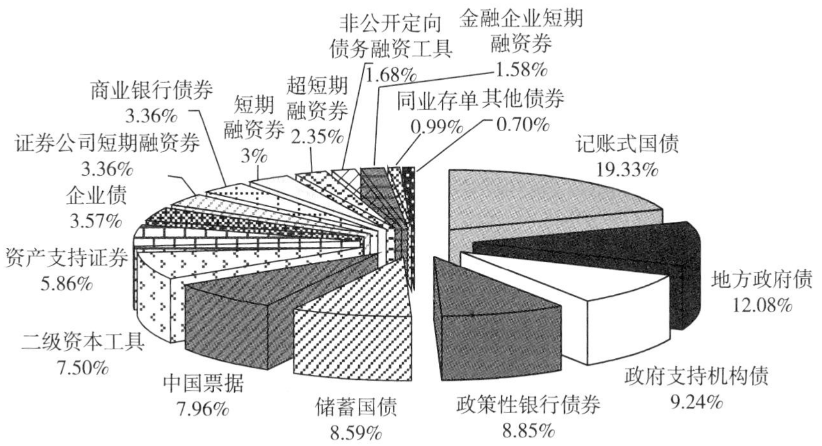

资料来源：中国债券信息网，上海清算网网站。

图 2-4　银行间债券市场各券种累计发行量占比（2014 年）

全年债券一级市场的发行数量和发行规模发展较为迅速，共发行债券数量 6 981 只，同比增加了 3 325 只；各类债券累计发行额为 12.16 万亿元，同比增加 34.76%。具体来看，增速较为明显是同业存单、资产支持证券、金融债、企业债以及定向工具。2013 年 8 月，中央银行在银行间市场尝试推行同业存单，开启了存款利率市场化改革的进程；2014 年全年发行同业存单 998 只，发行额为 8 985.6 亿元，增加了 26.43 倍（见表 2-2）。

2014 年也是我国资产证券化大发展的一年。2014 年 11 月，中国银监会发布《关于信贷资产证券化备案登记工作流程的通知》，正式由审批制变更为备案制，中国银监会不再进行逐笔审批；同月，中国证监会发布《证券公司及基金管理公司子公司资产证券化业务管理规定》，中国证监会主管资产证券化项目也开始施行备案制。上述政策的施行使得发行进程大幅提速，资产证券化迎来常态化发展阶段。受上述利好政策的推动，全年发行项目数量和募资总额都实现了爆发式地增长。全年共发行资产支持证券 389 只，增加了 6 倍之多。同时，金融债、企业债以及定向工具发行规模在 2014 年也发展较快。2014 年共发行金融债 948 只，同比增加了 388 只，发行额为 35 665.78 亿元，同比增加 33.31%；发行企业债 584 只，同比增加 210 只，发行额为 6 971.98 亿元，同比增加 46.71%；定向工具发行 1 204 只，同比增加 670 只，发行额为 10 057.86 亿元，同比增加 78.08%（见表 2-2）。此外，国债、地方政府债以及中期票据等也得到了一定规模的发展。

表 2-2　　2014 年债券发行规模统计（按债券类型）　　单位：亿元

分类	发行只数（只）	只数比重（%）	发行额	面额比重（%）
国债	78	1.12	17 745.01	14.59
地方政府债	43	0.62	4 000.00	3.29
同业存单	998	14.30	8 985.60	7.39
金融债	948	13.58	35 665.78	29.32
企业债	584	8.37	6 971.98	5.73
公司债	467	6.69	1 399.53	1.15
中期票据	720	10.31	9 780.70	8.04
短期融资券	1 521	21.79	21 849.53	17.96
定向工具	1 204	17.25	10 057.86	8.27
政府支持机构债	11	0.16	1 500.00	1.23
资产支持证券	389	5.57	3 309.84	2.72
ABN	28	0.40	89.20	0.07
ABS	131	1.88	400.83	0.33
ABS	230	3.29	2 819.81	2.32
可转债	13	0.19	320.99	0.26
可交换债	5	0.07	59.76	0.05
合计	6 981	100.00	121 646.57	100.00

资料来源：Wind 资讯，公司金融研究中心。

根据 Wind 资讯披露的数据显示，2014 年券商参与债券承销发行的家数总计为 2 218 家，同比增加了 1 041 家，前二十名券商的承销家数占市场份额的 65.87%；发行规模合计为 21 605.21 亿元，同比增幅达 88.33%；前二十名的券商发行规模占市场份额的 74.68%。2014 年中信证券（600030.SH，06030.HK）以 258 家承销家数以及 3 265.21 亿元的承销规模位列第一名（见表 2-3）。

表 2-3　　TOP20 证券公司债券承销家数及承销金额对比（2013—2014 年）　　单位：亿元

券商简称	2013 年		2014 年	
	只数（只）	总承销金额	只数（只）	总承销金额
中信证券	145	1 629.87	258	3 265.21
中信建投	59	751.05	135	1 270.15
国开证券	63	815.17	133	1 880.94
国泰君安	53	615.75	132	1 111.78
国信证券	53	336.70	91	611.37
招商证券	24	391.33	81	766.26
中金公司	49	666.92	70	996.66
广发证券	29	314.52	62	694.73
海通证券	30	629.20	54	592.25

续表

券商简称	2013 年		2014 年	
	只数（只）	总承销金额	只数（只）	总承销金额
银河证券	23	315.83	53	641.41
华泰证券	25	325.91	50	490.95
兴业证券	25	188.27	43	243.55
长城证券	13	27.10	39	109.49
中银国际	22	222.80	34	469.05
一创摩根	11	140.44	32	210.30
齐鲁证券	24	168.10	32	161.65
宏源证券	31	289.90	31	279.00
西南证券	9	123.33	30	428.39
摩根士丹利华鑫	19	253.83	30	378.50
平安证券	34	240.83	29	330.00

资料来源：Wind 资讯，公司金融研究中心。

2.2　中国证券市场二级市场概况

2.2.1　股票二级市场

经历了多年在全球资本市场中涨幅排名垫底后，中国股票二级市场迎来了转折的一年。截至 2014 年 12 月 31 日，上证综指和深证成指分别以 52.9% 和 35.6% 的涨幅跃升至第二名和第三名。美国道琼斯工业指数和纳斯达克综合指数 2014 年以来累计涨幅分别为 7.5%、13.4%；德国、英国、法国及日本等国家的主要股票指数或小幅下跌，或涨幅小于 10%。此外，香港恒生指数 2014 年上涨 1.3%，韩国综合指数和俄罗斯 RTS 指数分别以 4.8% 和 45.2% 的跌幅在全球资本市场中垫底（见图 2－5）。

受国家宏观政策红利的影响，2014 年股票二级市场呈现出结构性牛市特征。总的来说，2014 年上证综指从 2 109.387 点一路升至 3 234.68 点，创下全年的最高点，涨幅达 53.35%；深证综指以 1 415.19 点收盘，全年涨幅达 32.50%；创业板指以 1 471.76 点收盘，全年涨幅为 10.41%（见图 2－6）。2014 年的结构性牛市主要由券商、商业银行、一带一路、自贸区、互联网金融、军工等板块推动。

具体地说，A 股在 2014 年上半年呈低迷态势，1 月 20 日上证综指跌至全年最低 1 991.25点。同时，2014 年上半年上证指数运行在 1 991 点至 3 234 点区间，振幅为 6.24%，创下 24 年以来振幅最小纪录；2014 年下半年上证指数从 2 500 点一路飙升，仅在 11 个交易日内突破 3 000 点，金融、基建、核电等大盘蓝筹股板块飙涨。受此影响，一方面，A 股市场投资者开户总数 12 月底累计达 23 587.39 万户，创十年新高；另一方面，融资融券业务余额首次突破万亿元，年底累计余额达 1.03 万亿元，创下历史最高值。

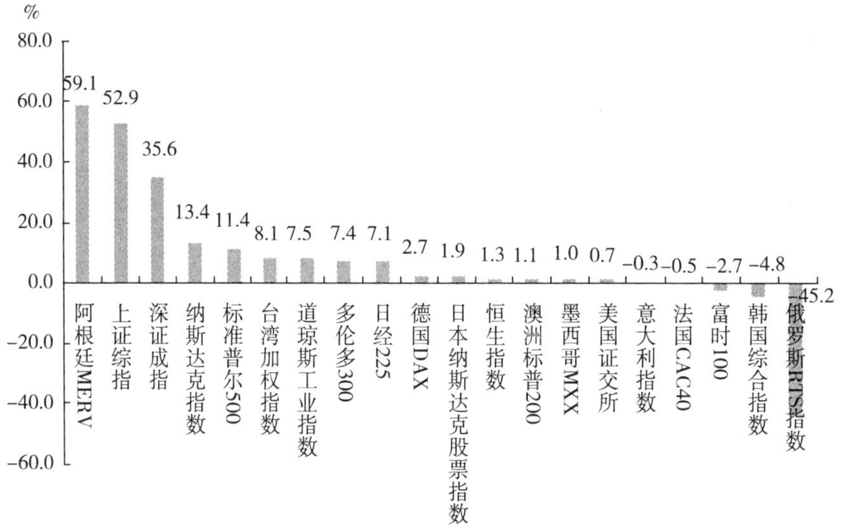

资料来源：Wind 资讯，公司金融研究中心。

图 2-5　全球主要股票指数涨跌排名（2014 年）

A 股市场年度涨幅最大的 10 只股票分别为：兰石重装（603169. SH）、中科曙光（603019. SH）、抚顺特钢（600399. SH）、营口港（600317. SH）、华泽钴镍（000693. SZ）、雷曼光电（300162. SZ）、慧球科技（600556. SH）、旋极信息（300324. SZ）、同花顺（300033. SZ）和杰赛科技（002544. SZ）（见表 2-4）。从所属行业来看，有 5 只股票是来自互联网金融题材股，其余 5 只股票分别从属于航天军工、核电题材以及“一带一路”题材；从上涨时间来看，2014 年 TOP10 的股票的平均涨停天数为 14 天。在涨幅排名前十名的股票中，兰石重装（603169. SH）和中科曙光（603019. SH）为 2014 年发行的新股，年度涨停天数分别为 28 天和 22 天，为涨停天数最长的股票。

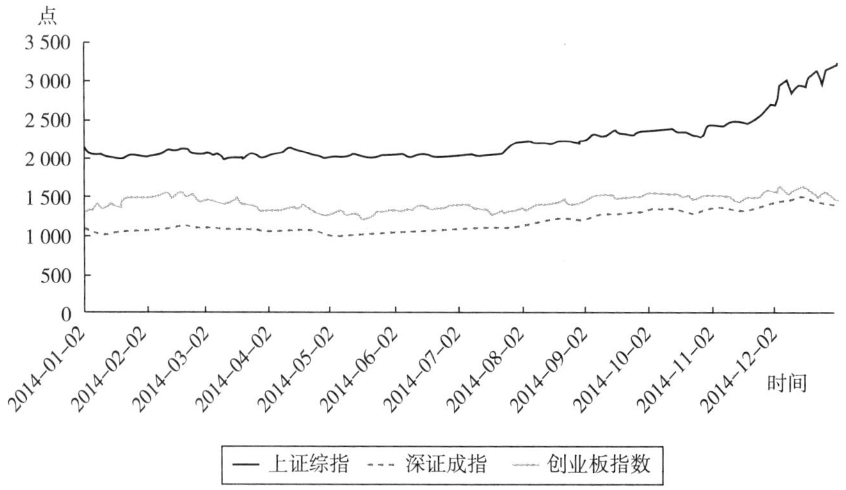

资料来源：Wind 资讯，公司金融研究中心。

图 2-6　股票二级市场主要指数走势（2014 年）

表 2－4　　2014 年涨幅前十名的股票　　单位:%

排名	证券代码	证券简称	年度涨停天数	年涨跌幅	所属行业
1	603169. SH	兰石重装	28	626. 03	工业机械
2	603019. SH	中科曙光	22	458. 14	硬件
3	600399. SH	抚顺特钢	9	387. 59	钢铁
4	600317. SH	营口港	20	335. 02	港口
5	000693. SZ	华泽钴镍	13	303. 74	基本金属
6	300162. SZ	雷曼光电	11	291. 97	电子元器件
7	600556. SH	慧球科技	9	291. 06	软件
8	300324. SZ	旋极信息	7	287. 96	软件
9	300033. SZ	同花顺	15	282. 87	软件
10	002544. SZ	杰赛科技	4	277. 33	软件

资料来源：Wind 资讯，公司金融研究中心。

从成交数量和成交金额来看，2014 年 A 股市场创出历史新高。股票二级市场成交量在 2014 年达到了 72 797. 52 亿股，同比增长 52. 7%；成交额达 737 707. 98 亿元，同比增长 59. 15%。年度日均成交量和成交额分别为 297. 13 亿股和 3 011. 05 亿元，分别同比增加 48. 3% 和 54. 6%（见图 2－7）。

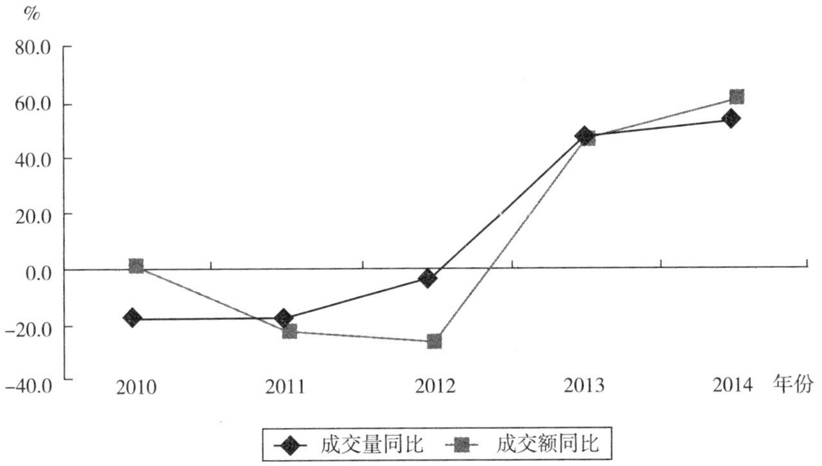

资料来源：Wind 资讯，公司金融研究中心。

图 2－7　股票二级市场成交量和成交额同比增幅（2014 年）

具体从中国证监会行业分类来看，各个行业的涨跌幅相比 2013 年变化较大，十七个行业的涨幅均值为 45. 37%，相比 2013 年增加了 21. 1 个百分点。其中，与 2013 年年均 11. 8% 和 7. 56% 的跌幅相比，建筑行业和金融行业在 2014 年涨幅居前，分别以 120. 31% 和 80. 86% 的涨幅位列第一位和第二名；电力、热力、燃气及水生产和供应业以及房地产业分别以 71% 和 69.87% 的涨幅位列第三名和第四名，分别同比增加了 71.51 个和 81.92 个百分点。此外，个别行业涨幅相比 2013 年出现了一定幅度的下跌。其中，卫生和社会工作的涨幅为 26.59%，相比 2013 年下降了 73.65 个百分点；文化、体育和娱乐业的涨幅为 20.19%，相比 2013 年下降了 55.92 个百分点（见图 2－8）。

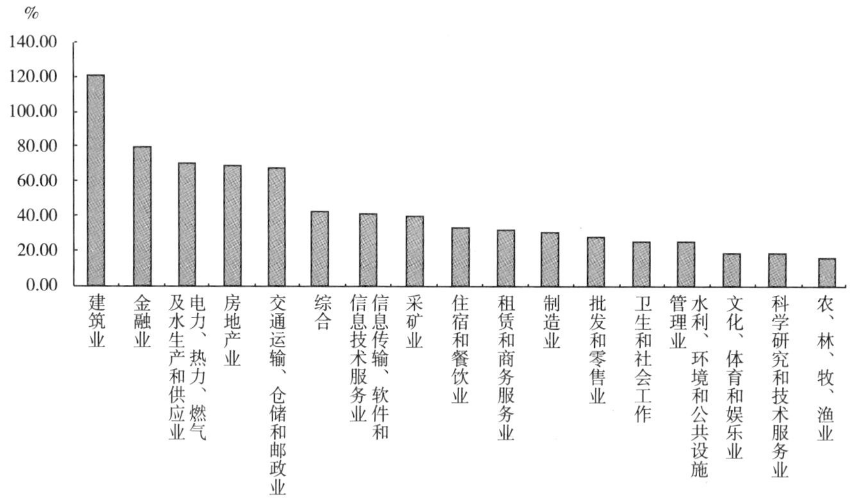

注：各行业板块分类依据证监会行业分类，区间涨跌幅为总市值加权平均值。

资料来源：Wind 资讯，公司金融研究中心。

图 2－8　各行业板块区间涨幅（2014 年）

从上市公司总数或者上市股票总数来看，股票二级市场在 2014 年都实现了较大幅度的增加。全年上市公司总数为 2 613 家，相比 2013 年的 2 489 家增加了 124 家；从累计成交额来看，2014 年股票、基金累计成交额为 78.96 万亿元，同比增幅达 63.53%；债券累计成交额为 90.58 万亿元，同比增幅为 39.85%（见表 2－5）。

表 2－5　股票二级市场规模统计（2008—2014 年）　单位：亿元

年份	上市公司总数（家）	总市值	股票、基金累计成交额	债券累计成交额
2008	1 625	148 383.091	272 943.69	28 601.47
2009	1 718	290 727.179	546 326.78	40 181.67
2010	2 063	305 214.865	554 629.98	72 066.23
2011	2 342	250 115.896	428 010.40	211 314.88
2012	2 494	267 848.812	322 707.12	378 314.34
2013	2 489	272 499.640	482 857.50	647 693.51
2014	2 613	428 620.565	789 617.92	905 788.95

资料来源：Wind 资讯，公司金融研究中心。

股票二级市场总市值也创出了历史新高。2014 年总市值为 42.86 万亿元，同比增加了 57.29%。其中，主板市场总市值增幅最大，为 61.57%，与 2013 年相比增加了 66.03 个百分点；中小板增幅为 37.13%，与 2013 年相比增加了 7.5 个百分点；创业板增幅为

44.93%，与 2013 年相比降低了 28 个百分点（见表 2-6）。

表 2-6　股票二级市场沪深市值统计（2008—2014 年）　单位：亿元

年份	合计	主板	中小板	创业板
2008	148 383.09	142 128.40	6 254.69	0.00
2009	290 727.18	272 359.65	16 757.45	1 610.08
2010	305 214.86	262 661.55	35 188.09	7 365.22
2011	250 115.90	215 225.73	27 456.37	7 433.79
2012	267 848.81	230 232.19	28 885.39	8 731.24
2013	272 499.64	219 958.70	37 442.37	15 098.57
2014	428 618.10	355 392.34	51 343.41	21 882.35

资料来源：Wind 资讯，公司金融研究中心。

从行业的市值排名来看，2014 年的行业市值与 2013 年排名无太大变化。具体来看，制造业的总市值为 15.34 万亿元，同比增加 43.3%；相比 2013 年新增 89 家，位列第一；金融业总市值为 13.13 万亿元，同比增加 78.06%，相比 2013 年新增 2 家，位列第二；采矿业总市值为 4.39 万亿元，同比增加 43.04%，相比 2013 年新增 6 家，位列第三（见表 2-7）。

表 2-7　股票二级市场行业市值统计（2014 年）　单位：亿元

行业名称	公司家数	总市值	A 股市值	B 股市值
制造业	1 664	153 425.54	146 025.45	2 626.92
金融业	45	131 314.85	93 363.05	0.00
采矿业	71	43 878.41	37 738.91	116.36
房地产业	136	17 351.13	16 272.24	766.50
交通运输、仓储和邮政业	83	16 382.13	14 447.99	341.51
电力、热力、燃气及水生产和供应业	84	15 793.55	14 876.35	175.34
建筑业	66	15 588.18	14 111.71	4.06
信息传输、软件和信息技术服务业	136	13 953.36	13 897.47	55.89
批发和零售业	151	11 907.41	11 545.13	235.90
文化、体育和娱乐业	26	3 688.93	3 688.93	0.00
租赁和商务服务业	24	3 056.90	3 012.25	34.06
水利、环境和公共设施管理业	29	3 013.08	2 945.64	39.63
农、林、牧、渔业	41	2 663.06	2 653.93	4.74
综合	23	1 454.58	1 454.58	0.00
科学研究和技术服务业	17	934.76	934.76	0.00
住宿和餐饮业	12	719.78	652.03	67.75
卫生和社会工作	4	412.48	412.48	0.00
教育	1	54.02	54.02	0.00

注：按照中国证监会行业分类。

资料来源：Wind 资讯，公司金融研究中心。

2.2.2 债券二级市场

自2014年11月2日起，财政部开始发布中国关键期限国债收益率曲线，旨在增强国债市场和国债收益率曲线在我国经济体系运行中的基准性作用，这对于构筑中国利率市场化环境下的基准利率体系具有重要作用。11月11日，以中债——中国高等级债券指数为标的的ETF产品在美国纽约交易所挂牌上市，这标志着人民币债券市场国际化进入了新的发展阶段。

2014年，伴随着债券市场呈现出明显的牛市格局，中债指数持续上涨，债券收益率曲线振荡下行。截至2014年12月31日，中债新综合指数（净价）为99.48点，较2013年12月末的94.26点上涨5.54%；中债新综合指数（财富）为157.06点，较2013年12月末的142.34点上涨了10.34%，创下2012年以来的第二大年度涨幅。中债固定利率国债、政策性金融债、企业债（AAA级）和中短期票据（AAA级）平均收益率分别较上年末下行100个、152个、136个和144个基点（见图2－9）。

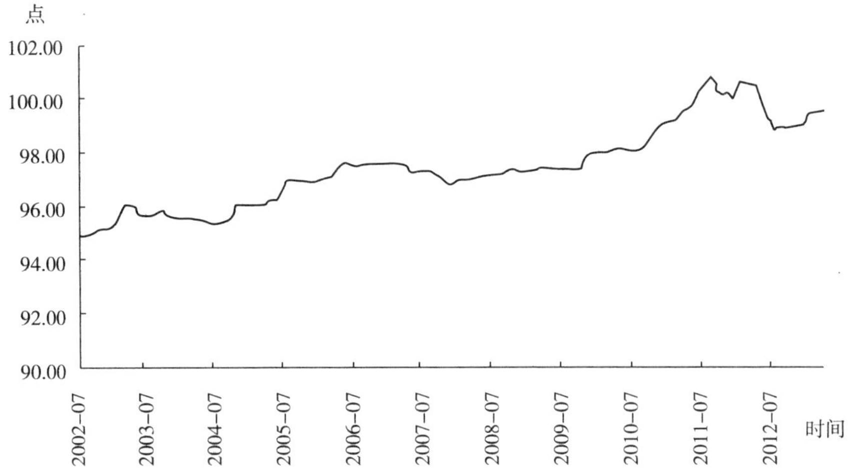

资料来源：Wind资讯，公司金融研究中心。

图2－9 中债新综合指数（净价）走势（2014年）

总的来说，2014年债券市场现券交易规模略有下降，回购交易活跃度明显上升。2014年，债券市场现券和回购交易结算量为352.15万亿元，同比增长30.03%，相比2013年增速提高了28.98个百分点。其中全市场现券结算量为40.61万亿元，同比下降6%；全市场的回购交易结算量为311.54万亿元，同比增长36.88%，比2013年提高了16.2个百分点（见表2－8）。

中央结算公司统计结算量为244.53万亿元，同比增长24.84%。其中现券交易结算量30.98万亿元，同比下降16.16%；回购交易结算量为213.55万亿元，同比增长34.37%。上海清算所统计交易结算量共计24.47万亿元，同比增长125.8%，其中现券

表 2－8　　　　债券市场现券和回购交易结算情况（2014 年）　　　　单位：亿元

	结算量	结算数（笔）
中央结算公司小计	2 445 339. 58	985 256
现券交易	309 799. 10	320 530
回购交易	2 135 540. 48	664 726
上海清算所小计	244 703. 58	410 147
现券交易	85 222. 98	122 986
回购交易	159 480. 60	287 161
交易所小计	831 509. 18	—
现券交易	11 127. 72	—
回购交易	820 381. 46	—
合计	3 521 552. 34	1 395 403

资料来源：《2014 年债券市场统计分析报告》，公司金融研究中心。

交易结算量为 8. 52 万亿元，同比增长 62. 60%；回购交易结算量为 15. 95 万亿元，同比增长 185. 04%。交易所统计债券交易结算量共计 83. 15 万亿元，同比增长 29. 76%，其中现券交易结算量为 1. 11 万亿元，同比增长 10. 27%；回购交易结算量为 82. 03 万亿元，同比增长 30. 07%（见表 2－8）。

从银行间现券交易的券种结构来看，国债和地方政府债券现券结算量比重为 14. 39%，结算量同比增长 0. 97%；中央银行票据现券结算量比重为 0. 31%，结算量同比减少 2. 14%；政策性银行债券现券结算量比重为 40. 15%，结算量同比增长 9. 91%；信用类债券现券交易结算量比重达到 35. 60%，结算量同比下降 15. 31%（见图 2－10）。

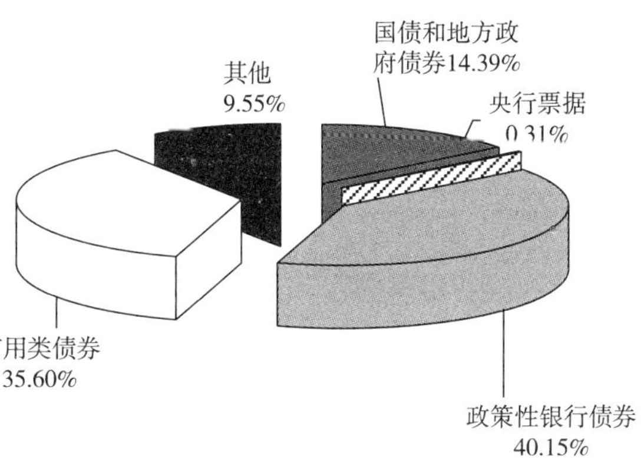

资料来源：《2014 年债券市场统计分析报告》，公司金融研究中心。

图 2－10　银行间现券交易的券种结构（2014 年）

2. 3　兼并与收购业务状况

2014 年 3 月，国务院颁布《关于进一步优化企业兼并重组市场环境的意见》（国发

〔2014〕14号），该意见针对企业兼并重组面临的突出矛盾和问题，从行政审批、交易机制、金融支持、支付手段、产业引导等方面做出了相应的规定，提出了相应的政策措施，这对于进一步优化企业兼并重组市场环境、促进产业结构调整起到了积极的推动作用。2014年7月，中国证监会就修订《上市公司重大资产重组管理办法》、《上市公司收购管理办法》向社会公开征求意见，取消对上市公司重大购买、出售、置换资产的审批，提升了兼并重组市场活跃度。

同时，在国家经济转型的背景下，加之国家"走出去"战略的推广及实施，2014年中国并购市场延续了2013年的良好发展态势，交易数量和交易金额达到了历史新高。根据清科研究中心的数据，2014年中国并购市场共完成交易1 929宗，同比增长56.6%；披露金额的并购案例总计1 815宗，涉及交易金额共1 184.90亿美元，同比增长27.1%；平均并购金额为6 528.35万美元（见图2－11）。

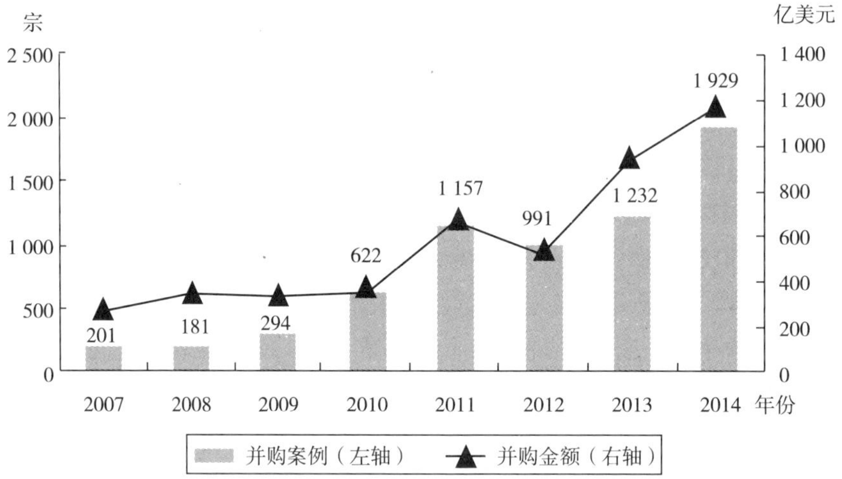

注：并购案例不包括关联交易。

资料来源：清科研究中心，公司金融研究中心。

图2－11 并购市场发展概况（2007—2014年）

相比2013年，不管是交易数量还是并购金额，国内并购实现了较大幅度的增加，而海外并购和外资并购出现了不同程度的下降。从并购案例来看，在1 929宗并购案例中，国内共完成并购案例1 737宗，占比90%，同比增加643宗；海外共完成并购案例152宗，占比7.9%，同比增加53宗；外资并购共完成40宗，占比2.1%，同比增加1宗。从并购金额来看，2014年国内并购金额为813.21亿美元，同比增加94.8%，占比68.6%；海外并购金额为324.19亿元，同比降低15.8%，占比27.4%；外资并购金额为47.49亿美元，同比降低63.4%，占比4%。相比较可以看出，2014年外资并购交易数量的增加并未导致交易金额的同步增加，这也反映了2014年外资并购更加谨慎（见表2－9）。

表 2－9　　并购市场分布概况（2013—2014 年）　　单位：亿美元

	案例数（宗）		并购金额	
	2014 年	2013 年	2014 年	2013 年
国内并购	1 737	1 094	813.21	417.4
海外并购	152	99	324.19	384.95
外资并购	40	39	47.49	129.68

资料来源：清科研究中心，公司金融研究中心。

受益于国家政策的推动，2014 年中国并购市场四个季度的交易呈现“循序渐进、逐渐增多”的结构布局。根据清科研究中心的数据，第一季度完成并购交易 372 宗，占比 19.3%，同比增加 162 宗，交易金额为 233.70 亿美元，同比降低 25.7%，占比 19.7%。这一阶段的并购交易以海外并购为主，2014 年 1 月，广州越秀集团有限公司以 15.02 亿美元的价格收购香港创兴银行，成为本季度最大的海外并购交易；国家电网于 2014 年 1 月以 11.16 亿美元收购香港电灯集团有限公司；2014 年 3 月，中粮集团有限公司以 12.00 亿美元收购荷兰 Nidera 农业公司。第二季度共完成交易 434 宗，同比增加 208 宗，占比 22.5%，交易金额为 287.13 亿美元，同比增加 151.98%，占比 24.2%。

需要重点指出的是，第三季度完成交易 512 宗，同比增加 162 宗，占交易总量的 26.5%，交易金额达 394.78 亿美元，同比增加 116.25%，达到各季度的峰值，占总额的 33.3%，平均交易金额高达到 0.81 亿美元。一方面，受益于国企改革以及产业结构调整的进一步深入，上市公司为迎合资本市场通过并入新兴产业来拓展自身业务；另一方面，2014 年 7 月，中国证监会取消对上市公司重大购买、出售、置换资产的审批，提升了并购市场的活跃度。第四季度案例数在全年各季度中位居首位，案例数达 611 宗，同比增加 165 宗，占总完成数量的 31.7%，交易额为 269.27 亿美元，同比降低 16%，占比 22.7%（见图 2－12）。从并购金额方面来看，第三季度能源及矿产行业位居首位，披露金额的 38 宗案例共涉及 101.13 亿美元，占交易总额的 27.9%。2014 年 8 月，中国五矿集团公司所属五矿资源有限公司牵头组成的联合体以 70.05 亿美元收购秘鲁邦巴斯特大铜矿，是中国金属矿业史上的最大海外并购交易；排名第二的是互联网行业，第三季度共完成交易 40.27 亿美元，占比达 11.1%。对其影响较大的一宗案例为 2015 年 7 月巨人投资有限公司以作价 30.00 亿美元的价格受让上海巨人网络科技有限公司 100% 股权；第三季度金融行业以 37.06 亿美元的交易额且占比 10.2% 的成绩排名第三。这主要受益于 2014 年 8 月方正证券（601901.SH）以 21.05 亿美元收购民族证券。

从行业分布来看，并购市场涉及房地产、机械制造、生物技术/医疗健康、清洁技术、能源及矿产等 23 个一级行业（见表 2－10）。在并购数量方面，房地产行业共完成并购案例 187 宗，同比上涨 26.4%；机械制造行业涉及案例 171 宗，同比增长 47.3%，从 2013 年的第三名上升至 2014 年的第二名；同时，随着生物技术的发展和人们对健康关注度的提升，生物技术/医疗健康的并购数量近几年稳步增长，2014 年该行业的并购数量跻身前三名，2014 年完成并购交易 165 宗，较 2013 年的 103 宗增加 62 宗，占总案例数比例为 8.6%。

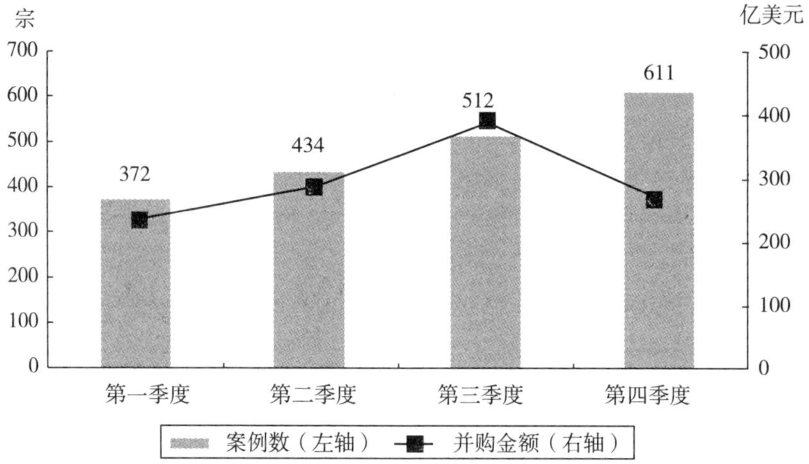

资料来源：清科研究中心，公司金融研究中心。

图 2－12 2014 年并购市场案例数和并购金额（按季度）

表 2－10 2014 年并购市场行业分布（按被并购方） 单位：亿美元

行业	案例数（宗）	比例（%）	并购金额	比例（%）
房地产	187	9.7	145.54	12.3
机械制造	171	8.9	59.83	5.0
生物技术/医疗健康	165	8.6	72.07	6.1
清洁技术	158	8.2	60.69	5.1
能源及矿产	144	7.5	205.70	17.4
互联网	125	6.5	86.48	7.3
电子及光电设备	120	6.2	91.15	7.7
IT	115	6	30.36	2.6
化工原料及加工	108	5.6	49.90	4.2
建筑/工程	105	5.4	41.45	3.5
金融	102	5.3	111.27	9.4
电信及增值业务	71	3.7	85.27	7.2
娱乐传媒	54	2.8	19.79	1.7
连锁及零售	44	2.3	38.62	3.3
汽车	43	2.2	13.43	1.1
纺织及服装	37	1.9	7.99	0.7
农、林、牧、渔业	32	1.7	21.34	1.8
物流	23	1.2	3.30	0.3
食品 & 饮料	21	1.1	13.19	1.1
广播电视及数字电视	12	0.6	6.00	0.5
教育与培训	8	0.4	0.35	0.0
半导体	3	0.2	0.38	0.0
其他	81	4.2	20.79	1.8
合计	1 929	100.0	1 184.90	100.0

资料来源：清科研究中心，公司金融研究中心。

在并购金额方面，能源及矿产行业依然稳居第一，涉及交易额 205.70 亿美元，同比下跌 30.3%，占比 17.4%，这主要源于大型并购案例的交易总额较 2013 年有所减少；房地产行业在并购金额方面排名第二，完成交易的金额为 145.54 美元，同比微涨 2.0%，占总交易量的 12.3%。与 2013 年相比，2014 年房地产行业未出现大型并购交易；金融行业完成交易的金额为 111.27 亿美元，较 2013 年的 135.44 亿美元下降 17.8%，源于金融行业的并购标的由原来的传统金融机构为主逐步向互联网金融企业转变，交易金额普遍下降。

总的来说，2014 年生物技术/医疗健康、清洁技术、互联网等新兴行业的并购活动总体上优于传统行业，案例数和并购金额较 2013 年均有大幅提高。在国家经济转型和倡导节能环保的大背景下，新兴产业成为众多企业并购布局的热点。从具体表现来看，2014 年生物技术/医疗健康行业共完成 165 宗，涉及金额 72.07 亿美元，同比分别上涨 60.2%、233.1%；清洁技术行业交易量为 158 宗，交易金额为 60.69 亿美元，同比分别提升 129.0%、219.2%；互联网行业为 2014 年度当之无愧的黑马，案例数从 2013 年的第十三位升至 2014 年的第六位。2014 年，互联网行业共完成并购案例 125 宗，同比上升 184.1%，涉及并购金额 86.48 亿美元，比 2013 年的 27.51 亿美元上涨 214.4%。

根据清科研究中心的数据显示，2014 年 VC/PE 相关并购共计发生 972 宗，较 2013 年的 446 宗大幅度上升 117.9%；其中披露金额的交易 905 宗，涉及的金额共计 688.29 亿美元，同比涨幅高达 98.6%（见图 2-13）。

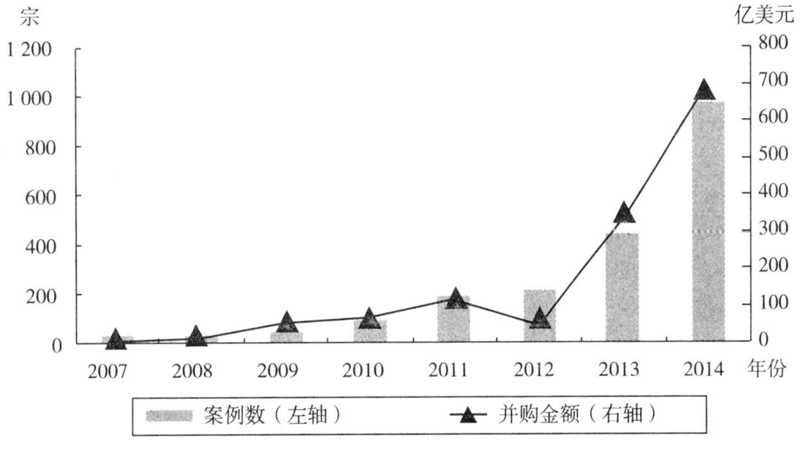

资料来源：清科研究中心，公司金融研究中心。

图 2-13　VC/PE 并购案例和并购金额（2007—2014 年）

972 宗 VC/PE 相关并购交易分布于互联网、机械制造、生物技术/医疗健康、电子及光电设备、清洁技术等二十个一级行业（见表 2-11）。在并购数量方面，互联网行业以 98 宗案例排名第一，占比 10.1%；机械制造行业以 89 宗案例位居第二，占比 9.2%；第三名是生物技术/医疗健康行业，完成交易 87 宗，占总交易量的 9.0%。前三位的行业总并购数量 274 宗，比 2013 年多 43 宗。在并购金额方面，电子及光电设备、金融、互联网行业分别位居前三位，涉及交易金额分别为85.86亿美元、82.69亿美元和80.95亿美元。金融行业2014年较2013年排名有所上升，主要受益于方正证券（601901.SH）以21.05亿美元收购民族证券和广州越秀集团有限公司以15.02亿美元收购香港创兴银行。上述两宗大型并购交易对金融行业并购总额中贡献度达43.6%。

表2－11　　2014年VC/PE相关并购行业分布（按被并购方）

行业	案例数（宗）	比例（%）	并购金额（亿元）	比例（%）
互联网	98	10.1	80.95	11.8
机械制造	89	9.2	39.18	5.7
生物技术/医疗健康	87	9	57.39	8.3
清洁技术	80	8.2	34.33	5
电子及光电设备	75	7.7	85.86	12.5
IT	64	6.6	15.64	2.3
化工原料及加工	61	6.3	40.70	5.9
能源及矿产	54	5.6	39.87	5.8
房地产	50	5.1	63.48	9.2
电信及增值业务	50	5.1	66.40	9.6
金融	48	4.9	82.69	12
建筑/工程	44	4.5	16.59	2.4
娱乐传媒	31	3.2	14.69	2.1
汽车	20	2.1	6.80	1
连锁及零售	17	1.7	16.39	2.4
纺织及服装	17	1.7	4.63	0.7
农、林、牧、渔业	16	1.6	4.68	0.7
食品&饮料	11	1.1	4.36	0.6
广播电视及数字电视	8	0.8	4.22	0.6
物流	8	0.8	0.39	0.1
半导体	3	0.3	0.37	0.1
教育与培训	3	0.3	0.16	0
其他	38	3.9	8.44	1.2
总计	972	100	688.29	100

资料来源：清科研究中心，公司金融研究中心。

综上所述，一方面，受国家政策推动，国资背景企业的资产重组在并购市场上占据举足轻重的地位；另一方面，2014 年并购市场的活跃度明显增加，新兴产业的并购情况优于传统行业。此外，政策对国内借壳上市的限制使得国内借壳上市的通道被阻，这在一定程度上推动了退市制度以及场外市场的发展。

2.4　新三板市场发展概况

2.4.1　新三板总体运行情况

为充分发挥全国中小企业股份转让系统的功能，提升金融对经济结构调整和转型升级的支持作用，2013 年 12 月 14 日，《国务院关于全国中小企业股份转让系统有关问题的决定》（国发〔2013〕49 号）顺势推出。该文件在充分发挥全国股份转让系统服务中小微企业发展的功能、建立不同层次市场间的有机联系、简化行政许可程序建立和完善投资者适当性管理制度等方面做出重要决定，促使2014 年成为新三板市场加速发展的一年，2014 年 1 月，新三板扩容至全国。根据 Wind 资讯数据显示，截至 2014 年 12 月 31 日，新增挂牌家数为 1 222 家，同比增加了 8 倍（见图 2 - 14），累计挂牌总挂牌家数为 1 565 家。

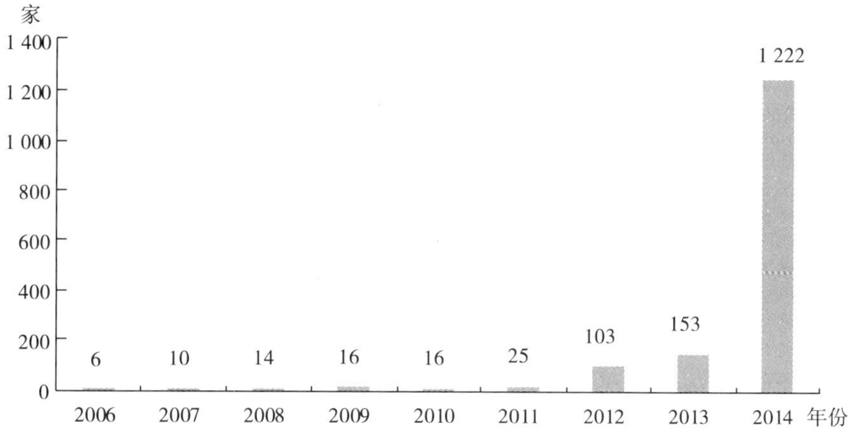

资料来源：Wind 资讯，公司金融研究中心。

图 2 - 14　新三板新增挂牌家数（2006—2014 年）

从行业分布来看，新三板挂牌企业集中分布在制造业和信息技术业，挂牌总家数为 1 240家，所占市场份额总和为 79. 18%。制造业和信息技术业挂牌家数分别为 819 家和 421 家，占比分别为 52. 3% 和 26. 88%；社会服务业、建筑业和农林牧渔业挂牌家数总和为 222 家，占比总和为 14. 18%（见图 2 - 15）。

在披露总资产数据的 1 559 家挂牌企业中，总资产合计为 3 235. 067 亿元。其中，总资产在 1 亿 ~5 亿元的挂牌企业占比为 36. 95%；其次为总资产分布在 1 000 万 ~5 000

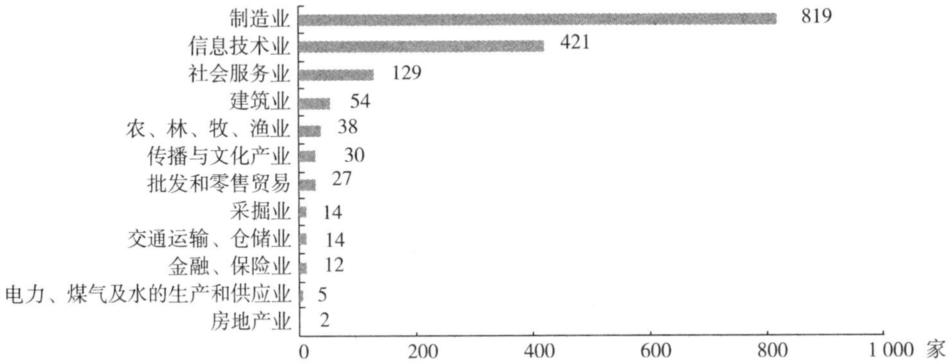

资料来源：Wind 资讯，公司金融研究中心。

图 2-15 新三板挂牌家数的行业分布（2014 年）

万元和 5 000 万 ~ 1 亿元的挂牌企业分别为 481 家和 349 家，占比分别为 30.85% 和 22.39%；总资产在 10 亿元以上的有 28 家，占比合计为 1.8%（见图 2-16）。其中，总资产在 100 亿元以上的挂牌企业有 3 家，分别为湘财证券（430399.OC）、九鼎投资（430719.OC）和联讯证券（830899.OC）。

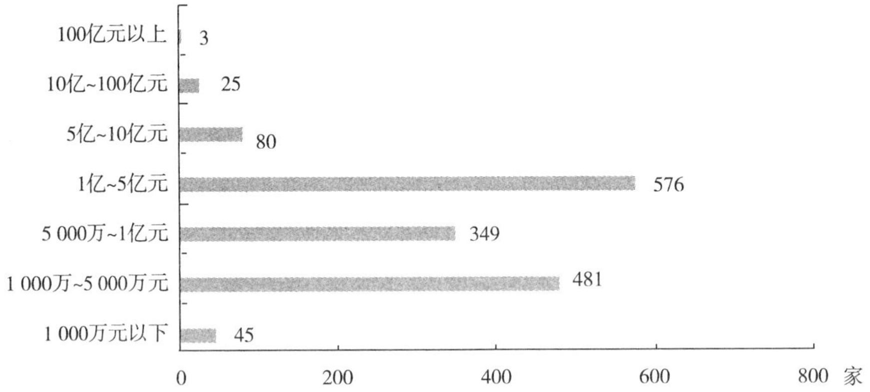

资料来源：Wind 资讯，公司金融研究中心。

图 2-16 新三板挂牌家数的总资产分布（2014 年）

在 2014 年披露营业收入数据的 1 556 家挂牌企业中，营业收入合计为 2 176.56 亿元。其中，营业收入分布在 1 000 万 ~ 5 000 万元的有 579 家，占比 37.21%；营业收入分布在 1 亿 ~ 5 亿元的挂牌企业有 459 家，占比为 29.5%；分布在 5 000 万元 ~ 9 000 万元的挂牌企业有 339 家，占比为 21.79%；其他营业收入区间的占比总和为 11.5%（见图 2-17）。

在披露净利润数据的 1 556 家挂牌企业中，净利润合计为 159.38 亿元，共有 1 331 家企业实现盈利，亏损企业为 228 家，占比 14.62%。净利润集中分布价格区间为 1 000 万 ~ 5 000 万元和 100 万 ~ 500 万元，分别为 438 家和 414 家，占比分别为 28.09% 和 26.56%；净利润分布在 500 万 ~ 1 000 万元企业为 264 家，占比 16.93%（见图 2-18）。

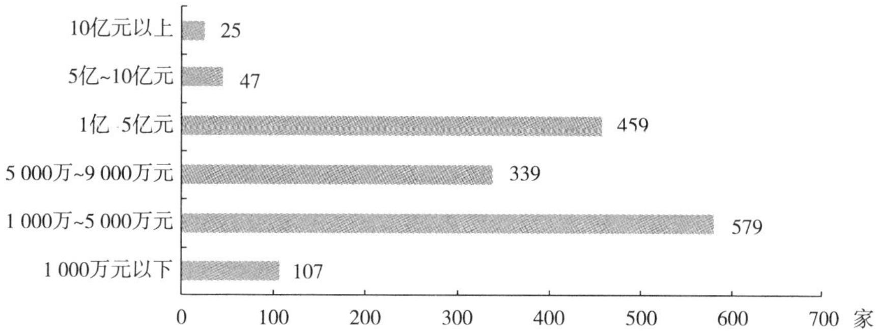

资料来源：Wind 资讯，公司金融研究中心。

图 2-17　新三板挂牌家数的营业收入分布（2014 年）

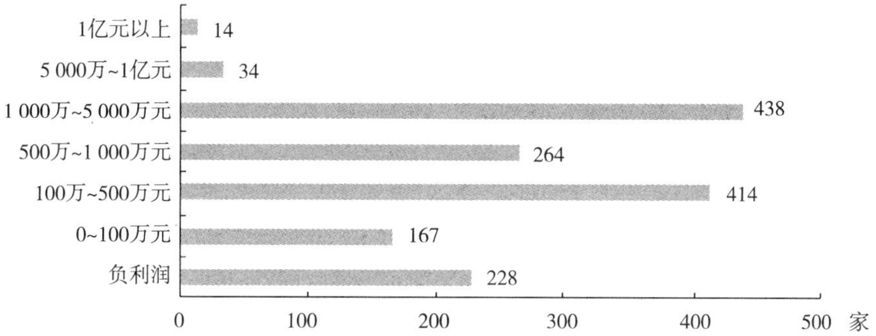

资料来源：Wind 资讯，公司金融研究中心。

图 2-18　新三板挂牌家数的净利润分布（2014 年）

2.4.2　新三板市场融资情况

根据 Wind 数据显示，2014 年共有 389 家企业实施 483 次定向增发，实际募资总额达 244.31 亿元。2006—2013 年仅有 138 次定向增发和 39.34 亿元融资总额。其中，九鼎投资（430719.OC）通过两次定向融资累计融资共 57.87 亿元，成为 2014 年融资数额最高的挂牌公司。在 483 次定向增发中，共有 206 次融资额在 1 000 万～5 000 万元，占比 42.56%；融资额在 100 万～1 000 万元的共有 205 次，占比 42.36%；其余融资额度占比合计为 15.08%（见图 2-19）。融资额在 10 亿元以上的企业有 3 家，分别是创智 5（400059.OC）、九鼎投资（430719.OC）以及联讯证券（830899.OC）。

从主办券商的承销额来看，2014 年西部证券（002673.SZ）、财达证券和申银万国证券累计承销额分别为 58.68 亿元、10.70 亿元和 7.97 亿元，位列前三甲（见图 2-20）。

从定向增发完成次数来看，广发证券（000776.SZ）、齐鲁证券、申银万国证券分别以 23 次、23 次、22 次排名前三，而这三家主办券商恰好为推荐业务前三甲（见图 2-21）。

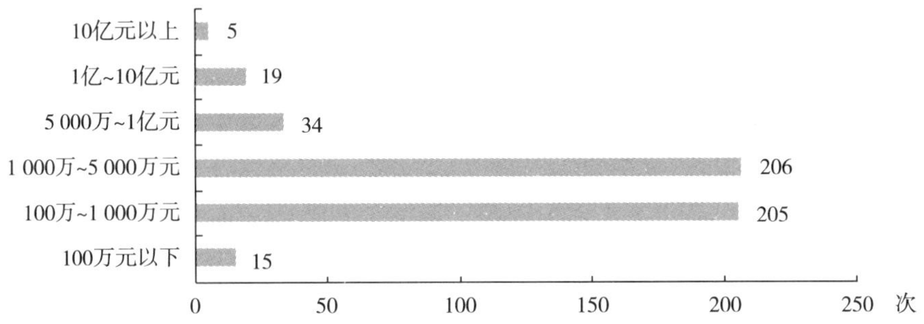

资料来源：Wind 资讯，公司金融研究中心。

图 2－19　挂牌企业定向增发募资额（2014 年）

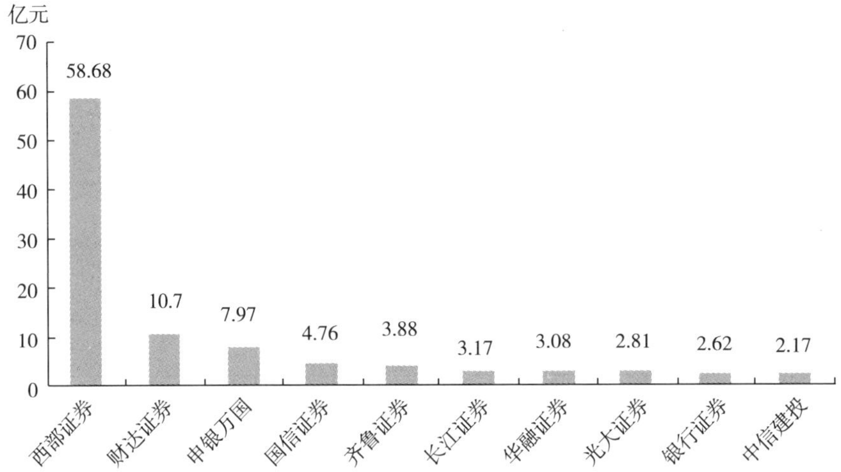

资料来源：Wind 资讯，公司金融研究中心。

图 2－20　主办券商的累计承销金额排名（2014 年）

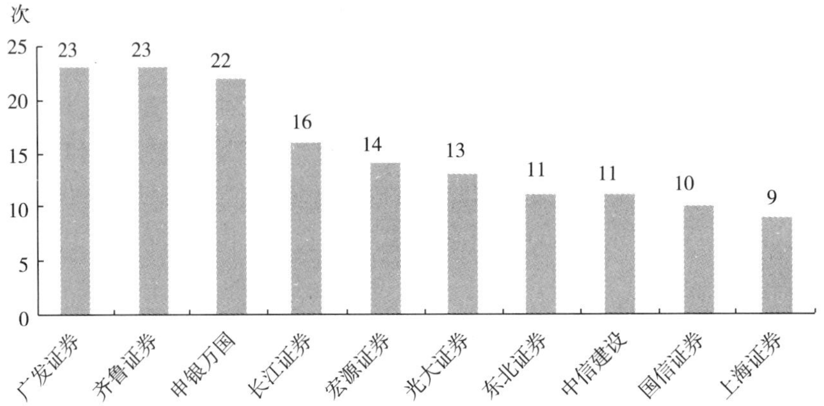

资料来源：Wind 资讯，公司金融研究中心。

图 2－21　主办券商的定向增发完成次数排名（2014 年）

2.4.3　新三板市场交易情况

2013 年 12 月新三板扩容的配套规则以及做市商制度的发布大大提升了 2014 年新三板市场的交易量、交易额和总市值。总的来说，在成交量方面，2014 年总成交量为 22.78 亿股，比 2013 年的 2.02 亿股增长了 10 倍之多；在成交额方面，2014 年总成交额为 129.7 亿元，比 2013 年的 8.1 亿元增长了 16 倍；在总市值方面，截至 2014 年底，新三板市场的总市值为 2 940 亿元，相比 2013 年的 345 亿元增长了 752.17%。

1. 协议转让交易情况

根据 Wind 数据显示，2006—2014 年，新三板协议转让企业家数呈不断加速上升趋势，2014 年协议转让家数为 365 家，同比增加了 238 家；2014 年协议转让成交量和成交额也呈爆发式上涨，协议转让成交量为 53 853.83 万股，同比增加了 267.27%；协议转让成交额为 281 281.76 万元，与 2013 年相比增加了 5 倍之多（见图 2－22）。在 2014 年协议转让的 365 家挂牌企业中，涨幅最大的是 ST 鼎讯（430173.OC），涨幅高达 5 900%；跌幅最大的是道隆软件（430077.OC），跌幅为 99.8%。

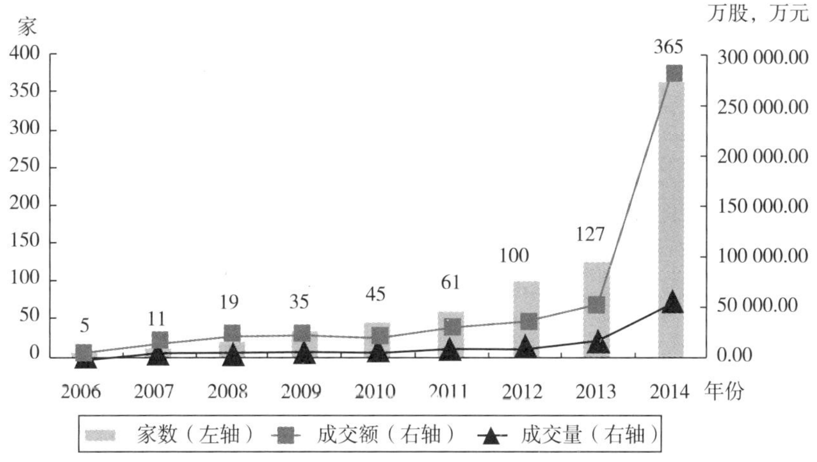

资料来源：Wind 资讯，公司金融研究中心。

图 2－22　新三板协议转让成交额和成交量统计（2006—2014 年）

2. 做市转让交易情况

2014 年 8 月，新三板做市商业务正式开始实施，当日实施做市转让的挂牌公司共计 43 家，涉及做市商 42 家，当日成交量合计 478.78 万股，成交金额合计 3 891.73 万元，总市值合计为 194.69 亿元。首批参与做市的 43 家挂牌公司的所属行业中，制造业和信息技术业公司数量最多，分别为 17 家和 15 家，占首批企业的 39% 和 35%。截至 2014 年 12 月 31 日，新三板做市转让的挂牌公司家数共计 122 家，累计成交量为 24 997.06 万股，成交金额为 21.2 亿元；122 家做市转让的挂牌公司集中分布在制造业和信息技术业，所占比重为 79.34%。

在122家做市转让的挂牌公司中，成交最为活跃的是行悦信息（430357. OC），其成交量和成交额居首位，分别为4 619.66万股和16 788.91万元。从价格波动情况来看，涨幅最大的是普滤得（430430. OC），涨幅高达1 597%；跌幅最大的是昂盛智能（430379. OC），跌幅为34.88%。从2014年参与做市业务的挂牌企业看，主办券商对企业的选择呈现出明显的差异化特征，受到主办券商追捧的挂牌公司集中分布在制造业。其中，做市商数量最多的为伯朗特（430394. OC），共有18家券商为其做市，其次为中海阳（430065. OC）、联飞翔（430037. OC）和蓝山科技（830815. OC），分别有11家券商为其做市（见表2－12）。

表2－12　TOP10做市转让的挂牌公司交易情况（2014年）

证券名称	成交额（万元）	成交量（万股）	成交均价	最高价	最低价	涨跌幅（%）
行悦信息	16 788.91	4 619.66	3.63	5.00	2.89	240.91
沃捷传媒	16 006.35	803.00	19.93	47.95	17.10	38.54
卡联科技	14 963.08	1 053.01	14.21	18.00	12.50	27.02
四维传媒	14 910.81	1 339.40	11.13	12.30	9.53	50.75
麟龙股份	8 861.57	277.45	31.94	60.20	22.20	220.11
先临三维	7 881.51	513.31	15.35	17.61	11.98	46.27
九恒星	7 414.32	943.52	7.86	9.19	4.20	30.94
万企达	7 346.14	1 042.80	7.04	8.36	6.50	5.62
凌志软件	7 159.85	460.00	15.56	22.90	12.67	268.94
点点客	6 738.45	189.50	35.56	64.60	13.89	507.77

资料来源：Wind资讯，公司金融研究中心。

2.4.4　券商推荐挂牌及做市业务情况

在券商推荐挂牌家数上，2014年排名前五位的分别为申银万国（86家）、齐鲁证券（72家）、长江证券（000783. SZ）（52家）、广发证券（000776. SZ）（52家）、安信证券（47家）。中信建投和国信证券（002736. SZ）分别推荐挂牌46家和44家，分别位列第六名和第七名。此外，东吴证券（601555. SH）、东北证券（000686. SZ）和国泰君安三家主办券商也位列前十名（见表2－13）。

截至2014年12月31日，累计有62家主办券商开展做市业务，为122家挂牌公司提供做市服务，这122家挂牌企业累计成交量为24 997.06万股，成交金额为21.2亿元。具体来看，齐鲁证券和天风证券以39家的转让股票数并列第一位，券商做市转让的具体情况详见附录1表2－14。

表 2－13　　TOP10 主办券商推荐挂牌企业家数　　单位：家

排名	主办券商	2014 年推荐家数	累计推荐家数
1	申万宏源	86	156
2	齐鲁证券	72	90
3	国信证券	44	80
4	长江证券	52	73
5	广发证券	52	72
6	中信建投	46	65
7	安信证券	47	50
8	东吴证券	38	45
9	国泰君安	26	45
10	东北证券	36	43

注：排名按照累计推荐家数排名。

资料来源：Wind 资讯，公司金融研究中心。

2.5　互联网金融发展概况

互联网金融延续了 2013 年的快速发展态势，并首次写进《政府工作报告》。2014 年 3 月，李克强总理在全国人大会议做《政府工作报告》，提出："要促进互联网金融健康发展，完善金融监管协调机制"，"促进电子商务、工业互联网和互联网金融健康发展，引导互联网企业拓展国际市场"。互联网金融成为改革开放以来最快被写进《政府工作报告》的新经济词汇之一。

如果说 2013 年是"互联网金融发展元年"，那么 2014 年可以称为"互联网金融的监管年"。2014 年 1～3 月，中国人民银行陆续发布了《关于清理规范非融资性担保公司的通知》、《中国人民银行关于手机支付业务发展的指导意见》、《支付机构网络支付业务管理办法》以及《中国人民银行支付结算司关于暂停支付宝公司线下条码支付等业务意见函》等法规，并首次提出了互联网金融的五大监管原则①，强调需要坚持底线思维，加强规范管理，促进以创新为动力的这一新型金融服务业态在可持续的轨道上健康发展。2014 年上半年，政府逐步确立了对互联网金融监管的分工，第三方支付归中国人民银行监管、P2P 划归中国银监会监管、股权众筹划归中国证监会监管，并由中国人民银行牵头"一行三会"制定《关于促进互联网金融健康发展的指导意见》。自此，拉开了对互联网金融监管的序幕。2014 年 3 月，中国人民银行对 10 家②第三方支付公司进行了

---

①　一是互联网金融创新必须坚持金融服务实体经济的本质要求，合理把握创新的界限和力度；二是互联网金融创新应服从宏观调控和金融稳定的总体要求；三是要切实维护消费者的合法权益；四是要维护公平竞争的市场秩序；五是要处理好政府监管和自律管理的关系，充分发挥行业自律的作用。

②　这十家支付公司分别为：汇付天下、易宝支付、随行付、富友、卡友、海科融通、盛付通、捷付瑞通、银联商务和广东嘉联。对前 8 家机构的收单业务要求停止新增发展新的商户，对后 2 家机构则要求自查。

处罚。4 月，中国银监会发布《中国银监会　中国人民银行关于加强商业银行与第三方支付机构合作业务管理的通知》，要求银行构建安全的网络通道，制定安全边界，防止第三方机构越界访问。

表 2－15　　2014 年互联网证券发展回顾

时间	事件
2014 年 1 月	金证股份（600446. SH）与腾讯合作的微信理财通上线；苏宁云商旗下“易付宝”推出的余额理财产品“零钱宝”上线
2014 年 2 月	国金证券（600109. SH）与腾讯联合推出“佣金宝”正式上线，交易佣金仅万分之二
2014 年 3 月	中山证券“零佣通”产品正式上线，在沪深证券交易所买卖交易股票、基金、债券，仅收取交易所手续费、过户费等无法避免的费用，证券公司自身不收取交易费用；上市三天后被证监会叫停
2014 年 4 月	中信证券（600030. SH，06030. HK）、国泰君安、银河证券（06881. HK）、长城证券、平安证券、华创证券等六家证券公司陆续发布公告称，中国证券业协会同意公司开展互联网证券业务试点；华泰证券（601688. SH）与网易合作，新一代移动理财服务终端“涨乐财富通”正式上线
2014 年 5 月	金证股份与中山证券签署了战略合作协议，旨在互联网金融领域展开全面战略合作
2014 年 6 月	国联证券互联网金融部推出“笔笔惠”，每笔交易仅收 5 元佣金，后被叫停；金证股份（600446. SH）宣布与腾讯合作，基于 QQ 底层架构、API、通信协议等为各个券商开发集证券开户、资讯、交易、营销、客服、理财产品销售、股权质押等多种功能于一体的互联网金融服务平台。首批参与券商包括中山证券、华龙证券、西藏同信证券、华林证券、广州证券
2014 年 9 月	中山证券联合财经门户金融界，接入证券通，实现“一账互通”
2014 年 11 月	恒生电子携手蚂蚁金服①拓展互联网金融
2014 年 12 月	东方财富全资子公司东方财富（香港）有限公司收购宝华世纪证券 100% 的股权
2014 年 12 月	广发证券（000776. SZ）宣布入驻新浪财经，双方将在超级账户对接、产品合作、流量导入等领域展开深入合作

资料来源：中银国际研究报告，公司金融研究中心。

随着互联网与金融业的进一步融合，券商开展互联网化业务拓展也已全面铺开。同时，由于监管层政策的逐步放开、账户互通等障碍的妥善解决，互联网公司参与互联网证券业务也保持了较高的积极性。

互联网券商模式主要分为移动终端和网络平台。一是券商将其业务集中在互联网或移动互联网上运营，如网上开户、金融资讯服务、证券交易网络化等，这一模式可有效降低成本，提高效率；二是借助互联网或移动互联网平台，设计或开发新业务，向用户提供证券金融服务。2014 年券商互联网业务的发展进程见表 2－15。

截至 2014 年底，中国证监会已分四批核准 35 家券商开展互联网证券试点业务（见表 2－16），即 29. 45% 的券商已经开始迈入“互联网＋”时代，互联网对于证券行业的

① 蚂蚁金融服务集团正式成立于 2014 年 10 月，专注于服务小微企业与普通消费者。蚂蚁金融服务集团旗下品牌有支付宝、支付宝钱包、余额宝、招财宝、蚂蚁微贷、芝麻信用、网商银行等。

影响正在持续增强。

表 2－16　2014 年获准试点互联网证券的券商

时间	获批券商
2014 年 4 月	中信证券、国泰君安、银河证券、长城证券、平安证券、华创证券
2014 年 9 月	广发证券、海通证券、申银万国、中信建投、国信证券、兴业证券、华泰证券、万联证券
2014 年 11 月	财富证券、财通证券、德邦证券、东海证券、方正证券、国金证券、国元证券、长江证券、招商证券、浙商证券
2014 年 12 月	华宝证券、东方证券、南京证券、西南证券、中原证券、齐鲁证券、安信证券、华林证券、东兴证券、第一创业证券、太平洋证券

资料来源：中国证券业协会网站，公司金融研究中心。

在国家金融改革和证券行业内生性创新需求的推动下，证券行业逐渐摆脱“靠天吃饭”的束缚，业务创新如火如荼地进行着，而来自互联网金融的挑战则进一步加速了证券行业的创新进程。

作为一种全新的项目融资方式，监管部门尝试对股权众筹业务进行规范。2014 年 12 月，中国证券业协会就《私募股权众筹融资管理办法》（以下简称《办法》）并公开征求意见，做出以下规定：（1）券商可直接提供股权众筹融资服务，在相关业务开展后的 5 个工作日向中国证券业协会报备；（2）向特定对象非公开发行不得超过 200 个实名投资者；（3）众筹项目不限定投融资额度，股权众筹平台不得兼营 P2P 等；（4）个人投资者门槛较高，投资单个融资项目的最低金额不低于 100 万元；（5）股权众筹平台应当在中国证券业协会备案登记，并申请成为其会员，这也就表明众筹基本上是交由券商经营。

《办法》的颁布一方面有利于推动互联网券商的发展，另一方面凸显了券商在众筹融资中的地位，券商从事众筹投资进一步丰富了多层次资本市场，对于拓宽中小微企业直接融资渠道、完善券商服务实体经济发展功能方面具有重要意义。然而，总体上而言 2014 年股权众筹尚处于一个缓慢发展的阶段，这主要源于国内对公开募资的规定使得众筹在国内难以做大做强，短期内对企业融资的影响非常有限。

2.6　证券市场监管概况

2.6.1　新股发行市场的监管

2014 年 3 月，中国证监会发布《关于修改〈证券发行与承销管理办法〉的决定》（证监会令第 98 号）和《关于修改〈首次公开发行股票时公司股东公开发售股份暂行规定〉的决定》（证监会公告〔2014〕11 号），新股发行制度在以下五方面得到完善：

一是进一步优化老股转让制度。适当放宽募集资金使用限制，强化募集资金合理性的信息披露。二是规范网下询价和定价行为。规定网下投资者必须持有不少于 1 000 万元市值的非限售股份。三是进一步满足中小投资者的认购需求。增加网下向网上回拨的档次，对网上有效认购倍数超过150倍的，要求网下保留的数量不超过本次公开发行量的10%，其余全部回拨到网上。同时，网下配售进一步向具有公众性质的机构倾斜。四是强化对配售行为的监管。五是进一步加强事中及事后监管。建立常态化抽查机制，加大事、中事后检查力度。在承销办法中进一步明确发行人和主承销商不得泄露询价和定价信息，加大对串标行为的打击力度。

2014年5月，中国证监会发布《首次公开发行股票并在创业板上市管理办法》（证监会令第99号）和《创业板上市公司证券发行管理暂行办法》（证监会令第100号）。创业板IPO管理办法此次修订主要涉及三个方面：一是适当放宽财务准入指标，取消持续增长要求；二是简化其他发行条件，强化信息披露约束；三是全面落实保护中小投资者合法权益和新股发行体制意见的要求。办法同时指出，创业板申报企业不再限于九大行业。

创业板再融资暂行办法包括四大内容：一是设置简明统一的发行条件，强化对再融资的约束机制；二是推出“小额快速”定向增发机制，允许“不保荐不承销”，自受理之日起15个工作日内做出核准或者不予核准决定；三是支持上市公司在特定范围自行销售非公开发行的股票，降低融资成本；四是加大董事会的自我约束功能，强化管理层再融资的责任意识。

2014年5月，沪深证券交易所发布修改后的IPO打新市值配售办法，网上修改的主要内容为调整投资者持有市值的计算规则，投资者持有市值的计算口径由“T－2日（T日为发行公告确定的网上申购日，下同）的日终持有的市值”调整为“T－2日前20个交易日（含T－2日）的日均持有市值”。修改后的打新市值配售计算规则更为合理，减轻了新股申购对投资者二级市场交易行为的限制，避免了投资者因T－2日卖出持有股票而无法参与新股申购等不合理情况。

2014年5月，中国证券业协会发布了修订后的《首次公开发行股票承销业务规范》，同时发布了《首次公开发行股票网下投资者备案管理细则》、《首次公开发行股票配售细则》（中证协发〔2014〕77号），这标志着IPO配套措施的正式发布。

2.6.2 上市公司的监管

2014年3月，中国证监会颁布《优先股试点管理办法》（证监会令第97号）。为保护上市公司中小投资者合法权益，该办法重点针对易出现利益输送的环节进行了规定。一是限制公司非公开发行优先股的票面股息率水平，要求其“不得高于最近两个会计年度的加投平均净资产收益率”。二是将发行公司的董事、高级管理人员及其配偶排除在非公开发行的合格投资者范围之外，避免利益输送。三是规定上市公司向关联股东发行优先股的，关联股东需回避表决。四是要求独立董事对发行优先股发表专项意见。优先股试点是我国资本市场的一项重大改革创新，涉及面广、利益关系复杂，《优先股试点管理办法》的出台对于深化市场改革具有重大积极意义。

2014年6月，中国证监会发布《关于上市公司实施员工持股计划试点的指导意见》（证监会公告〔2014〕33号），在上市公司中开展员工持股计划试点。实施员工持股计划，是企业鼓励其员工持有本公司股票的一种有效方式。该指导意见明确，上市公司可以根据员工意愿实施员工持股计划，通过合法方式使员工获得本公司股票并长期持有，股份权益按约定分配给员工。在上市公司中推进员工持股计划试点，有利于建立和完善劳动者与所有者的利益共享机制，改善公司治理水平，提高职工凝聚力和公司竞争力。

2014年6月，中国证监会发布《沪港股票市场交易互联互通机制试点若干规定》（证监会令第101号，以下简称《若干规定》），作为市场各方参与沪港通活动的主要依据。《若干规定》共19条，明确了上海证券交易所、香港联合交易所，证券交易服务公司及中国证券登记结算公司、香港中央结算公司开展沪港通业务应当履行的职责，对境内证券公司开展沪港通业务提出原则性要求，明确了沪港通的业务范围、外资持股比例、清算交收方式、交收货币等相关事项，对投资者保护、监督管理、资料保存等内容提出了相关要求。《若干规定》规范了沪港通相关活动，保护了投资者合法权益，维护了证券市场秩序。沪港通是推动资本市场双向开放，有序提高跨境资本和金融交易可兑换程度的重要探索，有利于拓宽投资渠道与资金来源、增强两地资本市场的整体实力。

2014年10月，中国证监会发布修订后的《上市公司重大资产重组管理办法》（证监会令第109号）和《关于修改〈上市公司收购管理办法〉的决定》（证监会令第108号）。此次修订以“放松管制、加强监管”为理念，进一步减少和简化并购重组行政许可，在强化信息披露、加强事中事后监管、督促中介机构归位尽责、保护投资者权益等方面作出配套安排。这两个办法有利于进一步促进上市公司并购重组活动，有利于上市公司增强竞争力、提升公司价值，有利于优化市场资源配置，服务实体经济发展。

两个办法取消了要约收购事前审批等环节，完善了发行股份定价的市场机制，完善了借壳上市的定义，明确创业板上市公司不允许借壳上市，进一步丰富并购重组的支付工具，丰富要约收购相关制度等内容。

2014年10月，《关于改革完善并严格实施上市公司退市制度的若干意见》（证监会令第107号）。该意见主要包括五个方面的内容：一是健全上市公司的主动退市制度，二是实施重大违法公司强制退市制度，三是严格执行市场交易类、财务类退市制度，四是完善退市相关制度安排，五是加强中小投资者合法权益的保护。健全完善退市制度，有利于实现优胜劣汰，提高市场有效性；另外，针对退市工作的特殊性，重点强调了退市中的信息披露、主动退市异议股东保护问题，进一步明确了重大违法公司及有关责任人员的民事赔偿责任。退市改革目标是进一步健全完善资本市场基础功能，实现上市公司退市的市场化、法治化和常态化。

2.6.3　期货市场的监管

2014年是我国期货及衍生品市场改革创新、继往开来的一年。一年来，《国务院关于进一步促进资本市场健康发展的若干意见》（以下简称新“国九条”）正式出台，《关于进一步推进期货经营机构创新发展的意见》、《期货公司监督管理办法》相继发布实施，全行业正迎来前所未有的重要机遇，改革创新蓄势待发。

根据十二届全国人大常委会立法规划，《期货法》2014 年被列为全国人大常委会二类立法项目。《期货法》的出台，一方面有利于提升期货市场的法律地位，明确期货交易行为以及期货市场主体之间的权利义务关系，明确期货交易行为的民事及刑事责任，更好地保护投资者利益；另一方面有利于加强监管部门的监管，提高期货市场参与各方的犯罪成本，进一步促进期货市场规范发展。

2014 年 5 月，《国务院关于进一步促进资本市场健康发展的若干意见》（国发〔2014〕17 号）放宽了期货公司的业务准入，明确了期货公司创新发展方向，壮大了期货专业机构投资者，引导期货公司互联网业务有序发展，并要求期货公司加强中小投资者保护工作。新“国九条”的发布对期货市场发展做出了重要指引。

2014 年 9 月，中国证监会发布《关于进一步推进期货经营机构创新发展的意见》，制定了一段时期推进期货经营机构创新发展的总体原则和具体措施，对期货经营机构创新发展重点提出了八大举措：一是大力提升服务实体经济能力；二是努力增强期货经营机构竞争力；三是适时放宽行业准入；四是探索交易商制度，培育专业交易商队伍；五是逐步推进期货经营机构对外开放；六是稳步发展场外衍生品业务；七是加强投资者保护；八是加强风险防范。

2014 年 10 月，《期货公司监督管理办法》（证监会令第 110 号）正式发布实施。《期货公司监督管理办法》完善了期货公司业务范围，将期货公司可从事的业务划分为公司成立即可从事的业务、需经核准业务、需登记备案业务以及经批准可以从事的其他业务四个层次，并为未来牌照管理和混业经营预留了空间。

2014 年 12 月，中国期货业协会颁布《期货公司资产管理业务管理规则》（中期协字〔2014〕100 号，以下简称《管理规则》）。《管理规则》放开了“一对多”业务，即期货公司及子公司从事资产管理业务包括为单一客户办理资产管理业务和为特定多个客户办理资产管理业务。“一对多”业务为期货行业打开了财富管理的空间，为期货公司向资产管理和风险管理方向转型提供了强大支撑。此外，《管理规则》降低了期货公司资产管理业务准入门槛，下调了净资本和分类评级；采取登记备案制，向中期协和私募基金登记备案系统进行备案；不得聘用第三方个人作为投资顾问等。

2014 年 12 月，中国证监会就《股票期权交易试点管理办法》及《证券期货经营机构参与股票期权交易试点指引》向社会公开征求意见。这意味着在上海证券交易所挂牌的股票期权、ETF 期权进入了实质上市准备阶段，期货公司也有权参与股票期权的经纪业务和备兑开仓等业务。

2014 年 12 月，中国证监会发布《公开募集证券投资基金运作指引第 1 号——商品期货交易型开放式基金指引》（证监会公告〔2014〕51 号）。商品 ETF 指引实施打通了证券与商品两个市场，丰富了投资产品和避险工具，满足投资者抵御通货膨胀风险、资产配置多样化等需求；引入了机构投资者参与商品期货市场投资，改善了商品期货市场投资者结构；提高了商品期货市场的流动性，有利于增强金融中介机构服务投资者和实体经济的能力。

2014 年 12 月，中国证监会将《境外交易者和境外经纪机构从事境内特定品种期货交易管理暂行办法》向社会公开征求意见，为原油期货引入境外投资者参与我国期货市场奠定了法律基础。

2.6.4　基金行业的监管

2014 年 7 月，中国证监会发布《公开募集证券投资基金运作管理办法》（证监会令第 104 号），明确规定将公募基金审查由“核准制”改为“注册制”，规定“中国证监会对基金募集的注册审查以要件齐备和内容合规为基础，以充分的信息披露和投资者适当性为核心，以加强投资者利益保护和防范系统性风险为目标”。该办法的颁布标志着公募基金迈入了注册制时代。

2014 年 8 月，中国证监会发布了《私募投资基金监督管理暂行办法》（证监会令第 105 号），该办法主要明确了以下五项制度安排：一是明确了全口径登记备案制度，二是确立了合格投资者制度，三是明确了私募基金的募资规则，四是提出了规范投资运作行为的有关规则，五是确立了对不同类别私募基金进行差异化行业自律和监管的制度安排。该办法促进了各类私募投资基金健康规范发展，并发挥其促进多层次资本市场平稳运行、优化资源配置和推进经济结构战略性调整等方面的重要作用。

2014 年 11 月，中国证监会发布《证券公司及基金管理公司子公司资产证券化业务管理规定》（以下简称《管理规定》）及配套的《证券公司及基金管理公司子公司资产证券化业务信息披露指引》、《证券公司及基金管理公司子公司资产证券化业务尽职调查工作指引》（证监会公告〔2014〕49 号）。本次规则修订的主要内容：一是明确以《证券法》、《基金法》、《私募投资基金监督管理暂行办法》为上位法，统一以资产支持专项计划作为特殊目的载体开展资产证券化业务；二是将资产证券化业务管理人范围由证券公司扩展至基金管理公司子公司，并将《证券公司资产证券化业务管理规定》更名为目前名称；三是取消事前行政审批，实行基金业协会事后备案和基础资产负面清单管理；四是强化重点环节监管，制定信息披露、尽职调查配套规则。《管理规定》与配套规则的发布，有利于进一步推进资产证券化发展，盘活存量资产，服务经济结构调整和转型升级。

2014 年 11 月，中国证券投资基金业协会发布《基金业务外包服务指引》，对公募、私募基金管理人开展业务外包的主要环节进行了原则性规定，并指出基金业务外包机构将实行备案制管理。该指引共十九条，对公募、私募基金管理人开展业务外包的主要环节进行了原则性规定。该指引的颁布重点在于首次引入了第三方监督保证客户资金安全。

2014 年 12 月，中国证券投资基金业协会制订发布了《基金从业人员执业行为自律准则》（中基协发〔2014〕26 号）。该准则对从业人员的执业行为进行自律约束，主要内容概括为：一是自律准则要求从业人员合法合规，二是重申客户利益至上，三是规范销售应诚实守信，四是坚守投资中应专业审慎，五是强调保守秘密，六是承诺对社会尽责，七是明确底线行为等。该准则是基金业协会首次制订并发布的从业人员执业行为自律准则，意在加强基金从业人员行业自律，有助于警示老鼠仓的道德风险。

2.6.5 新三板市场的监管

2014 年 4 月，《全国中小企业股份转让系统交易单元管理办法》（股转系统公告〔2014〕28 号）颁布，旨在规范全国中小企业股份转让系统交易单元的管理。

2014 年 6 月，《全国中小企业股份转让系统做市商做市业务管理规定》（股转系统公告〔2014〕48 号，以下简称《管理规定》）发布实施，《管理规定》共二十三条，主要内容包括做市业务准入与终止，做市业务内部管理制度，做市业务管理、决策及相关部门职责，禁止性规定，自律管理五方面。《管理规定》中一大亮点在于非证券公司也有望成为做市商，这意味着新三板做市商制度的正式出台。

2014 年 6 月，全国股份转让系统颁布《全国中小企业股份转让系统股票异常转让实时监控指引》（股转系统公告〔2014〕50 号），对协议转让和做市转让方式下异常转让行为的认定标准进行了细化，并进一步明确了日常监控中发现异常转让行为时的针对性处理措施。对于协议转让的股票，监控中发现投资者成交价格较前收盘价变动幅度超过 50% 的，全国股份转让系统将于次一转让日进行公告，以增强透明度。该指引是切实履行证券交易自律监管职责的重要基础性文件。

2014 年 7 月，全国中小企业股份转让系统颁布《全国中小企业股份转让系统非上市公众公司重大资产重组业务指引》（股转系统公告〔2014〕70 号，以下简称《指引》）。按照《指引》，非公公司必须保证重大重组事项的真实性并及时进行信息披露，不得虚构重大重组事项向全国股转系统公司申请暂停转让或发布信息，损害投资者权益。全国股转系统公司将对非公公司重大资产重组信息披露文件的完备性进行审查。《指引》还对退市公司重大资产重组的规则适用单章规定，对其风险提示做出特别要求。同月，全国中小企业股份转让系统发布《全国中小企业股份转让系统股票转让方式确定及变更指引》（股转系统公告〔2014〕62 号）。《指引》规定，在全国股份转让系统挂牌的股票可以采取做市、协议、竞价转让方式之一进行转让；挂牌公司申请并经全国股份转让系统公司同意，股票转让方式可以变更。拟挂牌和已经挂牌公司都可根据自身情况，申请股票采取协议转让或做市转让方式。《指引》的发布进一步完善了做市商的整体制度框架。

与此同时，全国股转系统批准了海通证券（600837. SH，06837. HK）、华泰证券（601688. SH）、东海证券、南京证券、银河证券（06881. HK）、东莞证券、光大证券（601788. SH）、国信证券（002736. SZ）、中信证券（600030. SH，06030. HK）、中原证券共 10 家券商作为主办券商在股转系统从事做市业务。

2014 年 10 月，全国股份转让系统《全国中小企业股份转让系统主办券商持续督导工作指引》（股转系统公告〔2014〕101 号），该指引与前期已发布实施的《全国中小企业股份转让系统主办券商推荐业务规定（试行）》（股转系统公告〔2013〕3 号）、《全国中小企业股份转让系统主办券商尽职调查工作指引（试行）》等规定一起，构成了全国股份转让系统（新三板）主办券商从事推荐业务的基本制度框架。该指引强化了新三板服务中小企业功能，即通过主办券商的持续督导和服务，提升挂牌公司的规范运作水平和信息公开透明程度，帮助牢固树立公众公司意识和回报投资者的意识，促进企业在规范的基础上实现更为持续、更为稳健地发展。

2.6.6 违法违规处理和市场秩序整顿

2014 年，中国证监会针对信息披露违法、违规立案调查 43 起，已对 16 家上市公司和 5 家中介机构，共 416 名个人作出行政处罚，罚没款金额共计 4.68 亿元。

2014 年 1 月，中国证监会紧急叫停江苏奥赛康药业股份有限公司新股发行。暂缓发行是因奥赛康大股东利用新股存量发行漏洞，大肆套现 31.8 亿元；此外，奥赛康本次发行价定为 72.99 元，对应的 2012 年摊薄后市盈率为 67 倍，高于同行业可比上市公司平均市盈率。

同月，中国证监会发布了中止山西美锦能源股份有限公司[①]重大资产重组的决定，并进行立案稽查，并通报了 4 起证券期货违法违规案件：海南大印集团有限公司、海南龙盘园农业投资有限公司、海南万嘉实业有限公司等公司操纵期货市场违法违规案，广州市向日葵能源科技有限公司丁国军、潘卫标内幕交易案，潍坊亚星化学股份有限公司信息披露违法违规案，尤利丰等人超比例持股未按规定披露信息案。

中国证监会对珠海市博元投资股份有限公司[②]、吉林成城集团股份有限公司[③]、ST 国恒[④]、黑龙江北大荒农业股份有限公司[⑤]、安徽皖江物流（集团）股份有限公司[⑥]、中科云网科技集团股份有限公司[⑦]、宁夏中银绒业股份有限公司[⑧]等上市公司和深圳鹏城会计师事务所、中磊会计师事务所等中介机构立案调查 43 起，已对河南天丰节能板材科技股份有限公司、青海贤成矿业股份有限公司、南京纺织品进出口股份有限公司等 16 家公司，光大证券（601788.SH）股份有限公司、北京竞天公诚律师事务所等 5 家中介机构，171 名上市公司董事、高管及其他责任人员作出行政处罚，21 人被市场禁入。

---

① 美锦能源存在隐瞒标的资产生产经营重大情况的事实，申请人始终未对相关情况予以报告和披露。

② 2011—2014 年，博元投资多次伪造银行承兑汇票，虚构用股改业绩承诺资金购买银行承兑汇票、票据置换、贴现、支付预付款等重大交易，并披露财务信息严重虚假的定期报告。

③ 成城股份因 2011 年为参股子公司借款提供担保时，违反决策及信息披露程序，其股票从 2014 年 4 月 10 日被上海证券交易所实施风险警示。

④ ST 国恒因未按时披露年报，2014 年 5 月 21 日收到中国证监会稽查总队下发的《调查通知书》，因公司涉嫌违反证券法律法规，决定对公司立案调查。

⑤ 北大荒因工贸企业连续亏损和企业内部管理等问题影响，2012—2013 年，北大荒连续两年净利润为负数，自 2014 年 3 月 28 日起被实行退市风险警示。

⑥ 因公司涉嫌信息披露违法违规，皖江物流于 2014 年 10 月 9 日被中国证监会立案调查。

⑦ 因涉嫌证券违法违规行为，中科云网于 2014 年 10 月 12 日起被中国证监会立案调查。

⑧ 因涉嫌信息披露违法违规，中国证监会于 2014 年 10 月 23 日对公司立案调查。

此外，需要指出的是，监管层一直致力于完善上市公司退市制度改革。2012 年中国证监会完善了主板、中小板、创业板的退市制度，2014 年 5 月，新“国九条”也提出完善退市制度，对欺诈发行的上市公司实行强制退市。2014 年 11 月，《关于改革完善并严格实施上市公司退市制度的若干意见》正式施行，该意见将欺诈上市等重大违法行为与退市相连接，明确对重大违法公司实施暂停上市及终止上市。2014 年 3 月，上海证券交易所发布公告，对博元投资实施退市风险警示，成为 A 股市场首家因重大违法行为被强制退市的公司。博元投资被实施强制退市不仅仅代表了监管层执行退市新规的决心，更是退市制度改革的一次历史性突破。2014 年 6 月，上市时间近 17 年的 * ST 长油摘牌成为央企退市第一股。退市制度常态化对上市公司规范运作和资本市场健康发展有着重要意义。

第3章 中国投资银行竞争力评价办法

2014年，证券行业整体业绩高速增长，各项业务收入呈现快速上升趋势，融资类业务发展迅猛，互联网金融布局提速，行业监管和外部环境得到进一步优化，证券行业健康发展的趋势不断增强。本章主要介绍了有关投资银行竞争力的最新研究以及2014年证券行业的竞争现状及特征，重点在于介绍中国投资银行竞争力评价方法，它是在遵循企业竞争力普适性指标规律的基础上，紧扣证券行业的发展经营现状而设定，并随着证券行业的发展变化而不断做出调整。

3.1 投资银行竞争力评价最新研究

徐晓光、冼俊城、郑尊信[①]（2014）基于CCR模型、BCC模型与Malmquist指数分解模型对中国证券业进行效率测量，并从横向静态与纵向动态角度分析中国证券业效率影响因素，实证分析得出当前中国证券业处于低效率发展阶段；刘敬富（2014）[②] 选取了2012年证券行业114家所有证券公司的数据，运用结构方程模型计算出证券公司竞争力之间的联系，进而得出要进一步提升证券公司的资本实力和资产规模、注重投资回报率的提高、谋求创新、提升人员素质、发展非传统业务等；鲁东（2014）[③] 通过"波特五力竞争力评估模型"，分析影响证券行业竞争力的因素，通过主成分分析法对证券公司竞争力进行分析，指出证券公司客户资源、资本规模、盈利能力、运营管理能力、成长能力、风险控制能力是证券公司竞争力的来源；甘洋（2014）[④] 以企业竞争理论为依据，从影响我国上市证券公司竞争力和业务创新的因素出发，通过建立指标体系对证券公司业务创新竞争力进行研究，指出提高公司竞争力要从扩大资本资产规模、加快人才培养、加强业务创新以及风险评估四个方面入手；王娟（2014）[⑤] 采用上市的19家证券公司为研究对象，利用主成分分析法对上市证券公司的竞争力进行研究，指出资产规模、人才素质和盈利能力是影响上市证券公司竞争力的三个主要因素，其中资产规模对我国上市证券公司竞争力的影响最

---

① 徐晓光，冼俊城，郑尊信．中国证券业效率测度及分析［J］．经济与管理研究，2014，12：61-69.

② 刘敬富．基于结构方程模型的证券公司竞争力影响因素研究［D］．济南大学，2014.

③ 鲁东．中国证券业上市公司竞争力研究［D］．昆明理工大学，2014.

④ 甘洋．我国上市证券公司业务创新与竞争力的关系研究［D］．长春工业大学，2014.

⑤ 王娟．我国上市证券公司竞争力研究［J］．中国市场，2014，37：55-57.

大；申银万国证券研究所①借鉴海外经验，构建了新的证券公司核心竞争力评价体系，对115家样本证券公司进行研究，提出要不断完善证券公司信息披露机制以及风险管理体系，推动证券公司差异化发展以增强其核心竞争力；广发证券有限公司②在借鉴国外投行竞争力培育实践的基础上提出了我国证券公司总行竞争力评价体系，并从政府和证券公司两个层面提出了提升证券公司竞争力的具体策略。

3.2 行业竞争现状及特征

3.2.1 行业规模不断扩大，整体实力显著提升

截至2014年底，全国共有证券公司119家，其中在沪深证券交易所上市的有20家，较2013年新增国信证券（002736. SZ）1家，申银万国吸收合并宏源证券（000562. SZ）后更名为申万宏源（000166. SZ）；在新三板市场挂牌上市的有2家，为湘财证券（430399. OC）和联讯证券（830899. OC）；在香港证券交易所上市有4家证券公司，分别为中信证券（600030. SH，06030. HK）、海通证券（600837. SH，06837. HK）、银河证券（06881. HK）和中州证券③（01375. HK）（见图3－1）。

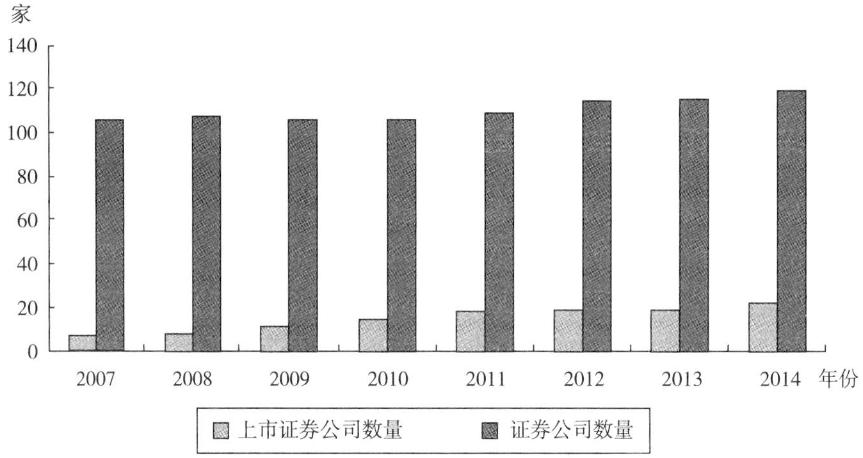

资料来源：中国证券业协会，Wind资讯，公司金融研究中心。

图3－1 上市公司和证券公司数量（2007—2014年）④

2014年，证券行业的整体实力得到了显著提升，根据各券商年报数据显示，2014年119家证券公司全年实现营业收入3 204.35亿元，同比增长66.81%，实现净利润1 136.71亿元，同比增长121.51%。其中共有115家公司实现盈利，占证券公司总数的

① 蒋健蓉，钱康宁等．证券公司核心竞争力及评价研究［R］．中国证券，2014，10：70－84.

② 何天荣，余建军等．我国证券公司综合竞争力现状与提升策略研究［R］．中国证券，2014，11：2－14.

③ 为避免重名，中原证券在香港的名称为中州证券，成为港交所首家内地区域性券商。

④ 图3－1 2014年上市证券公司数量不包括在香港证券交易所上市的4家证券公司。

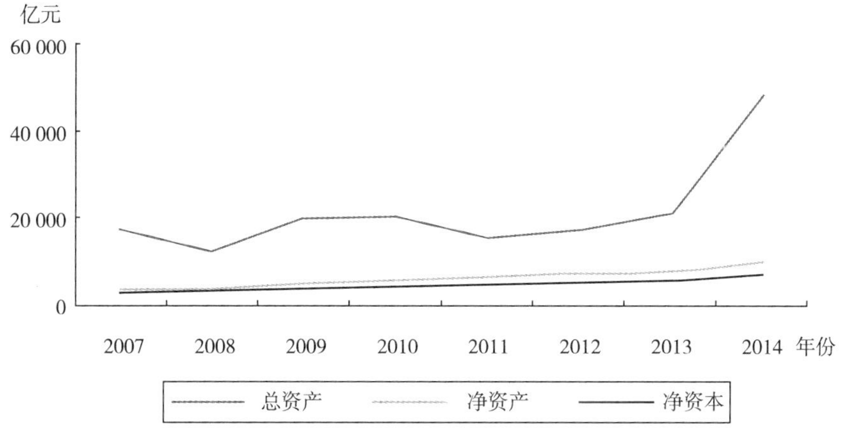

资料来源：Wind 资讯，公司金融研究中心。

图 3－2　历年证券公司资产规模变化（2007—2014 年）

96.64%，仅有 4 家公司为负利润；总资产、净资产以及净资本分别达到 48 093.31 亿元、9 967.19 亿元和 6 671.04 亿元，同比增幅分别达到 101.05%、24.09% 以及 28.44%，实现了规模的稳定增长（见图 3－2）。

2014 年证券公司竞争格局的状态基本稳定，总资产集中度持续上升，已经超过了 2007 年的高点。总资产、净资产、净资本三项指标的前五大证券公司的集中率（CR5）分别为 34.62%、30.6%、25.35%（见图 3－3）。

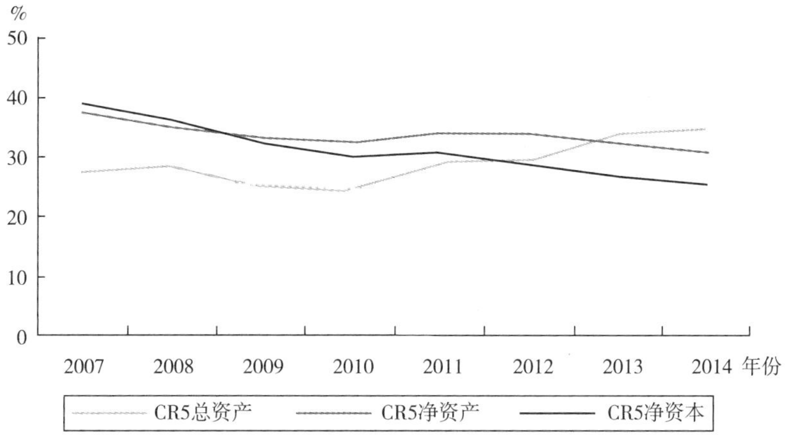

注：根据各证券公司年报合并报表数据整理。

资料来源：Wind 资讯，公司金融研究中心。

图 3－3　证券公司规模集中度的变化（2007—2014 年）

3.2.2　资本中介业务快速成长，盈利水平稳步提升

2014 年，以融资融券业务为代表的资本中介业务快速增长，已经成为证券行业盈利模式转型和业务结构优化的重要助力。2014 年下半年 A 股市场交投活跃，全年共有 90

家证券公司开展融资融券业务，截至2014年底，两融业务余额达10 253.9亿元，同比增长195.9%。根据中国证券业协会的统计，2014年证券业实现融资融券利息收入446.24亿元，同比增幅达141.71%，占当年营业收入的17.14%，同比增加5.55个百分点；融资买入额约占A股交易总额均值为11.55%，其比重呈不断上升趋势（见图3－4）。与此同时，证券公司其他融资类创新业务也呈现快速增长态势。上海证券交易所和深圳证券交易所专项统计数据显示，2014年两市分别有84家和89家证券公司开展股票质押式回购交易业务，2014年底两市股票质押式回购初始交易金额达4 854.81亿元，较年初增长4.37倍，其中待回购初始交易金额为3 374.61亿元，涉及股票市值超过1万亿元。

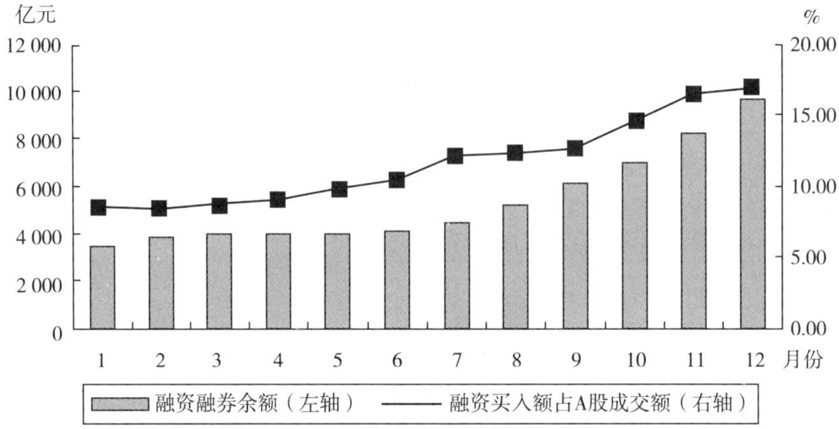

资料来源：Wind资讯，公司金融研究中心。

图3－4 月度融资融券余额变化（2014年）

除资本中介类创新业务快速成长以外，2014年证券公司传统业务收入也表现不俗。尽管平均佣金率同比下降15.54%，但得益于2014年下半年证券市场交易活跃，证券公司代理买卖证券收入同比增加36.67%。IPO重启、再融资规模激增以及并购市场活跃是证券公司投行业务营收增长的主要原因，2014年证券公司承销保荐业务收入同比增长96.06%，财务顾问业务收入同比增长54.61%，其中证券公司参与全国中小企业股权转让系统及其他场外市场业务收入占投行总收入的比重从2013年的2.31%增至5.93%。

2014年证券公司资产管理业务有序发展，产品创新和接入互联网端口成为竞争力提升的重点。截至2014年底，证券行业受托管理资产79 624.86亿元，同比增长53.27%，其中集合资产管理产品受托金额首次突破6 000亿元，同比增长79.41%。规模增长的同时盈利能力明显提升，证券公司资产管理业务净收入179.38亿元，同比增长99.18%。2014年11月，中国证监会发布《证券公司及基金管理公司子公司资产证券化业务管理规定》及配套工作指引，取消事前行政审批，实行基础资产负面清单管理，证券公司资产证券化业务正式迎来备案制，全年共发行资产支持证券389只，增加了6倍（见表2－2）。

3.2.3　互联网金融布局提速，证券行业竞争加剧

2014年全年有35家证券公司取得互联网证券业务试点资格，据中国证券业协会专项调查数据显示，51家已完成互联网金融平台搭建的证券公司中，44家选择自主创建方式，其余7家则选择与互联网企业、电商共建的方式，有77家证券公司开展网上开户业务，实现网上开户近300万户，占全年新增A股账户的比重超过1/3，其中21家证券公司网上开户占新增开户总量的比重已超过50%。

同时，证券公司对移动互联网终端入口的重视程度明显提升，67家证券公司支持移动终端开户，在线金融产品销售依然是目前互联网证券业务的主流模式，2014年35家证券公司通过互联网平台实现金融产品销售额达1 056.48亿元，22家证券公司开展网络资讯服务实现销售额近1.17亿元。部分证券公司还将融资类业务与互联网终端相结合，以增强其在创新类资本中介业务方面的竞争力，多家证券公司主导参与的“证通公司”也处于积极筹备阶段，这都将为证券行业联网互通平台搭建和完善证券行业支付功能提供有力支持。

3.2.4　加速拓展境外市场，行业国际化程度日趋提升

2014年，我国证券公司加速布局境外市场，行业国际化程度不断提升。一方面，“沪港通”背景下，证券公司积极布局我国香港市场。2014年，西南证券（600369.SH）旗下子公司西证国际参股香港敦沛金融公司51%股权，国金证券（600109.SH）以1.9亿港元收购香港粤海证券。此外，发行H股已成为证券公司打开香港市场的新手段。除已在香港上市的国泰君安、海通国际、申银万国等大型证券公司，2014年下半年，广发证券（000776.SZ）和华泰证券（601688.SH）也纷纷发布公告，准备登陆香港市场发行H股；另一方面，大证券公司通过并购、新设分支等方式向美国、新加坡、加拿大、日本等市场扩展，如中信并购里昂、海通并购日本投行和葡萄牙投行、广发证券（000776.SZ）设立加拿大公司等。

在经纪业务、投资银行业务方面，我国证券公司的国际化业务仍主要集中在中国香港市场。在资产管理业务方面，我国证券公司通过中国香港平台打开的资产管理及境外投资业务规模持续扩容。主要表现在：一是合格的境内机构投资者（QDII）规模新增；二是中资证券公司合格境外机构投资者（QFII）资格扩容；三是人民币合格境外机构投资者（RQFII）业务试点进一步扩大，中国证监会与中国人民银行、国家外汇管理局等有关部门共同修改了RQFII相关法规，放宽对RQFII的资产配置限制、扩大RQFII试点范围。

3.2.5　监管环境不断优化，证券行业健康持续发展

2014年中国证监会大力推动监管转型，陆续发布了一系列法律法规，其内容主要涉及企业兼并重组环境优化、上市公司退市制度完善、优先股试点管理、创业板上市规则修订完善以及资产证券化业务实施备案制管理等方面。相关的法律法规主要有《非上市

公众公司收购管理办法》、《非上市公司公众公司重大资产重组管理办法》、《上市公司重大资产重组管理办法》、《关于修改〈上市公司收购管理办法〉的决定》、《关于改革完善并严格实施上市公司退市制度的若干意见》、《沪港通股票市场交易互联互通机制试点若干规定》、《首次公开发行股票并在创业板上市管理办法》、《创业板上市公司证券发行管理暂行办法》。其中，“沪港通”的推出备受瞩目，它标志着资本市场双向开放取得了突破性的进展；启动优先股试点、推出新三板市场做市转让制度在一定程度上推动了中国多层次资本市场的稳步发展。

此外，中国证券业协会在2014年也颁布了一系列行业自律新规，主要涉及证券公司柜台市场试点、私募市场建设以及风险控制管理等多方面。相关的规定主要有《证券公司短期债券试点办法》、《并购重组私募债券试点办法》、《关于进一步推动证券经营机构创新发展的意见》、《证券公司全面风险管理规范》、《证券公司流动性风险管理指标》、《证券公司资本补充指引》等。

3.3 投资银行竞争力评价方法

3.3.1 投资银行竞争力评价指标体系

中国投资银行竞争力评价方法详细参阅《中国投资银行竞争力研究报告（2012）》，这里简单描述一下评价方法的逻辑关系。本报告的逻辑就是计算定量因素 E_i 与投资银行竞争力之间存在函数关系，即

$$C = f(E_1, E_2, E_3, E_4, E_5, E_6) \tag{3.1}$$

式（3.1）中，C 为投资银行竞争力；E_i 为经营能力、盈利能力、风险控制能力、业务创新能力、业务结构优化能力和成长能力（$i=1$，2，3，4，5，6）。

经营能力指标包括总资本、净资本、证券营业网点、证券从业人员数量和构成等。受获取资料的限制，本文主要从营业收入、资产规模、净资产三项指标来比较分析我国证券公司的经营能力；盈利能力指标包括 ROA、ROE 和单个营业部交易额排名三项指标；风险控制能力指标包括净资本与净资产比例、资本充足率、风险覆盖率、净资本和公司治理五项指标；业务创新能力指标包括中国证监会对证券公司进行分类监管的评级结果以及证券公司的研究能力（包括研究人员数量、研究报告数量、分析师评比获奖人次）两项内容；业务结构优化能力采用非经纪业务收入占比指标衡量；成长能力包括营业收入增长率、营业利润增长率和资产规模增长速度三项指标。投行竞争力指标的具体计算公式为：

$$C = \sum_{i=1}^{6} E_i Q_i \tag{3.2}$$

$$E_i = \sum_{j=1}^{n} e_{i,j} q_{i,j} \tag{3.3}$$

式（3.2）和式（3.3）中，E_i 为经营能力、盈利能力、风险控制能力、业务创新能力、

业务结构优化能力和成长能力指标；Q_i 为各指标权重，$e_{i,j}$ 和 $q_{i,j}$ 为决定前述各项指标的因素与权重（$i=1$，2，3，4，5，6，$j=1$，2，3，4，…，n，$n=1$，2，3，4，5）。

3.3.2　指标体系的构成

与 2014 年研究报告相比，本年度对经营能力和风险控制能力两项指标进行了调整，其他指标与 2014 年研究报告保持一致（具体介绍详见《中国投资银行竞争力研究报告（2014）》）。

表 3-1　　证券公司竞争力评价指标体系表　　单位：%

评价指标		权重（Q_i）	分项评价指标		分项权重（$q_{i,j}$）
经营能力	E_1	25	营业收入	$e_{1,1}$	40
			资产规模	$e_{1,2}$	30
			净资产①	$e_{1,3}$	30
盈利能力	E_2	25	ROA②	$e_{2,1}$	35
			ROE③	$e_{2,2}$	50
			单个营业部交易额排名	$e_{2,3}$	15
风险控制能力	E_3	15	净资本与净资产比例	$e_{3,1}$	20
			资本充足率④	$e_{3,2}$	20
			风险覆盖率⑤	$e_{3,3}$	20
			净资本⑥	$e_{3,4}$	20
			公司治理	$e_{3,5}$	20
业务创新能力	E_4	15	分类评级	$e_{4,1}$	100
			研究能力	$e_{4,2}$	
业务结构优化能力	E_5	10	非经纪业务收入占比⑦	$e_{5,1}$	100
成长能力	E_6	10	营业收入增长率	$e_{6,1}$	30
			营业利润增长率	$e_{6,2}$	30
			资产规模增长速度	$e_{6,3}$	40

注：根据 2015 年 4 月召开的“中国投资银行竞争力研究报告评审会”专家提出的意见，2015 年本报告对指标作出的改动主要有：经营能力指标净资本换为净资产，对风险控制能力衡量指标作出调整，首次添加了公司治理指标，将之前采用的净资本与负债的比例、净资产与负债的比例替换为净资本指标，保留净资本与净资产的比例、资本充足率、风险覆盖率三个指标。

---

① 净资产 = 资产 - 负债。

② ROA（总资产收益率）= 净利润/资产规模。

③ ROE（净资产收益率）= 净利润/净资产。

④ 资本充足率 = 净资本/ 风险准备。

⑤ 风险覆盖率 = 净资本/各项风险准备之和。

⑥ 净资本 = 净资产 - 金融资产的风险调整 - 其他资产的风险调整 - 或有负债的风险调整 -/+ 中国证监会认定或核准的其他调整项目。

⑦ 非经纪业务收入占比 = 1 -（代理买卖证券业务净收入/手续费及佣金收入）。

3.3.3 评价指标的计算方法

根据表3－1，在本研究报告中各指标具体计算办法如下：

1. 经营能力计算

$$E_1 = 1/rank(e_{1,1}) \times 40\% + 1/rank(e_{1,2}) \times 30\% + 1/rank(e_{1,3}) \times 30\% \quad (3.4)$$

式（3.4）中，E_1 为经营能力分值，$rank\ (e_{1,i})$（$i=1, 2, 3$）为经营能力第 i 个二级指标的排名。

2. 盈利能力计算

$$E_2 = 1/rank(e_{2,1}) \times 35\% + 1/rank(e_{2,2}) \times 50\% + 1/rank(e_{2,3}) \times 15\% \quad (3.5)$$

式（3.5）中，E_2 为经营能力分值，$rank(e_{2,i})(i = 1,2,3)$ 为盈利能力第 i 个二级指标的排名。

3. 风险控制能力计算

$$E_3 = \sum_{i=1}^{4} [1/rank(e_{3,i})] \times 20\% + e_{3,5} \times 20\% \quad (3.6)$$

式（3.6）中，E_3 为风险控制能力的分值，$rank(e_{3,i})(i = 1,2,3,4)$ 为风险控制能力第 i 个二级指标的排名；$e_{3,5}$ 为公司治理指标，公司治理指标的计算方法如下：

公司治理＝内部治理×50%＋外部治理×50%

其中，内部治理＝1/股权集中度×β（股权集中度采用第一大股东及其一致行动人的持股比例来衡量；β 取值为0或1，公司董事、监事和高级管理人员出现违规现象赋值为1，否则赋值为0）；外部治理采用用公司是否上市来衡量，公司上市赋值为2，未上市赋值为1。

4. 业务创新能力计算

为了反映创新能力在证券公司竞争力的实际水平、保持创新能力在整个研究报告的连续性，对于创新能力衡量，我们仍然区别于其他指标的计算方式（排名），继续采取计分的办法。与过去三年计算方法一致，在本年度报告中我们仍以10分为上限计算创新能力，其中分类评级分数上限为4分，研究能力分数上限为6分：其中研究人员数量分数上限为1分；研究报告数量分数上限2分；分析师评比获奖人次分数上限为3分。各指标的得分计算情况如下：

（1）分类评级：2014年证券公司分类监管评级得分的计算方法作如下改动。分类评级得分由两部分构成：第一部分是公司前三年度的分类评级得分的平均值，第二部分是公司本年度的分类评级得分，其权重均为50%。由于目前没有D类、E类公司，因此分值从C级开始计分，每一个等级相差0.5分，即分类评价分值的计算方法为C级记为0.5分，CC级记为1分，CCC级记为1.5分，B级记为2分，BB级记为2.5分，BBB级记为3分，A级记为3.5分，AA级记分为4分。自2008年监管部门开始实行对证券公司分类监管以来，尚未获得AAA级的证券公司，最高评级为AA级。

（2）研究能力：研究能力最高得分不超过6分，是研究人员数量得分、研究报告数量得分、分析师评比获奖人次得分的总和。

①研究人员数量得分：研究人员数量按照1分制计算，研究人员数最多的证券公司赋研究人员数量得分1分，其他证券公司的研究人员数量得分按照相应的比例计算。计算公式为：

$$S_{Researcher} = N_{Researcher}/Max_{Researcher} \tag{3.7}$$

式（3.7）$S_{Researcher}$ 为研究人员数量得分，$N_{Researcher}$ 为各证券公司研究人员的数量，$Max_{Researcher}$ 为研究人员数量最多的证券公司。

②研究报告数量得分：研究报告数量按照2分制计算，研究报告数量最多的证券公司赋研究报告数量得分2分，其他证券公司研究报告数量得分按照相应的比例计算。计算公式为：

$$S_{Report} = 2N_{Report}/Max_{Report} \tag{3.8}$$

式（3.8）中，S_{Report} 为深度研究报告数量得分，N_{Report} 为证券公司深度研究报告的数量，Max_{Report} 为深度研究报告数量最多的证券公司。

③分析师评比获奖人次得分："新财富最佳分析师"、"中国证券业金牛分析师"、"卖方分析师水晶球奖"（公募类和非公募类分别占50%的权重）每获得一个研究领域第一名记2.5分，其他名次按照0.5的分差对应记分，第五名记为0.5分。则各证券公司分析师评比获奖人次得分计算公式为：

$$S_{NWBA/SIJA} = N_1 \times 2.5 + N_2 \times 2.0 + N_3 \times 1.5 + N_4 \times 1.0 + N_5 \times 0.5 \tag{3.9}$$

式（3.9）中，$S_{NWBA/SIJA}$ 为"新财富最佳分析师"获奖人次得分/"中国证券业金牛分析师"获奖人次得分，$N_i(i = 1,2,3,4,5)$ 为第 i 名的数量。

$$S_{SSACG} = (N_1 \times 2.5 + N_2 \times 2.0 + N_3 \times 1.5 + N_4 \times 1.0 + N_5 \times 0.5) \times 50\% \text{①} \tag{3.10}$$

式（3.10）中，S_{SSACG} 为"卖方分析师水晶球奖"获奖人次得分，$N_i(i = 1,2,3,4,5)$ 为第 i 名的数量。

考虑到"新财富最佳分析师"、"中国证券业金牛分析师"、"卖方分析师水晶球奖"三个奖项含金量的差别，其权重分别为50%、30%、20%，最后将得分作3分制处理，则各证券公司分析师评比获奖人次得分计算公式为：

$$S_{awards} = S_{NWBA} \times 50\% + S_{SIJA} \times 30\% + S_{SSACG} \times 20\% \tag{3.11}$$

式（3.11）中，S_{awards} 为证券公司获奖情况得分（未做3分制计算）。

5. 业务结构优化能力计算

$$E_5 = 1/rank(e_{5,1}) \times 100\% \tag{3.12}$$

式（3.12）中，E_5 为业务结构优化能力分值，$rank(e_{5,1})$ 为经纪业务收入占比的排名。

6. 成长能力计算

$$E_6 = 1/rank(e_{6,1}) \times 30\% + 1/rank(e_{6,2}) \times 30\% + 1/rank(e_{6,3}) \times 40\% \tag{3.13}$$

① "卖方分析师水晶球奖"获奖人次数量为公募类和非公募类的总和，公募类和非公募类各占50%。

式（3.13）中，E_6 为成长能力分值，$rank(e_{6,i})$（$i=1,2,3$）为成长能力第 i 个指标的排名。

3.4 投资银行的分类

3.4.1 投资银行业务分类

投资银行的业务主要分为经纪业务、承销和保荐业务和资产管理业务等。本年度研究报告将经纪业务、承销和保荐业务、资产管理业务和全牌照业务分开，在投资银行单项指标排名中，根据其业务分类情况进行排名（附录1见表3－2）。在119家证券公司中，有6家证券公司的业务资格发生了变化。宏信证券、川财证券、银泰证券、中邮证券、联讯证券（830899. OC）的业务资格由经纪业务牌照变为全牌照公司；恒泰长财由经纪业务牌照变成承销业务牌照。2014年新增的4家资产管理公司分别为广发证券资产管理，齐鲁证券资产管理，兴证证券资产管理和银河金汇证券资产管理，新增的金通证券为经纪业务牌照公司。

3.4.2 投资银行监管分类

2015年7月，中国证监会公布2014年证券公司分类结果①。在参评的95家证券公司当中，获得A类评级有64家（27家AA级，37家A级），B类评级有30家（22家BBB级，7家BB级，1家B级），C类有1家（见附录1表3－3）。

总的来说，与2013年相比，证券公司评价结果整体提高。其中，获评AA级别的券商比2014年增加7家，有37家证券公司获评A级券商，2013年因“乌龙指”事件被降为C级的光大证券（601788. SH）今年重归A级；因在IPO财务专项核查过程中被处罚而被评为C类的南京证券、民生证券、万和证券、联讯证券（830899. OC）2014年重归B类评级；22家证券公司获评BBB级，7家证券公司被评为BB级，仅平安证券一家被评为B级。民族证券被评为CCC级，成为唯一一家分类评价结果在B级以下的证券公司。

① 对证券公司分类监管，是监管层的一项年度工作。证券公司被分为A类（AAA级、AA级、A级）、B类（BBB级、BB级、B级）、C类（CCC级、CC级、C级）、D类、E类5大类11个级别。A类、B类、C类三大类中各级别公司均为正常经营公司，其类别、级别的划分仅反映公司在行业内风险管理能力的相对水平。D类、E类公司分别为潜在风险可能超过公司可承受范围及被依法采取风险处置措施的公司。

第4章　中国投资银行单项指标排名

2014年证券行业整体实力明显提升，以融资类业务为代表的资本中介业务快速成长，证券行业盈利水平提升。需要指出的是，2014年互联网证券布局明显加速，国金证券（600109. SH）与腾讯战略合作，推出了首只互联网金融产品——“佣金宝”，成为了首个互联网证券金融产品。2014年互联网券商的步伐加快，也成为了券商实现业务转型的突破口。为了描述2014年中国证券公司发展的详细情况，本报告对中国证券公司单项指标进行排名，排名主要涉及经纪业务、承销业务、资产管理业务等主要业务指标以及主要财务指标。经纪业务是多数证券公司会涉及的业务范畴，主要通过证券公司交易量、经纪业务收入、营业部部均交易量以及营业部部均收入来反映；券商承销保荐排名用股票与债券主承销家数、主承销金额、主承销收入来描述证券市场承销与保荐情况；资产管理业务主要通过集合理财产品数量、资产数量反映。证券公司财务指标包括营业收入、净利润、总资产、净资产和净资本等方面内容。

4.1　业务指标

4.1.1　经纪业务

1. 经纪业务市场概述

总体来讲，2014年上半年股票指数总体低迷，下半年呈强劲上行态势，证券市场总成交量和总成交额大幅增长。具体来看，2014年上半年的日均成交量和成交额分别为182.59亿股和1 838.97亿元，第三季度的日均成交量和日均成交额分别为302.46亿股和2 931.41亿元，相比上半年增幅分别达65.65%和59.41%。随后的第四季度更是延续之前快速增长的趋势，日均成交量和日均成交额分别为506.94亿股和5 283.74亿元（见图4－1）。同时，2014年投资者开户总数较2013年也出现了小幅增长，全年累计开户数为23 587.39万户，同比增加7.4%。股票、基金成交额延续2013年上涨的态势，年度成交额合计为78.96万亿元，同比增加63.53%。佣金率在经历了2011—2013年的小幅增长后，2014年佣金率从2013年的0.0793%降为0.0707%（见图4－2）。

2014年是互联网金融迅速发展的一年，各券商纷纷开展网上开户、网络渠道营销，尽管互联网证券业务影响了证券行业佣金率水平，但是2014年下半年市场交易量的大幅

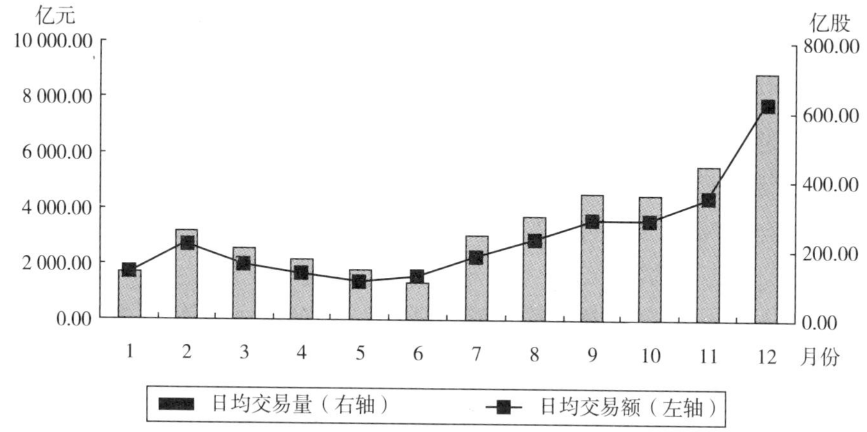

资料来源：Wind 资讯，公司金融研究中心。

图 4－1　A 股市场月度日均成交量和成交额（2014 年）

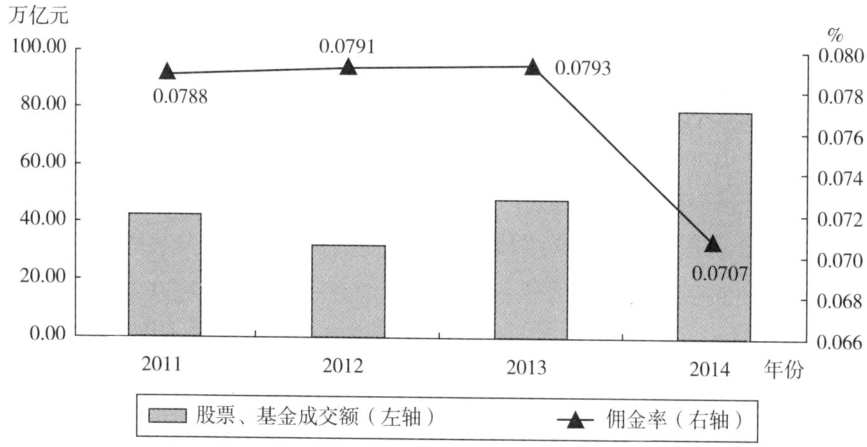

资料来源：Wind 资讯，公司金融研究中心。

图 4－2　股基成交额及佣金率（2011—2014 年）

上升还是使得证券行业经纪业务收入明显增长。根据 Wind 资讯数据显示，2014 年全年累计经纪业务交易量为 264.53 万亿元，增幅达 18.59%；经纪业务收入为 1 184.55 亿元，增幅达 36.67%。从券商业务结构上来看，2014 年的最大变化来自经纪业务。经纪业务收入所占比重从 2013 年的 52% 下降到 2014 年的 43%；此外，承销保荐业务和资产管理业务所占比重略有增加（见图 4－3）。

券商板块 2014 年月度平均区间涨幅为 9.42%。全年涨幅位于前三名的为光大证券（601788.SH）、华泰证券（601688.SH）和西部证券（002673.SZ），涨幅分别为 197.29%、168.31% 和 157.39%。2014 年上半年受股指低位运行的影响，上半年月均跌幅为 2.17%，下半年股指呈爆发式增长，上证综指和深证综指创历史新高。受此影响，2014 年下半年券商板块一路高涨，涨幅最大的 12 月为 56.47%；全年券商板块累计涨幅

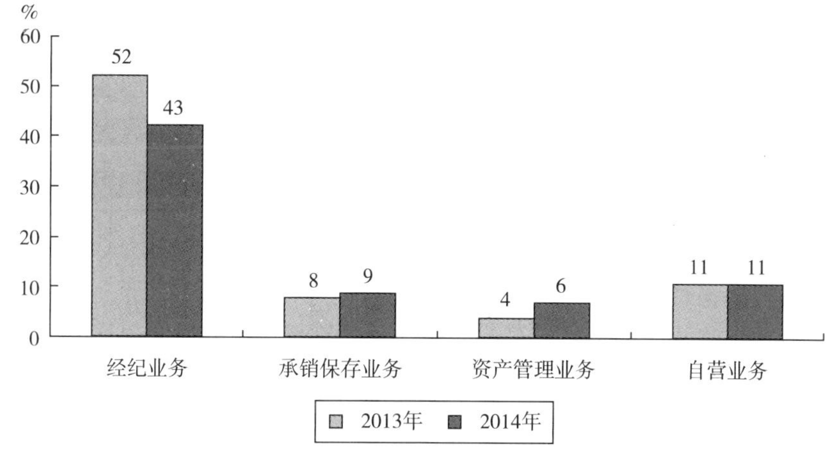

资料来源：Wind 资讯，公司金融研究中心。

图 4－3　证券公司业务结构比较（2013—2014 年）

为 163. 68%（见图 4－4）。其主要原因可概括为以下两点：一是证券行业监管放松，针对券商创新发展的制度建设进入落实阶段，信用类业务扩张速度好于预期，且已经成为带动券商业绩持续高增长的重要因素；二是沪港通的实施、注册制等利好政策预期是推动其发展的重要因素。

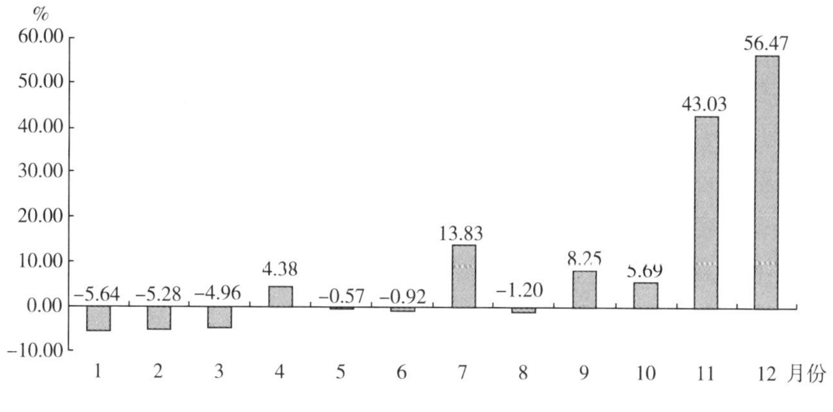

资料来源：Wind 资讯，公司金融研究中心。

图 4－4　券商板块月度涨跌幅（2014 年）

2. 融资融券业务

2014 年上证指数以 52. 87% 的涨幅称霸全球股市，而增量资金持续入市对大盘的上涨起到了至关重要的作用，尤其是融资资金的巨额买入。2014 年沪深两市融资融券业务余额创出历史新高，全年融资融券涨幅达 193. 74%。截至 2014 年 12 月 31 日，融资融券余额为 10 256. 56 亿元，首次突破万亿元大关，同比增加 195. 98%。其中，融资余额为 10 173. 73 亿元，同比增加 195. 23%；融券余额为 82. 83 亿元，同比增加 170. 99%（见图 4－5）。

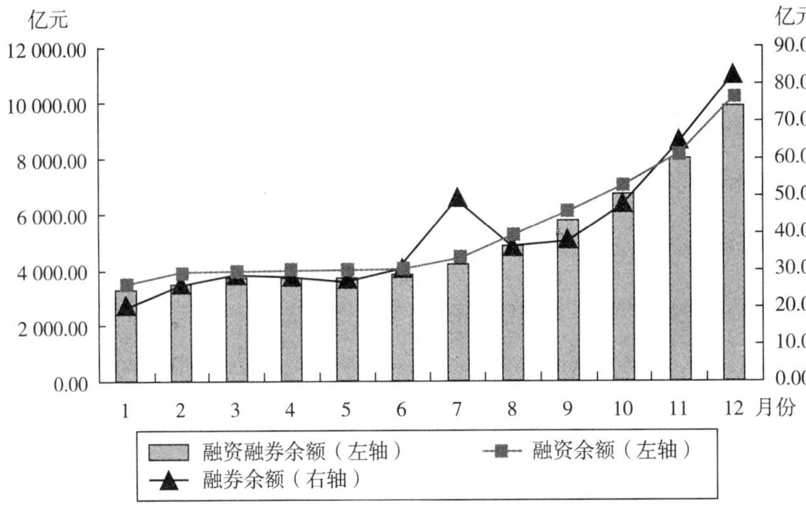

资料来源：Wind 资讯，公司金融研究中心。

图 4-5 月度融资融券余额（2014 年）

从行业分布来看，融资融券的行业市场份额与2013 年大同小异。制造业与金融业分别以 39.7% 和 25% 的市场份额仍然位列第一名和第二名，与 2013 年相比无太大变化。信息运输、软件和信息技术服务业以 6.3% 的市场份额保住第三的位置。排名前三名的行业融资融券余额合计为 6 658.62 亿元，占整个市场份额的 70.98%；排名靠后的行业仅占了市场份额的 29.02%（见图 4-6）。

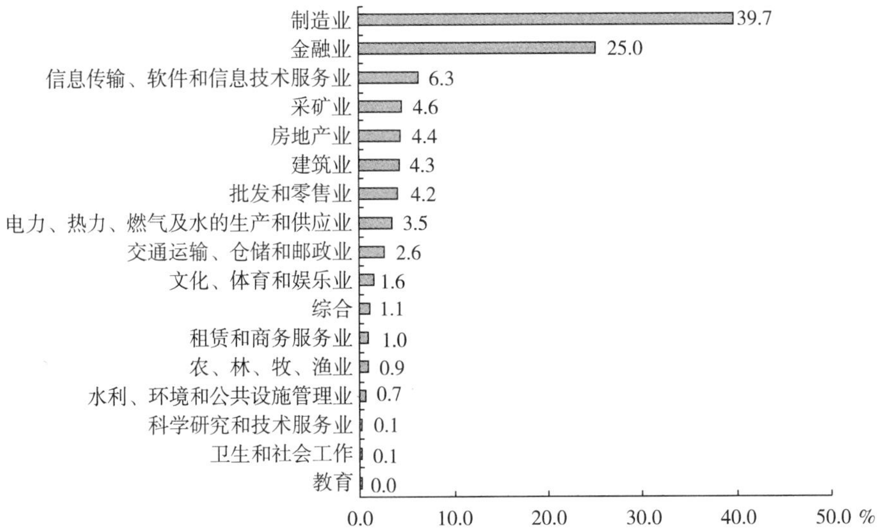

注：融资融券行业按照中国证监会行业分类。

资料来源：Wind 资讯，公司金融研究中心。

图 4-6 融资融券各行业分布情况（2014 年）

从券商融资融券余额占比来看，排名前十位的券商与 2013 年相比变化不大。华泰证券（601688. SH）以 654. 83 亿元的融资融券余额从第六名升至第一名，相比 2013 年增加了 234. 64%，占市场份额的 6. 77%；国泰君安证券和广发证券（000776. SZ）分别以 644. 12 亿元和 643. 56 亿元位列第二名和第三名，分别同比增加了 161. 66% 和 222. 67%，占比 6. 66% 和 6. 65%，排名前十位的券商所占市场份额合计为 55. 56%（见图 4 - 7）。

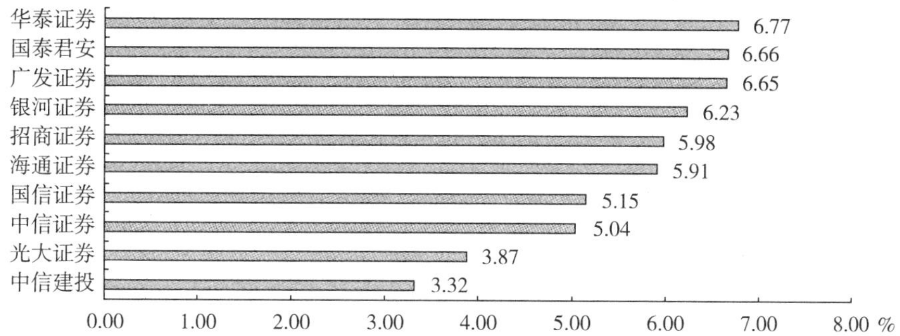

资料来源：Wind 资讯，公司金融研究中心。

图 4 - 7　TOP10 券商融资融券占比（2014 年）

截至 2014 年底，华泰证券（601688. SH）、国泰君安、广发证券（000776. SZ）、银河证券（06881. HK）、招商证券（600999. SH）、海通证券（600837. SH，06837. HK）六券商融资融券余额均超过 500 亿元，且有 14 家券商融资融券余额超过 200 亿元；2014 年券商融资融券业务合计为 10 119. 14 亿元，同比增加 192. 02%，足见融资融券业务收入已迅速成为证券公司第三大收入来源，仅次于代理买卖证券业务净收入和证券投资收益，占比已超过 10%。沪深两市融资融券交易统计情况见附录 1 的表 4 - 1。

3. 经纪业务和经纪业务收入排名

根据 Wind 数据显示，2014 年全年累计经纪业务交易量为 264. 53 万亿元，增幅达 18. 59%；经纪业务收入为 1 184. 55 亿元，增幅达 36. 67%。具体来讲，从交易量上来看，国泰君安证券以 18. 02 万亿元高居榜首，同比增加 30. 51%，连续四年位列第一；中信证券（600030. SH，06030. HK）以 16. 67 万亿元的交易量位列第二，同比增加 37. 51%；申万宏源（000166. SZ）以 16. 55 亿元的交易量位列第三，同比增加 51. 75%。从经纪业务收入上来看，中信证券（600030. SH，06030. HK）以 88. 34 亿元的收入位列第一，同比增加 56. 81%；国泰君安证券和申万宏源（000166. SZ）分别以 67. 82 亿元和 61. 99 亿元的数额分别位列第二名和第三名。97 家券商的交易量和经纪业务净收入排名见附录 1 的表 4 - 2。

从交易量排名来看，国泰君安证券连续四年排名位列第一，申万宏源（000166. SZ）从 2013 年的第 6 名升至 2014 年的第 3 名；华泰证券（601688. SH）从 2013 年的第 7 名一跃升至第 4 名；2014 年方正证券（601901. SH）进入 TOP20 之列，以 35 519. 42 亿元位列第 20 名，同比增加 28. 32%（见图 4 - 8）。

从经纪业务收入来看，中信证券（600030. SH，06030. HK）和国泰君安名次变化不

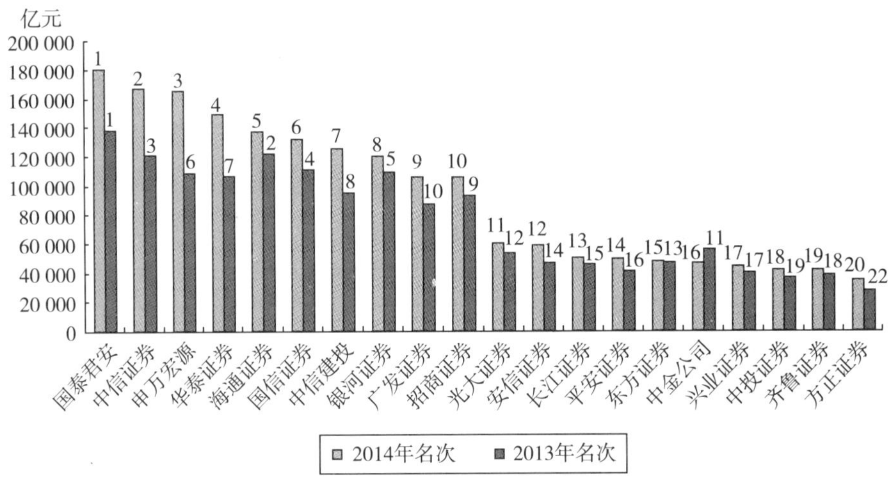

注：2013 年申万宏源交易量数据用申银万国数据代替。

资料来源：公司金融研究中心。

图 4－8　TOP20 证券公司经纪业务交易量排名比较（2013—2014 年）

大，申万宏源（000166. SZ）从 2013 年的第 8 名升至 2014 年的第 3 名。2014 年兴业证券（601377. SH）和东方证券跻身 TOP20 的行列，分别以 15. 39 亿元和 14. 23 亿元位列第 19 名和第 20 名，同比增加 36. 73% 和 23. 83%（见图 4－9）。

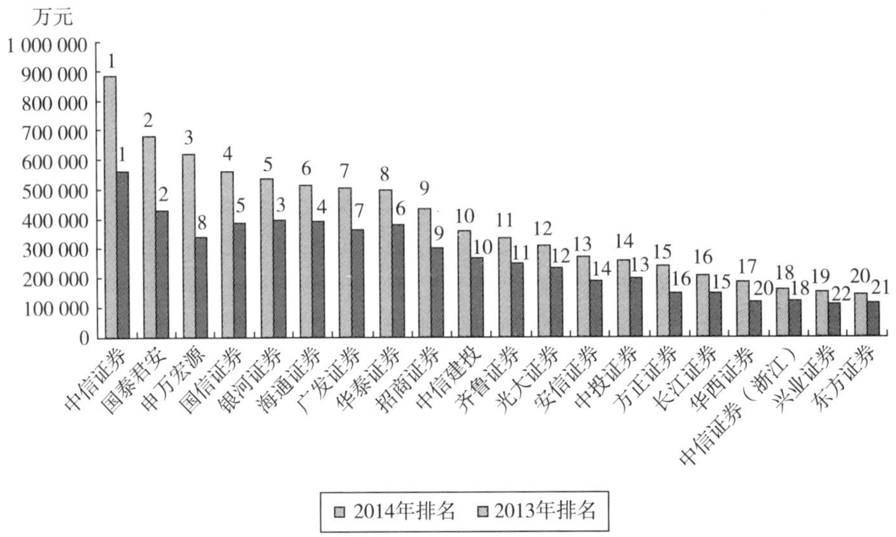

注：2013 年申万宏源经纪业务收入数据用申银万国数据代替。

资料来源：公司金融研究中心。

图 4－9　TOP20 证券公司经纪业务收入排名比较（2013—2014 年）

4. 营业部部均交易量与营业部部均收入排名

如附录 1 表 4－3，北京高华以 2 595. 16 亿元的部均交易量蝉联第一，营业部部均收

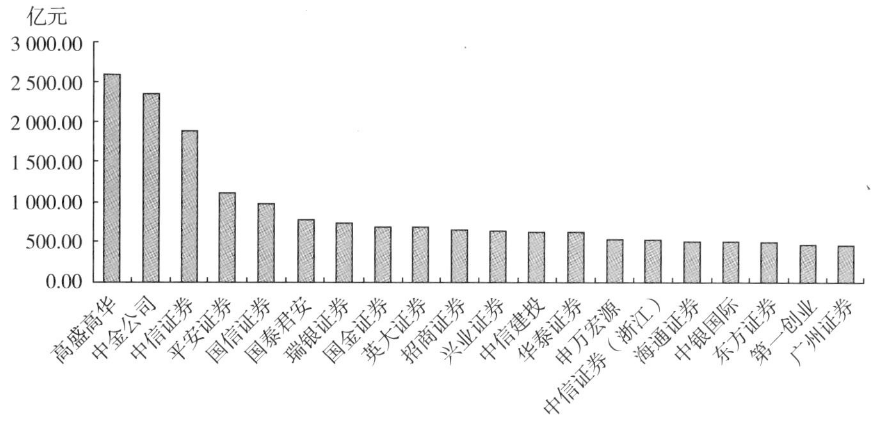

资料来源：公司金融研究中心。

图 4－10　TOP20 证券公司营业部部均交易量排名（2014 年）

入为 4 369. 13 万元，位列第四；中金公司分别以 2 350. 65 亿元的部均交易量和 6 520. 51 万元的部均收入位列第二；中信证券（600030. SH，06030. HK）以 1 893. 94 亿元的部均交易量位列第三，以 10 038. 38 万元的部均收入位列第一。营业部部均交易量及部均经纪业务收入排名见附录 1 表 4－3。

根据表 4－3 的业务量排名情况，得到 TOP20 证券公司营业部部均交易量排名（见图 4－10）。

根据表 4－3 的业务量排名情况，得到 TOP20 证券公司营业部部均经纪业务收入排名（见图 4－11）。

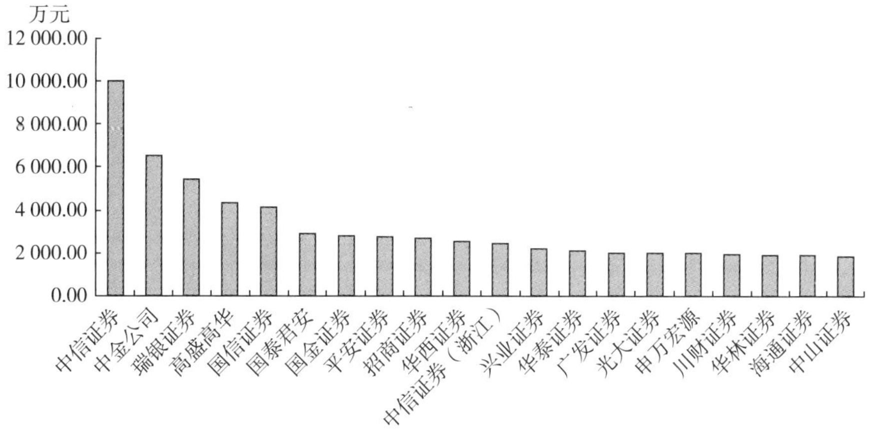

资料来源：公司金融研究中心。

图 4－11　TOP20 证券公司营业部部均经纪业务收入排名（2014 年）

4. 1. 2　承销与保荐业务

1. 承销与保荐业务市场概况

得益于 IPO 的重启，根据 Wind 资讯统计数据显示，2014 年共有 43 家券商参与 IPO

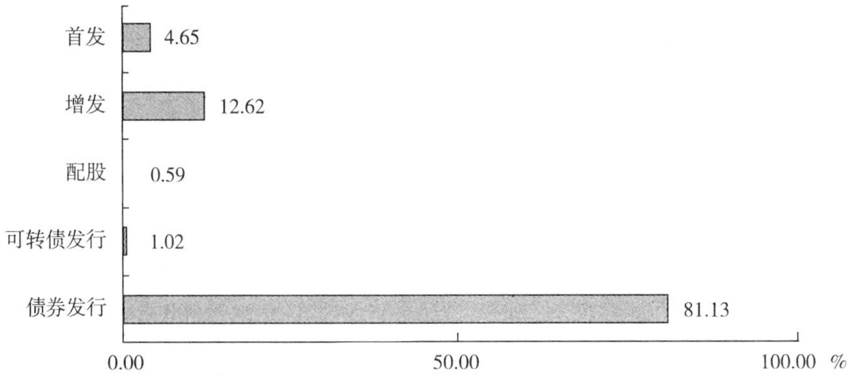

资料来源：Wind 资讯，公司金融研究中心。

图 4－12　券商承销数量占比（2014 年）

承销保荐，各券商承销保荐业务大幅增长。89 家券商承销各类项目合计 2 734 家（包括首发、增发、配股、各类债券），相比 2013 年增加了 1 334 家；券商合计承销金额为 26 960. 59亿元，同比增加 90. 45%；合计承销收入为 350. 45 亿元，同比增加 96. 61%。

具体从承销数量来看，债券发行占比最大，合计家数为 2 218 家，占比 81. 13%，其次是增发，合计家数为 345 家，占比为 12. 62%（见图 4－12）；从承销金额上来看，债券发行占比最大，合计金额为 21 609. 02 亿元，占比为 80. 15%；其次是增发，合计金额为 4 041. 18 亿元，占比为 14. 99%（见图 4－13）。

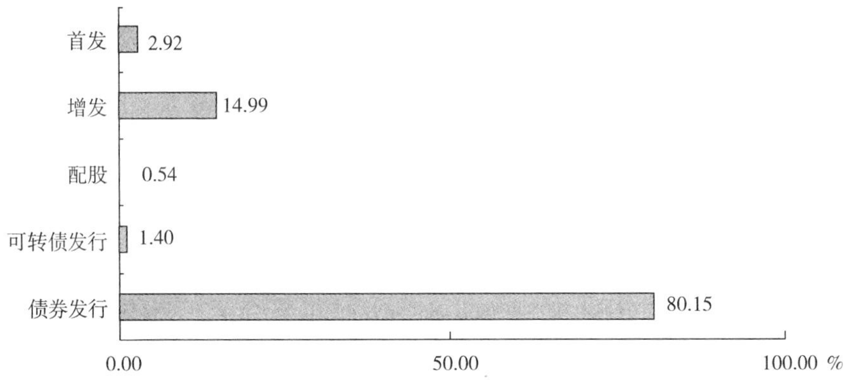

资料来源：Wind 资讯，公司金融研究中心

图 4－13　券商承销金额占比（2014 年）

从承销业务净收入来看，首发净收入合计为 491 595. 14 万元，占比为 47. 82%；增发净收入合计为 489 548. 37 万元，占比为 47. 62%；配股净收入合计为 8 304. 36 万元，占比 0. 81%；可转债发行净收入合计为 38 631 万元，占比为 3. 76%（见图 4－14）。

图 4－15 是承销业务净收入排名前十名券商。从承销业务净收入而言，位居前三的是中信证券（600030. SH，06030. HK）、中金公司（600489. SH）和广发证券（000776. SZ），承销收入占比合计为 61. 1%，中金公司所占比重最高。

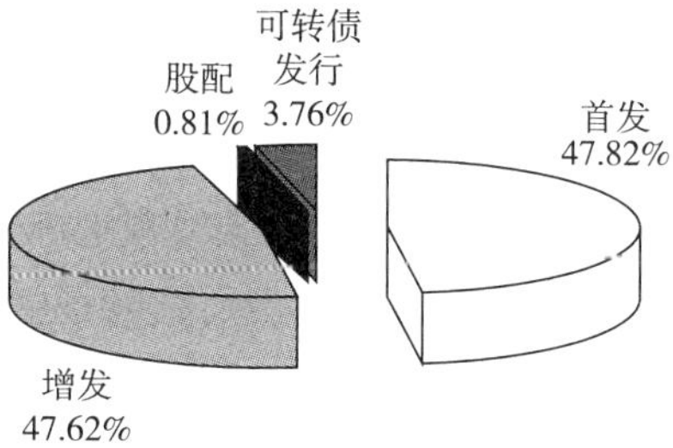

资料来源：Wind 资讯，公司金融研究中心。

图 4－14　券商承销业务净收入占比（2014 年）

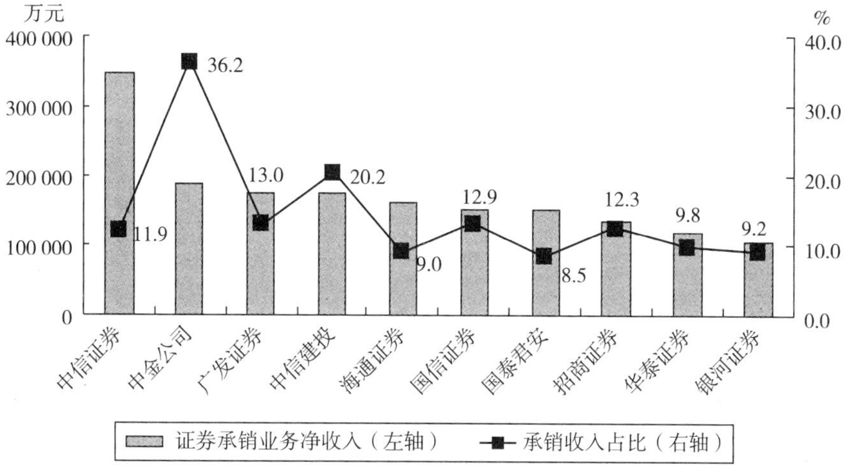

注：承销收入占比＝承销业务净收入/营业收入。

资料来源：Wind 资讯，公司金融研究中心。

图 4－15　TOP10 证券公司承销业务收入占比（2014 年）

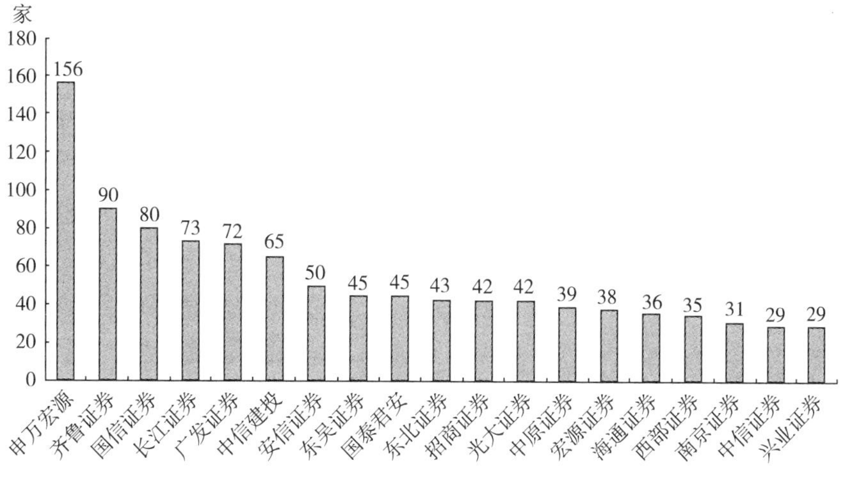

资料来源：Wind 资讯，公司金融研究中心。

图 4－16　TOP20 券商累计推荐挂牌家数（2014 年）

2. 新三板市场券商业务概况

（1）推荐挂牌业务

自1月24日全国扩容以来，2014年新三板新增挂牌公司为1 222家，全部挂牌公司累计1 565家，2014年挂牌公司总数几乎是前7年总和的3倍。在2014年累计推荐业务主办券商排行榜上，位列前五的分别为申万宏源（000166. SZ）（156家）、齐鲁证券（90家）、国信证券（002736. SZ）（80家）、长江证券（000783. SZ）（73家）、广发证券（000776. SZ）（72家）（见图4－16）。

（2）融资

截至2014年底，新三板市场共完成483次定向增发融资，实际募资总额达244. 31亿元。具体来看，2014年西部证券（002673. SZ）、财达证券和申银万国证券累计承销额分别达到58. 68亿元、10. 70亿元和7. 97亿元，位列前三位（见图4－17）。从定向增发完成次数来看，广发证券（000776. SZ）、齐鲁证券、申银万国证券分别以23次、23次、22次排名前三，这三家券商在券商推荐挂牌业务排名也居于前列。

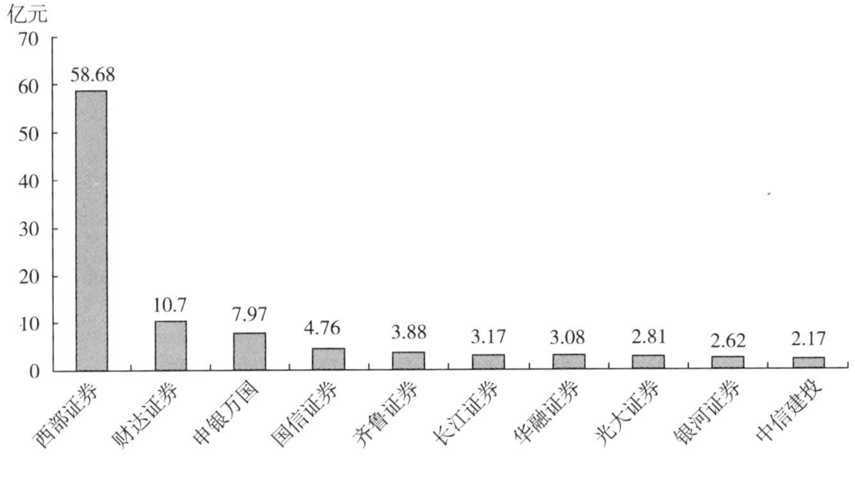

资料来源："主办券商年终排名"，公司金融研究中心。

图4－17　主办券商的累计承销金额排名（2014年）

（3）做市业务

2014年8月，做市商制度正式开始实施。从图4－18上可以看出，自做市商制度实施以来，进行做市交易的挂牌公司和参与的券商稳步增加。

从券商的做市业务来看，主办券商的做市业务呈现出差异化特征。首批参与做市的42家做市商平均做市股票数量为2. 6只，而排名前三的上海证券、东方证券和申银万国，则分别达9只、7只和7只。这一排名与主办券商推荐业务排名并不一致，这表明，随着新三板业务的拓展，主办券商正结合自身优势确定业务重点，逐步推进差异化竞争格局。

截至2014年底，累计有62家主办券商开展做市业务。在62家做市商中，齐鲁证券和天风证券做市转让股票数为39只，高居全部做市商之首；国泰君安证券以29只位列

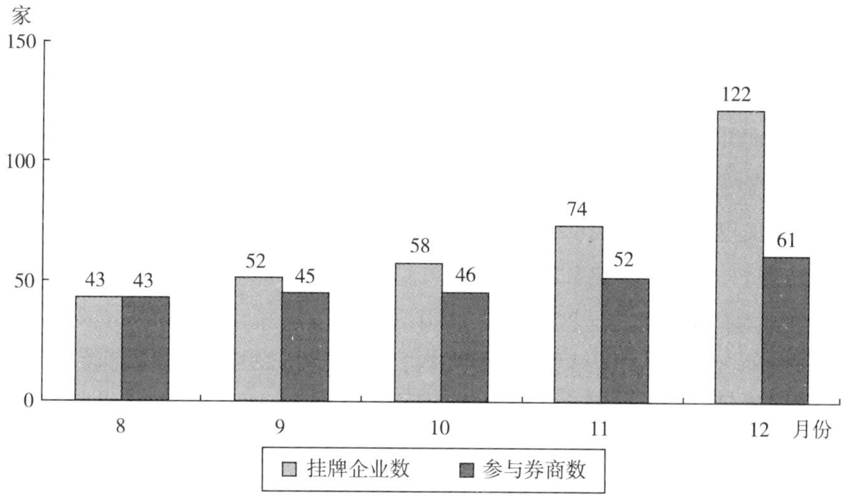

资料来源：《2014 年中国场外市场发展报告》，公司金融研究中心。

图 4-18 新三板市场做市基本情况（2014 年）

第三名；在总资产方面，前十名做市商累计企业总资产为865.54 亿元。其中，天风证券和齐鲁证券表现突出，分别以 142.43 亿元和 111.93 亿元的企业总资产位列第一名和第二名（见图 4-19）。

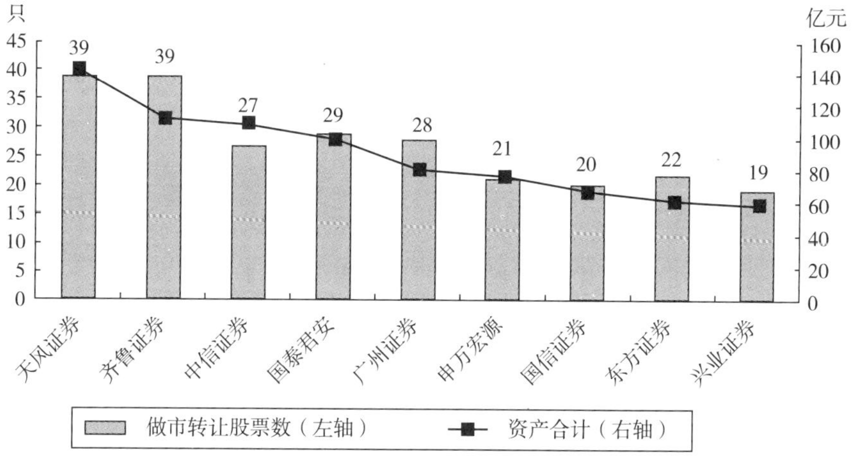

资料来源：Wind 资讯，公司金融研究中心。

图 4-19 TOP10 主办券商的做市转让股票数及涉及总资产概况（2014 年）

3. 证券公司承销和保荐业务排名

2014 年券商承销业务净收入合计为 349.46 亿元，同比增加 96.06%。具体从承销家数上来看，2014 年中信证券（600030. SH，06030. HK）承销家数为 296 家，同比增加 141 家；中信建投承销家数为 174 家，同比增加 99 家；国泰君安证券承销家数为 160 家，同比增加 95 家。从承销金额来看，中信证券（600030. SH，06030. HK）已连续三年蝉联第一名，2014 年以 3 803.51 亿元的承销金额稳居第一，增幅高达 108.63%；其次是国开证券，承销金额为 1 895.45 亿元，增幅达 149.13%；中信建投以 1 784.77 亿元的承销金额位列第三名，同比增加 96.93%。从承销收入来看，中信证券（600030.SH，06030.HK）以 347 203.97 万元的承销业务净收入蝉联第一，同比增加 63.78%；中金公司以 189 275.82 万元的净收入位列第二，同比增幅达 75.48%；广发证券（000776.SZ）以 174 230.69 万元的净收入位列第三，同比增加 330.55%（见附录 1 表 4－4）。

从承销家数来看，受 2014 年 IPO 重启的影响，TOP20 证券公司的承销家数与 2013 年相比出现较大幅度的增加。2014 年承销家数变化较大的主要有中信证券（600030.SH，06030.HK）、中信建投和国泰君安证券，分别同比增加了 141 家、99 家和 95 家（见图 4－20）。

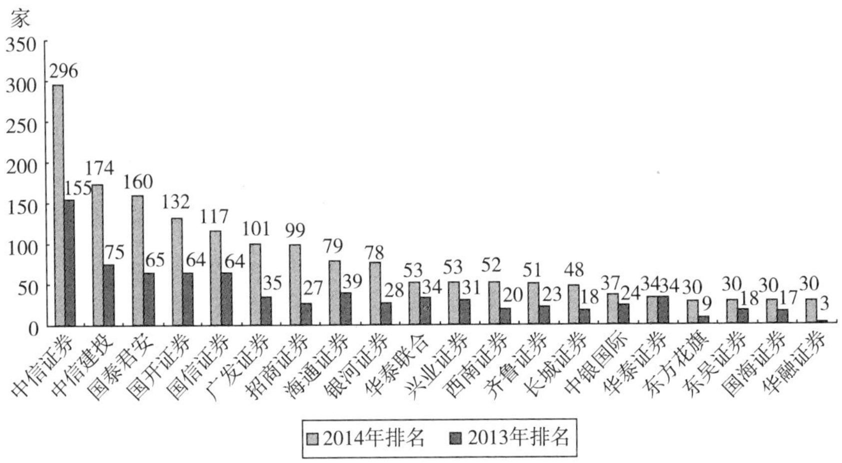

资料来源：公司金融研究中心。

图 4－20 TOP20 证券公司承销家数排名比较（2013—2014 年）

从承销金额来看，TOP20 证券公司排名变化幅度较大。其中，广发证券（000776.SZ）排名由第 13 名升至第 5 名，西南证券（600369.SH）排名由第 22 名升至第 12 名，东方花旗证券从 2013 年的第 38 名一跃升至第 18 名，安信证券由第 24 名升至第 19 名（见图 4－21）。2014 年承销金额上涨幅度较大的券商为广发证券（000776.SZ）、西南证券（600369.SH）和东方花旗，上涨幅度分别为 268.88%、260.37% 和 194.95%。

从承销业务净收入来看，前十名券商承销业务净收入排名变化幅度较小，后十名券商承销业务净收入排名变化幅度较大。其中，2014 年广发证券（000776.SZ）的承销业务净收入为 174 230.69 万元，同比增加 330.55%，排名由第 11 名升至第 3 名；东吴证券（601555.SH）以 46 839.35 万元的数额位列第 20 名，较 2013 年上升了 27 个位次（见图 4－22）。

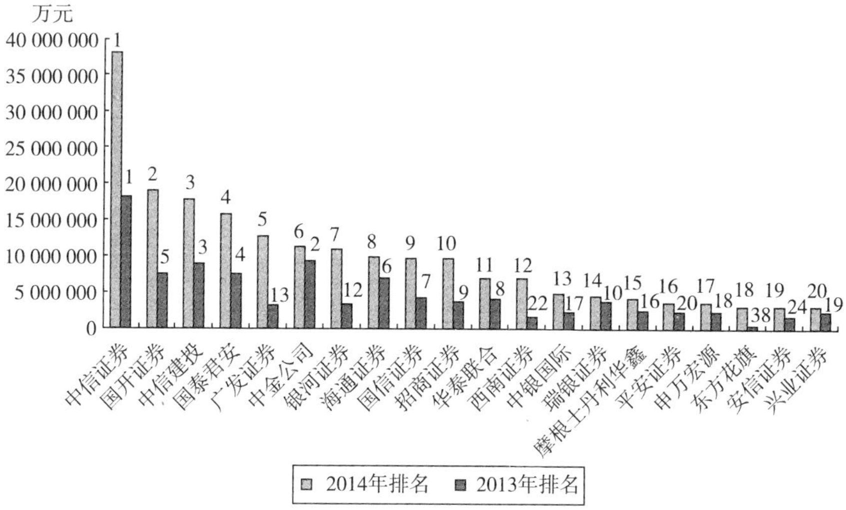

资料来源：公司金融研究中心。

图 4－21　TOP22 证券公司承销金额排名比较（2013—2014 年）

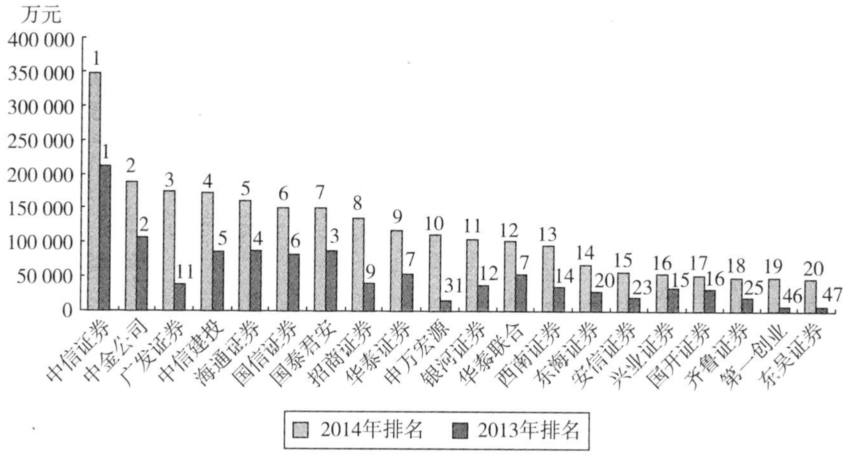

资料来源：公司金融研究中心。

图 4－22　TOP20 证券公司承销业务收入排名比较（2013—2014 年）

4.1.3　资产管理业务

1. 券商资产管理业务的发展环境

2014 年 5 月，国务院颁布《关于进一步促进资本市场健康发展的若干意见》（简称新“国九条”），新“国九条”中指出，要促进证券投资基金管理公司向现代资产管理机构转型，提高财富管理水平，这为券商资产管理业务的创新转型提供了良好的发展环境；同月，中国证监会颁布《关于进一步推进证券经营机构创新发展的意见》（简称“创新 15 条”）。“创新 15 条”的出台进一步给券商资产管理业务“松绑”，强化了资产管理作为投融资平台的功能，进一步满足了更多客户的不同理财需求。

2014 年 2 月，国务院颁布《关于取消和下放一批行政审批项目的决定》，取消了券商专项资产管理计划行政审批事项；同月，中国证监会发布《关于进一步规范证券公司资产管理业务有关事项的补充通知》（简称资产管理补充新规），该通知进一步提高了合作银行的门槛，即最近一年年底资产规模不低于 500 亿元；同时，禁止了券商通过集合资产管理计划开展通道业务，并要求券商开展资管业务时加强流动性风险管理，旨在促进券商资产管理业务向着更加规范和健康的方向发展；2014 年 11 月，中国证监会颁布《证券公司及基金管理公司子公司资产证券化业务管理规定》及相关配套规则，加快了券商资产证券化的发展进程，这些都为资产管理业务的综合化发展提供了更为广阔的空间。

需要指出的是，2014 年 8 月，中国证监会颁布《证券期货经营机构私募资产管理业务管理办法》的征求意见稿，将券商、基金、期货的私募类资产管理产品均纳入监管，并将私募资管业务分为两种：为单一客户办理私募资管业务（一对一）和为特定的多个客户办理私募资管业务（一对多）。这意味着三类金融机构的私募产品进入了统一监管的模式。

2014 年 1 月，齐鲁证券推出“齐鲁金债基 1 号分级型集合资产管理计划”。该计划是资产管理新规发布以后首只通过上海证券交易所交易平台实现份额转让的集合资产管理计划，主要投资于各类低风险优质债券基金，亮点在于允许投资者可以通过大宗交易平台对 B 类份额进行份额转让。

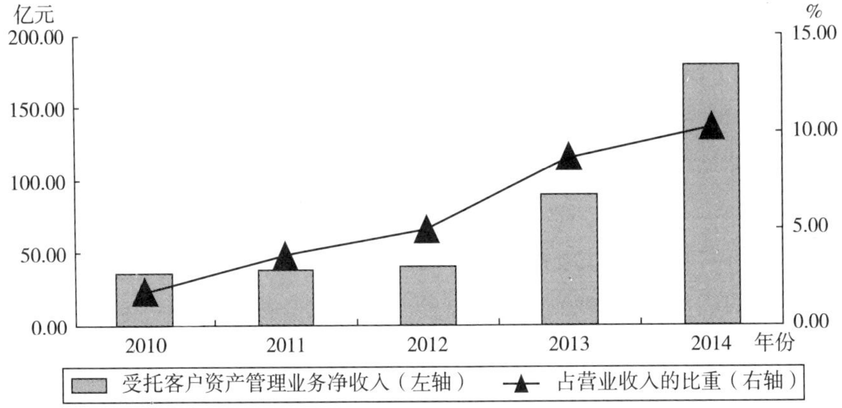

资料来源：Wind 资讯，公司金融研究中心。

图 4－23　受托客户资产管理业务净收入及占比（2010—2014 年）

2. 券商资产管理业务发展概况

随着监管机构改革的不断推进，2014 年，券商资产管理业务的深度与广度得到极大提升，券商资产管理业务与银行、信托、基金、保险等金融机构的合作得到了进一步深化。根据基金业协会的数据显示，截至 2014 年底，券商资产管理业务总规模达 79 463.29亿元，同比增加52.88%。其中，集合资产管理规模为 6 554.5 亿元，定向资产管理业务规模为 72 542. 31 亿元，专项资产管理业务规模为 366. 48 亿元。证券公司资产管理业务净收入 179. 38 亿元，相比 2013 年增长了 99. 18%（见图 4 - 23）。

从集合理财管理业务来看，2014 年延续了 2013 年良好的增长态势，截至 12 月 31 日，全年新发行 3 097 只集合理财产品，相比 2013 年增长了 1 069 只；而发行份额仅为 1 459. 25亿份，同比下降 30. 48%。从月度数据来看，集合理财产品的月度发行量呈现平稳增长的态势，单月发行集合理财产品最高为 415 只，单月发行份额最高为 148. 57 亿份（见图 4 - 24）。

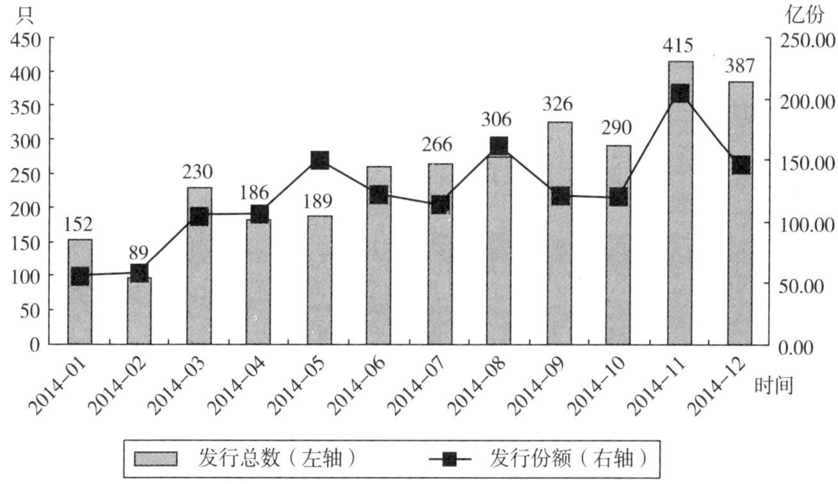

资料来源：Wind 资讯，公司金融研究中心。

图 4 - 24　集合理财产品月度发行总数和发行份额（2014 年）

从产品发行类型来看，与 2013 年类似，债券型产品和混合型产品仍占据最大市场份额，合计占比为 54. 54%，但同比下降了 16. 22 个百分点。需要指出的是，股票型产品从 2013 年 9. 91% 的市场份额升至 2014 年的 25. 9%，上升了 15. 99 个百分点（见图 4 - 25，图 4 - 26）。股票型投资产品发行数量不断走高，在 2014 年 11 月以 212 只发行量创下了单月发行的新高。

3. 券商资产管理产品业绩排名

2014 年全年集合理财产品平均回报率为 9. 88%，同比提升了 4. 96 个百分点。其中，各类型的集合理财产品实现正收益的产品占 73. 3%，收益为零的产品占 20. 99%，实现负收益的产品占 5. 71%。总的来讲，2014 年集合理财产品的收益情况要优于 2012 年和 2013 年。

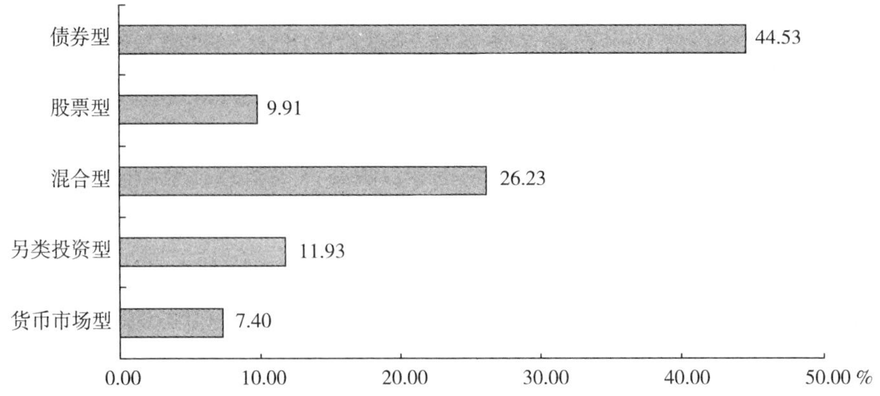

资料来源：Wind 资讯，公司金融研究中心。

图 4－25　券商产品发行结构变化（2013 年）

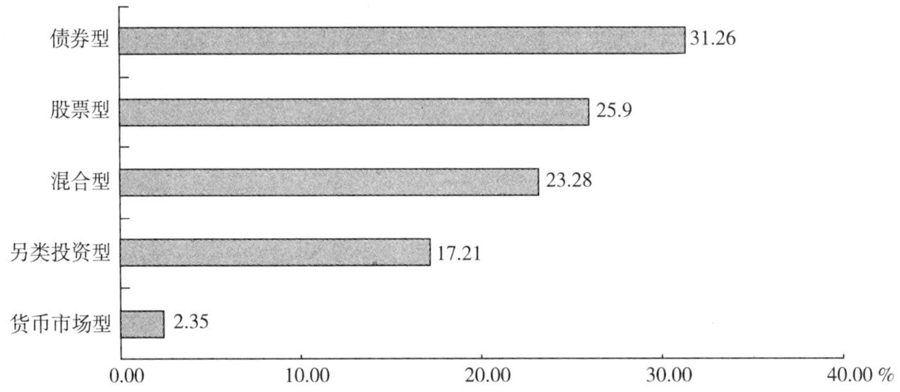

资料来源：Wind 资讯，公司金融研究中心。

图 4－26　券商产品发行结构变化（2014 年）

表 4－5　　TOP10 股票型集合理财产品单位净值和回报率（2014 年）　　单位：元

简称	单位净值	总回报率（%）	管理公司	托管人
安信安悦 B	2. 27	341. 92	安信证券	光大银行
安信安悦	1. 45	128. 93	安信证券	光大银行
金中投结构优势 B	1. 12	112. 21	中投证券	工商银行
银河 99 指数	1. 44	69. 13	银河证券	建设银行
高华证券盛享 1 号	1. 53	52. 08	北京高华	工商银行
华泰紫金中证 800 增强	1. 56	52. 01	华泰证券	工商银行
国泰君安君享弘利	1. 42	42. 20	国泰君安资产管理	兴业银行
广发恒众众合机电 1 号次级	1. 40	40. 05	广发证券资产管理	工商银行
东北证券 6 号	1. 36	39. 04	东北证券	建设银行

资料来源：Wind 资讯，公司金融研究中心。

具体来看，全年有披露回报率的 38 只[①]股票型集合理财产品中，实现正收益的产品合计有 34 只，回报率最高为 341.92%（安信安悦 B），平均业绩为 29.75%（见表 4－5）。在全年已经披露回报率的 995 只混合型集合理财产品中，回报率为正的产品合计有 780 只，回报率最高为 221.21%（广发恒定 14 号进取级），平均回报率为 15.64%（见表 4－6）。

表 4－6　TOP10 混合型集合理财产品单位净值和回报率（2014 年）　单位：元

简称	单位净值	总回报率（%）	管理公司	托管人
广发恒定 14 号进取级	3.21	221.21	广发证券资产管理	工商银行
万联拓璞 2 号风险 B	2.07	217.55	万联证券	工商银行
广发恒定 13 号进取级	3.15	215.22	广发证券资产管理	中国银行
广发恒定 10 号进取级	2.98	200.92	广发证券资产管理	中国银行
广发恒定 8 号进取级	2.88	190.63	广发证券资产管理	工商银行
德邦心连心 5 号次级	2.67	167.00	德邦证券	兴业银行
新时代新财富 2 号普通级	2.50	150.10	新时代证券	民生银行
恒泰创富 37 号 C	2.50	150.07	恒泰证券	光大银行
宏源鑫丰 1 号 B	1.78	150.01	宏源证券	浦发银行

资料来源：Wind 资讯，公司金融研究中心。

全年有披露回报率的 1 325 只债券型集合理财产品中，回报率为正的产品合计有 1 066只，回报率最高为 640.55%（海通年年升风险级），平均回报率为 8.09%（见表 4－7）。

表 4－7　TOP10 债券型集合理财产品单位净值和回报率（2014 年）　单位：元

简称	单位净值	总回报率（%）	管理公司	托管人
海通年年升风险级	2.25	640.55	上海海通资产管理	民生银行
光大阳光北斗星 B	0.91	278.22	上海光大资产管理	光大银行
财通月月福普通级	2.02	250.09	财通资产管理	工商银行
海通月月升风险级	1.42	229.30	上海海通资产管理	民生银行
海通半年升风险级	1.17	189.40	上海海通资产管理	民生银行
海通年年鑫风险级	0.95	149.90	上海海通资产管理	上海银行
华安理财合赢 9 号 B	1.55	147.44	华安证券	光大银行
广发金管家沪深 300 多空杠杆	1.13	122.88	广发证券资产管理	中登公司
安信瑞泽 B	1.63	121.00	安信证券	工商银行

资料来源：Wind 资讯，公司金融研究中心。

全年有披露回报率的 93 只货币市场型集合理财产品中，回报率为正的产品合计有

① 披露的集合理财产品数量总发行量，不是 2014 年新发行量，下同。

52只，回报率最高为16.08%（中信建投悠享财富3号），平均回报率为2.11%（见表4-8）。

表4-8 TOP10货币市场型集合理财产品单位净值和回报率（2014年） 单位：元

简称	单位净值	总回报率（%）	管理公司	托管人
中信建投悠享财富3号	1.00	16.08	中信建投	兴业银行
中信建投悠享财富1号	1.00	8.69	中信建投	兴业银行
中信建投悠享财富2号	1.00	6.15	中信建投	兴业银行
广发金管家多空杠杆	1.00	5.11	广发证券资产管理	中登公司
国泰君安君得利1号	1.00	5.11	国泰君安资产管理	招商银行
华泰紫金天天发A	1.00	5.09	华泰证券	中登公司
华泰紫金货币增强	1.00	5.08	华泰证券	招商银行
国泰君安君得利2号	1.00	5.05	国泰君安资产管理	建设银行
齐鲁稳固21天	1.00	5.03	齐鲁证券资产管理	建设银行
中银国际中国红货币宝	1.00	5.03	中银国际	中国银行

资料来源：Wind资讯，公司金融研究中心。

全年有披露回报率的11只QDII型集合理财产品中，回报率为正的产品合计有5只，回报率最高为10.89%（国信金汇宝人口红利），平均回报率为1.93%（见表4-9）。

表4-9 TOP10QDII型集合理财产品单位净值和回报率（2014年） 单位：元

简称	单位净值	总回报率（%）	管理公司	托管人
国信金汇宝人口红利	1.14	10.89	国信证券	工商银行
广发全球稳定收益债券	1.12	7.53	广发证券资产管理	工商银行
中信理财优选1号（2014）	1.07	6.73	中信证券	中信银行
光大全球灵活配置	1.14	5.83	上海光大资产管理	工商银行
国信金汇宝香江收益2号	1.08	3.66	国信证券	工商银行
光大金马海外高息	1.00	0.00	上海光大资产管理	工商银行
中信理财优选1号（2014）次级	1.00	0.00	中信证券	中信银行
中信理财优选1号（2014）优先级	1.00	0.00	中信证券	中信银行
国泰君安君汇Wilshire全球尊享QDII	0.99	-0.50	国泰君安资产管理	工商银行
国泰君安君富香江	0.70	-1.40	国泰君安资产管理	中国银行
华泰紫金龙大中华	0.94	-11.56	华泰证券	中国银行

资料来源：Wind资讯，公司金融研究中心。

全年有披露回报率的574只FOF型集合理财产品中，回报率为正的产品合计有356只，回报率最高为96.88%（财富证券财富1号），平均回报率为4.39%（见表4-10）。

表 4－10　　TOP10 FOF 型集合理财产品单位净值和回报率（2014 年）　　单位：元

简称	单位净值	总回报率（%）	管理公司	托管人
财富证券财富 1 号	1.21	96.88	财富证券	建设银行
国泰君安上证央企 50	1.39	74.90	国泰君安资产管理	招商银行
中信基金精选	1.57	57.51	中信证券	中信银行
东方红基金宝	1.61	53.47	东方证券资产管理	中国银行
华融定增 2 号	1.43	43.10	华融证券	工商银行
中银国际中国红基金宝	1.05	39.03	中银国际	中国银行
安信基金宝	1.17	36.04	安信证券	广发银行
东莞旗峰 1 号	1.00	32.19	东莞证券	招商银行
东兴 1 号	1.02	31.74	东兴证券	光大银行
国元黄山 3 号	0.97	29.60	国元证券	民生银行

资料来源：Wind 资讯，公司金融研究中心。

4. 资产管理集合理财业务排名

2014 年，开展集合理财业务的券商共有 87 家，合计发行产品数量 1 756 只，同比增加 412 只；份额合计为 5 155.24 亿份，同比增加 52.27%；资产净值合计为 5 814.84 亿元，同比增加 69.47%。券商资产管理业务产品数量排名、份额排名以及资产净值排名见附录 1 表 4－11。

从发行产品数量来看，2014 年 TOP20 券商发行集合理财产品的数量在 2013 年有了大规模的增加。其中，排名第一的为中信证券（600030.SH，06030.HK），发行集合理财的数量从 2013 年的 67 只增加到了 2014 年的 156 只；排名第二的是国泰君安资产管理，发行数量从 2013 年的 69 只增加到了 2014 年的 90 只；排名第三的是申银万国，发行数量从 2013 年的 46 只增加到了 2014 年的 82 只（见图 4－27）。

从发行份额的排名来看，与 2013 年相比，2014 年产品份额排名变化较大。其中排

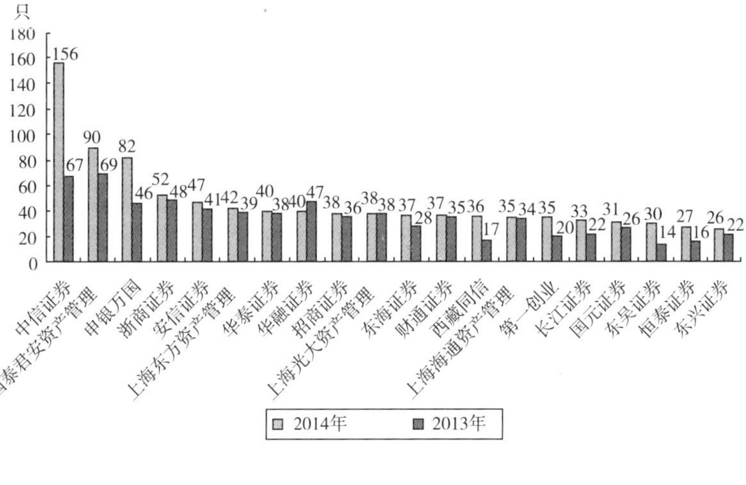

注：在此申万宏源分开统计。

资料来源：Wind 资讯，公司金融研究中心。

图 4－27　TOP20 证券公司集合理财产品发行数量比较（2013—2014 年）

名变化较大的主要有国信证券（002736. SZ）、中信建投证券和东吴证券（601555. SH）。国信证券（002736. SZ）排名从 2013 年的第 17 名升至 2014 年的第 5 名，中信建投证券排名从 2013 年的第 27 名升至 2014 年的第 13 名，东吴证券（601555. SH）排名从 2013 年的第 49 名升至 2014 年的第 20 名（见图 4－28）。

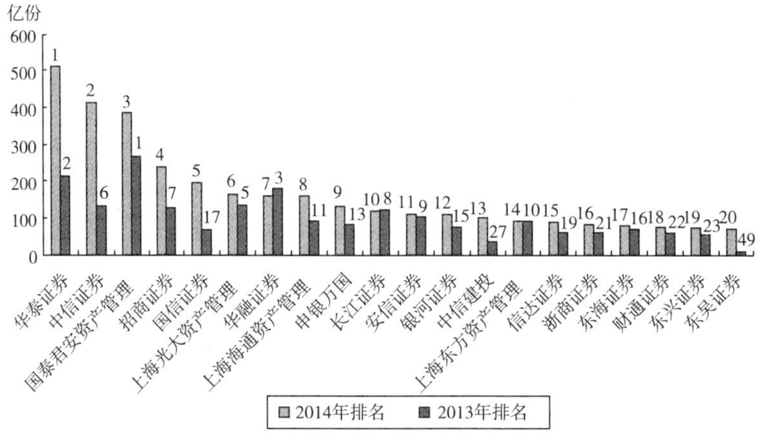

注：在此申万宏源分开统计。

资料来源：Wind 资讯，公司金融研究中心。

图 4－28　TOP20 证券公司集合理财产品份额比较（2013—2014 年）

从证券公司资产净值上来看，2014 年华泰证券（601688. SH）以 569. 89 亿元的资产净值排名从 2013 年的第 2 名升至 2014 年的第 1 名，而国泰君安资产管理以 369. 64 亿元的资产净值从 2013 年的第 1 名降至 2014 年的第 4 名。与 2013 年相比排名变化变化较大的主要有国信证券（002736. SZ）和中信建投证券，国信证券（002736. SZ）排名从 2013 年的第 18 名升至 2014 年的第 6 名，中信建投证券则从 2013 年的第 26 名升至 2014 年的第 14 名（见图 4－29）。

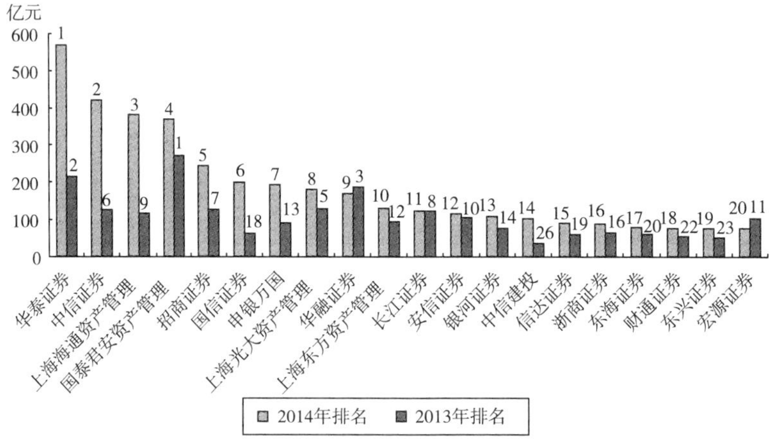

注：在此申万宏源分开统计。

资料来源：Wind 资讯，公司金融研究中心。

图 4－29　TOP20 证券公司集合理财资产净值比较（2013—2014 年）

4.2　财务指标

4.2.1　主要财务指标分析

总体来讲，与2013年相比，2014年券商的财务状况出现了较大幅度的提升。从营业收入和净利润来看，根据Wind资讯数据显示，截至2014年底，119家证券公司全年实现营业收入3 204.35亿元，同比增长66.81%，实现净利润1 136.71亿元，同比增长121.51%。净利润增幅超过了营业收入增幅54.7个百分点，这反映了2014年中国证券行业的盈利效率有了较大幅度的提升。其中共有115家公司实现盈利，占证券公司总数的96.64%，仅有4家公司为负利润（见图4-30）。

从总资产和净资产来看，截至2014年底，证券行业的总资产、净资产以及净资本分别达到了48 093.31亿元、9 967.19亿元和6 671.04亿元，同比增幅分别达到了101.05%、24.09%以及28.44%，继续实现了规模的稳定增长。

从业务收入来看，2014年119家证券公司实现代理买卖证券业务净收入1 184.55亿元，增幅达36.67%；券商承销业务净收入合计为349.46亿元，同比增加96.06%；资产管理业务净收入179.38亿元，同比增加99.18%；证券公司行业ROA和ROE均值分别为3.10%、10.23%，与2013年相比分别上升1.98个和6.23个百分点。

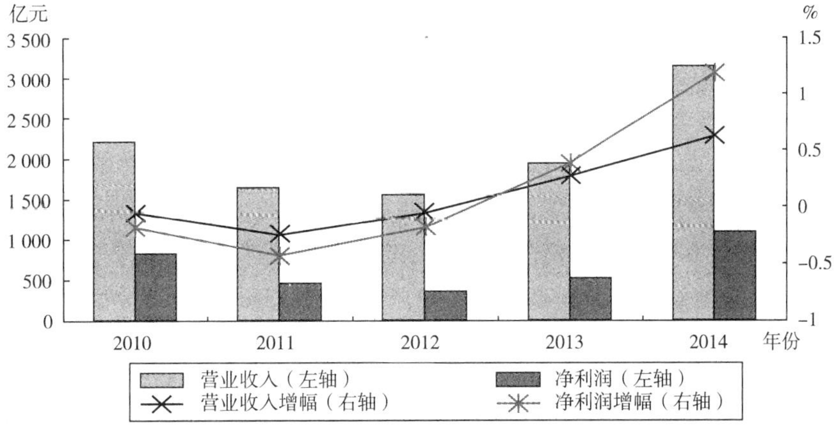

资料来源：Wind资讯，公司金融研究中心。

图4-30　证券公司营业收入和净利润比较（2010—2014年）

4.2.2　主要财务指标排名

1. 总资产、营业收入和净利润排名

2014年，119家证券公司总资产合计为48 093.31亿元，同比增加101.05%。其中，中信证券（600030.SH，06030.HK）以4 796.26亿元的总资产位列第一名，同比增加76.75%；海通证券（600837.SH，06837.HK）以3 526.22亿元的总资产位列第二名，同比增幅达 108.5%；国泰君安证券以 3 193.02 亿元的总资产稍逊海通证券（600837.SH，06837.HK），同比增加了 108.5%。119 家证券公司的总资产、营业收入和净利润排名见附录1 表4－12。

具体来看，与 2013 年相比，2014 年 TOP20 证券公司总资产排名大同小异。中信证券（600030.SH，06030.HK）、海通证券（600837.SH，06837.HK）以及国泰君安证券已经连续三年位列前三甲。2014 年中投证券和西南证券（600369.SH）分别以 655.13 亿元和 582.03 亿元进入前 20 名，而中金公司不在前 20 名之列（见图 4－31）。

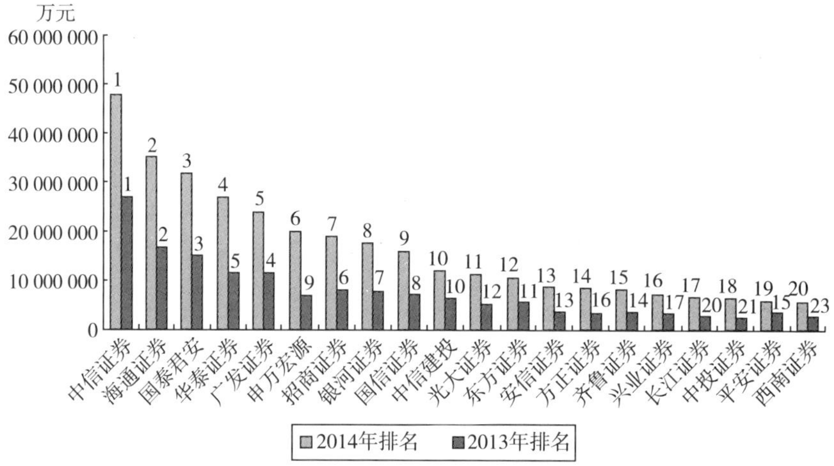

注：2013 年申万宏源的名次用申银万国名次代替。

资料来源：Wind 资讯，公司金融研究中心。

图 4－31 TOP20 证券公司总资产排名比较（2013—2014 年）

从营业收入排名来看，前三名排名均未发生变化。其中，营业收入涨幅最大的是财通证券，2014 年营业收入为 45.03 亿元，涨幅为 99.29%；其次为国泰君安证券，营业收入为 178.82 亿元，涨幅为 98.83%；再次为中信证券（600030.SH，06030.HK），营业收入为 291.98 亿元，涨幅为 81.18%；招商证券（600999.SH）和兴业证券（601377.SH）的涨幅分比为 80.77% 和 80.73%。此外，合并后的申万宏源（000166.SZ），营业收入排名也有较大幅度的提升（见图 4－32）。

从图 4－33 可以看出，2013 年与 2014 年净利润的排名变化不大。其中，名列前三名的依旧是中信证券（600030.SH，06030.HK）、海通证券（600837.SH，06837.HK）和国泰君安，涨幅分别为 123.46%、89.65% 以及 137.56%。此外，受乌龙指事件的影响，2013 年光大证券（601788.SH）业绩出现大幅下降，全年净利润仅为 2.84 亿元，同比下滑 79.48%；2014 年光大证券净利润为 21.37 亿元，净利润增幅达到 653.49%，排名也从 2013 年的 13 名升至 12 名；安信证券以 14.91 亿元的净利润，创造了 197.02% 的净利润增幅，但是排名并未因此发生变化。

为了更加直观地描述各个证券公司的盈利状况，本报告对 119 家证券公司的净资产

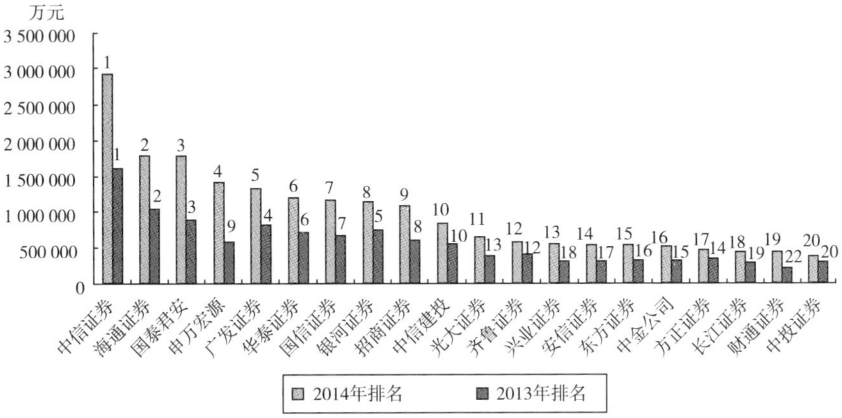

注：2013 年申万宏源的名次用申银万国名次代替。

资料来源：Wind 资讯，公司金融研究中心。

图 4－32　TOP20 证券公司营业收入排名比较（2013—2014 年）

收益率（ROA）和净资产收益率（ROE）进行了排名（见附录 1 中的表 4－13）。从图 4－34可以看出，海通证券资产管理公司以 24.84% 位列第一，其次分别为上海光大资产管理和浙江浙商资产管理公司，分别为 18.4% 和 14.27%。

从图 4－35 可以看出，海通证券资产管理公司以 27.75% 位列第一，其次分别为上海光大资产管理和中信证券（浙江），分别为 26.45% 和 25.69%。

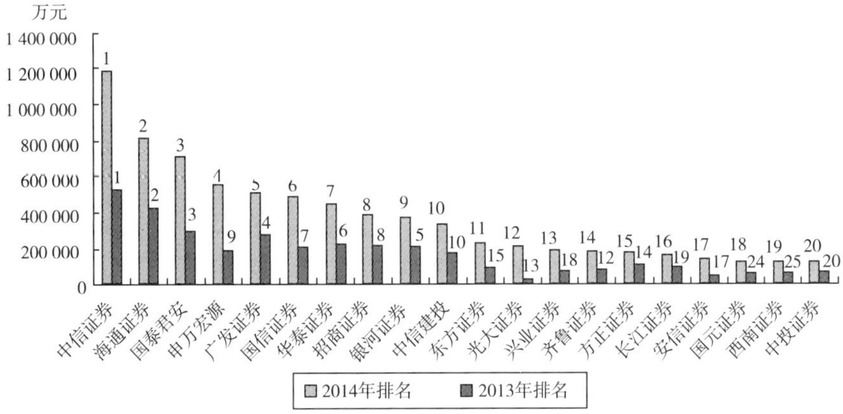

注：2013 年申万宏源的名次用申银万国名次代替。

资料来源：Wind 资讯，公司金融研究中心。

图 4－33　TOP20 证券公司净利润排名比较（2013—2014 年）

2. 净资产与净资本排名

2014 年，119 家证券公司净资产总和为 9 967.19 亿元，同比增长 24.09%；净资本总和为 6 671.04 亿元，同比增长 28.44%。从净资产来看，中信证券（600030.SH，06030.HK）以 1 011.31 亿元名列榜首，同比增长 13.12%，其次是海通证券（600837.SH，

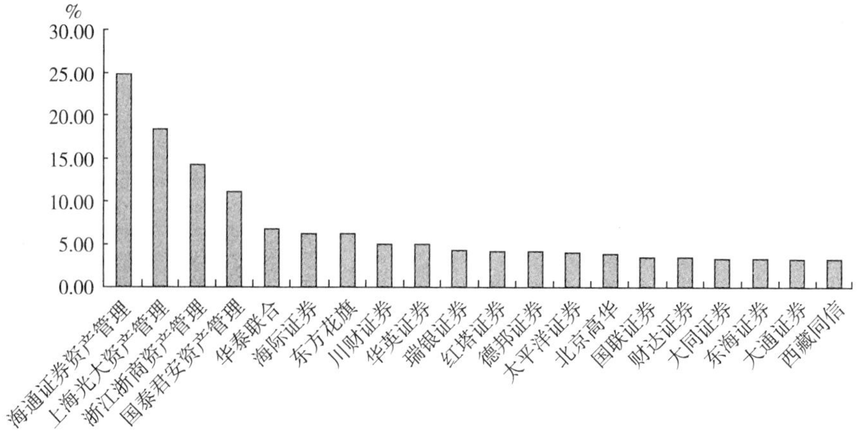

资料来源：公司金融研究中心。

图4-34 TOP20证券公司ROA排名（2014年）

06837. HK），以722.64亿元位列第二，同比增长12.73%，排名第三的是国泰君安，净资产总额为472.99亿元，同比增加35.13%；从净资本来看，中信证券（600030. SH，06030. HK）以443.19亿元排名第一，同比增长27.37%，排名第二的是海通证券（600837. SH，06837. HK），同比下降4.95%，排名第三的是广发证券（000776. SZ），净资本为326.64亿元，同比增加57.76%（见附录1表4-14）。

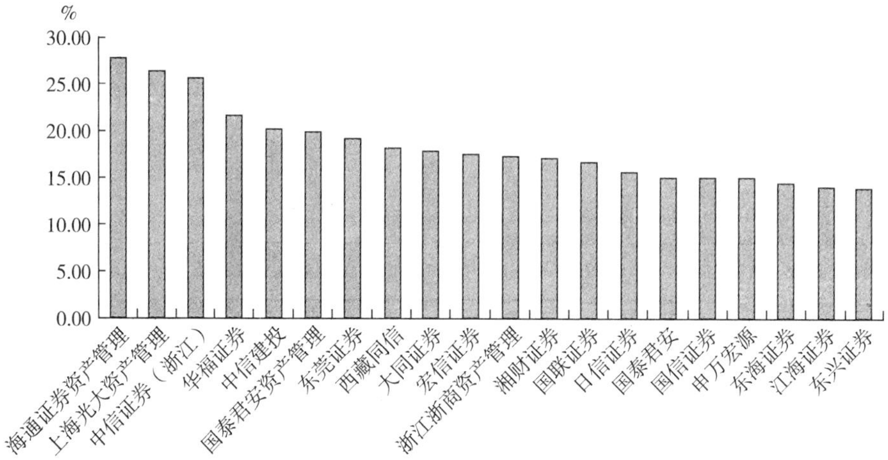

资料来源：公司金融研究中心。

图4-35 TOP20证券公司ROE排名（2014年）

从净资产排名来看，2014年TOP20证券公司排名略有变化。具体来看，中信证券（600030. SH，06030. HK）、海通证券（600837. SH，06837. HK）净资产依然领先其他券商。排名变化较大的是西南证券（600369. SH）和东吴证券（601555. SH），西南证券（600369. SH）净资产从2013年的109.24亿元升至2014年的172.2亿元，排名从第19

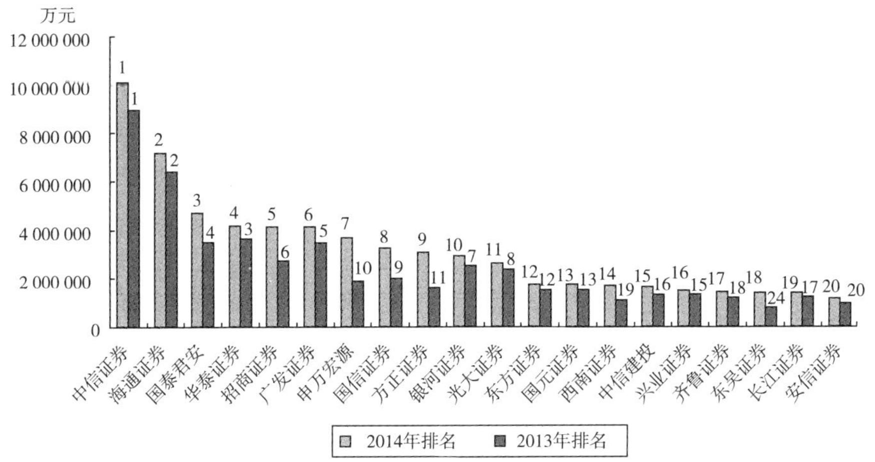

资料来源：公司金融研究中心。

图 4－36　TOP20 证券公司净资产排名比较（2013—2014 年）

名升至第 14 名；东吴证券（601555. SH）净资产从 2013 年的 78. 97 亿元升至 2014 年的 142. 33 亿元，排名从第 24 名升至第 18 名（见图 4－36）。

从净资本的排名来看，与 2013 年相比，2014 年 TOP20 证券公司排名变化较大。排名上升幅度较大的是西南证券（600369. SH）、东吴证券（601555. SH）和财通证券。2014 年西南证券（600369. SH）净资本为 132. 33 亿元，涨幅高达 115. 93%，排名从第 23 名升至第 13 名；东吴证券（601555. SH）净资本为 87. 23 亿元，同比增长 74. 23%，排名从第 29 名升至第 19 名；财通证券净资本为 85. 67 亿元，同比增长 179. 6%，排名从第 49 名升至第 20 名，上涨幅度最大（见图 4－37）。

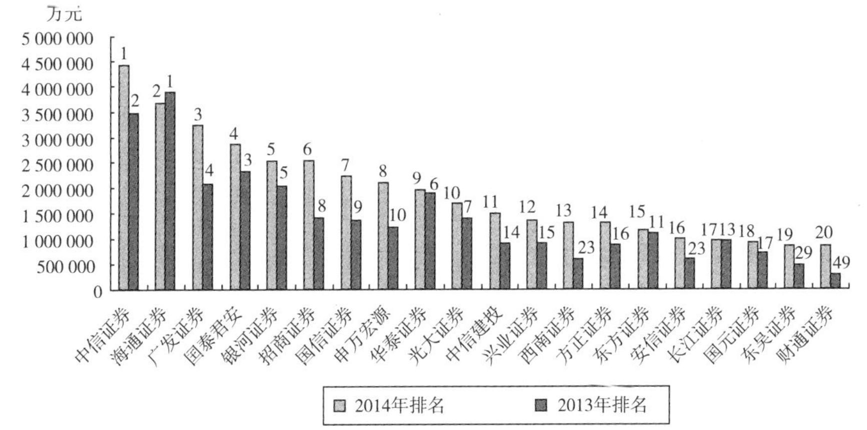

资料来源：公司金融研究中心。

图 4－37　TOP20 证券公司净资本排名比较（2013—2014 年）

第5章　中国投资银行综合竞争力排名

随着证券行业市场化程度的逐步提高，我国证券行业的竞争格局正在从“规模扩张、同质竞争”向“经营分化、特色发展”转型，在这一过程中证券公司只有结合自身的资源禀赋，抓住市场机会，才能提高核心竞争力。本章主要是对证券公司的核心竞争力和综合竞争力进行排名和评价，是整个研究报告的核心部分，对证券公司、监管部门和行业自律组织具有重要的应用价值，而且本章通过对证券公司综合竞争力的排名体现出2014年证券行业的竞争格局和发展态势。

总体而言，2014年证券行业适逢难得的发展机遇。新“国九条”出台后，中国证监会发布了《关于进一步推进证券经营机构创新发展的意见》，明确了今后证券经营机构创新发展的总体原则、主要任务和具体措施。

随后，由中国证券业协会起草的《中国证券业发展规划纲要（2014—2020）》提出行业未来6年创新发展的战略目标、基本任务及战略举措，提出第一要建立现代投资银行，第二要形成开放、多元、包容的行业格局，支持证券行业对内对外开放，第三要建设系统重要性机构，支持有条件的证券经营机构做大做强。因此，从支持资本市场改革和国家产业转型的角度看，未来3～5年将是证券行业跨越式发展的转型期，金融改革将为证券公司提供一个良好的发展平台，新三板和场外市场的发展，创新式衍生品、结构化产品等产品的开发，都将为证券公司提供非常好的发展机遇。2014年，在“放松管制、加强监管”的政策背景下，监管机构积极加大“市场化功能监管”转型力度，以推进关键制度改革、落实简政放权、扩大创新试点等为主要方向，推出了新股发行制度改革、并购重组审核改革、新三板扩容、沪港通、优先股试点等一系列改革措施，使证券行业活力得到全面释放，创新发展空间全面打开。

经过2012—2014年的创新变革，证券公司业务模式也发生了重大变化，经纪业务占比下降，资本中介业务占比上升，收入结构走向多元化，这标志我国证券公司整体竞争力正在提升。受益于2014年下半年沪、深两市指数的爆发式上涨，市场股基交易量大幅度上升，证券行业整体资金实力明显增强，盈利能力出现了很大的改观。2012年证券公司创新大会召开后，中国证监会陆续出台一系列放松风险控制监管的政策文件，这有助于充分发挥证券公司的积极性，推动证券公司发展创新业务，使其更好地服务实体经济。但应当注意到，随着对证券公司风控指标的放宽，证券公司的经营杠杆率将呈现上升趋势，业务复杂程度将进一步提高，由此会引发各类潜在风险。创新业务的发展、收入结构的改善、杠杆率的提升等因素都对证券公司的风险控制能力提出新的挑战，而行业监管也对证券公司的风险管理能力提出了新的要求，在这种形势下，为了更好地适应行业的发展变化，我们对证券公司风险控制能力的评价指标作了部分调整。

在本报告第3章构建的证券公司竞争力评价体系的基础上，本章对所有证券公司的核心竞争能力和综合竞争力进行计算和排名。结合前述各单项指标的计算得分，通过加权处理得出各证券公司的综合指标结果，将第一名得分按一定比例放大为100分，其他各证券公司按相同比例进行放大，最后将各证券公司的综合指标得分由高到低进行排序，从而得出证券公司竞争力排名。

5.1 核心竞争能力评价

在本报告第3章我们构建了证券公司竞争力评价指标体系，包括经营能力、盈利能力、风险控制能力、业务创新能力、业务结构优化能力和成长能力六项一级指标。该评价指标体系坚持了全面性、有效性和可操作性的原则，指标的选取基本上反映了证券公司竞争能力的方方面面，但考虑到各指标的重要性以及指标之间的关联度等因素，我们认为证券公司经营能力、风险控制能力和创新能力是构成证券公司成功的“根源”要素，其中经营能力是核心竞争力的基础、创新能力是核心竞争力的关键、风险控制能力是核心竞争力的保障，所以，证券公司应重点从这三个方面打造自身的核心竞争能力。

5.1.1 经营能力

证券公司经营能力评价指标包括营业收入、资本规模和净资产，与2013年相比，2014年证券公司经营能力明显提升。2014年，证券行业营业收入、总资产和净资产分别为3 204.35亿元、48 093.31亿元和9 967.19亿元，分别增长66.81%、98.01%和24.09%，实现净利润1 136.71亿元，同比增长121.51%，投行业务、资产管理、融资融券等业务收入占比持续增加，营业收入和净利润均创历史新高，证券公司盈利水平提升，资本实力明显增强。从证券公司规模的集中度来看，2014年行业内总资产、净资产TOP5证券公司的集中度（CR5）分别为34.62%、30.60%，比上年分别提升0.78个百分点和下降1.72个百分点，这显示出证券业竞争格局的状态基本稳定。

从经营能力TOP20的证券公司来看（见表5-1），近三年总体较为稳定，中信证券（600030.SH）、海通证券（600837.SH，06837.HK）和国泰君安连续三年蝉联前三名，显示出较强的经营能力。2014年经营能力TOP20中出现明显变化的是申万宏源（000166.SZ），上升4个名次，这是由于2014年申银万国吸收合并宏源证券（000562.SZ），使公司资产规模和综合实力有了较大的提升；西南证券（600369.SH）从2013年的第23名提升到2014年的第18名，上升了5个名次，原因在于公司2014年经营业绩实现较快增长，营业收入和总资产在行业内排名有所上升，净资产指标同比上升了9个名次；而下降较为明显的是银河证券（06881.HK），从2013年的第5名下降为

2014 年的第 9 名，下降了 4 个名次，主要由于公司营业收入同比增长率低于行业平均水平，使营业收入排名下降 3 个名次，以及净资产指标的变动引起排名的下降。

表 5－1　TOP20 证券公司经营能力排名（2012—2014 年）　单位：名

公司简称	2012 年	2013 年	2014 年	公司简称	2012 年	2013 年	2014 年
中信证券	1	1	1	中信建投	11	11	11
海通证券	2	2	2	方正证券	18	15	12
国泰君安	3	3	3	东方证券	14	12	13
华泰证券	5	6	4	齐鲁证券	13	14	14
申万宏源	9	9	5	兴业证券	21	17	15
广发证券	4	4	6	安信证券	19	16	16
招商证券	7	7	7	长江证券	16	18	17
国信证券	6	8	8	西南证券	23	23	18
银河证券	8	5	9	国元证券	20	21	19
光大证券	10	10	10	中投证券	22	22	20

注：1. TOP20 证券公司经营能力排名以 2014 年为比较主体。

2. 申万宏源证券在 2012 年和 2013 年的排名用申银万国证券代替。

3. 2014 年经营能力指标中净资本为净资产所代替，具体说明见第 3 章。

资料来源：公司金融研究中心。

5.1.2 风险控制能力

证券公司风险管理的目的是降低在业务活动中发生损失的可能性而进行的制度安排、组织管理和程序操作①。在监管转型、创新业务加快发展的大环境下，合规经营和风险控制能力将成为证券公司的核心竞争力。而坚决守住合规底线，保持创新发展和合规管理的动态均衡，也是中国证监会反复强调的基本原则。2014 年 2 月，中国证券业协会发布《证券公司全面风险管理规范》和《证券公司流动性风险管理指引》（中证协发〔2014〕36 号）。在监管要求和创新发展的双重驱动下，证券公司全面风险管理体系建设正式提上日程，各证券公司均按照《证券公司全面风险管理规范》要求开展全面风险管理体系建设。

从风险控制能力 TOP20 的证券公司来看（见表 5－2），上市证券公司的排名有了很大的提升，22 家上市公司中有 16 家证券公司跻身前 20 名。2014 年在业内专家的建议下在风险控制指标中加入了公司治理这一指标，在外部治理中把证券公司分为上市证券公司和非上市证券公司，上市对优化证券公司治理机制有重要意义：一是可以使股权结构多元化，抑制内部人控制；二是拓宽融资渠道，优化资本结构；三是增强外部监督机制，规范信息披露制度。上市公司具有完善的内部管控机制和信息披露机制，风险控制能力相对较强，因此上市证券公司在风险控制能力的排名方面相对靠前是合理的。此

① 王啸远．我国券商风险管理问题及风险控制研究［J］．金融发展研究，2014（5）：72－76.

外，增加了净资本①这一指标，在风险控制能力方面 TOP20 证券公司的净资本总额达到 3 101.22亿元，占所有参与排名的 115 家证券公司净资本总额的 46.69%，这些证券公司的抗风险能力比较突出。

表 5－2　TOP20 证券公司风险控制能力排名（2012—2014 年）　单位：名

公司简称	2012 年	2013 年	2014 年	公司简称	2012 年	2013 年	2014 年
中信证券	2	12	1	国信证券	17	16	11
华英证券	9	18	2	申万宏源	36	44	12
上海光大资产管理	—	2	3	国金证券	35	52	13
海通证券	75	97	4	方正证券	57	87	14
华泰联合	11	13	5	太平洋证券	49	64	15
恒泰长财	3	57	6	华泰证券	90	99	16
广发证券	69	68	7	光大证券	81	31	17
招商证券	78	35	8	长江证券	79	71	18
兴业证券	88	98	9	国元证券	33	66	19
西南证券	46	107	10	东吴证券	71	93	20

注：1. TOP20 证券公司风险控制能力排名以 2014 年为比较主体。
2. 申万宏源证券在 2012 年和 2013 年的排名用申银万国证券代替。
3. 上海光大证券资产管理有限公司成立于 2012 年，在 2012 年没有参与排名。
资料来源：公司金融研究中心。

总体来看，证券公司虽然初步搭建了风险管理框架，但是仍然存在一些问题。2014 年部分证券公司对风险管控不严，对参与融资融券的个人投资者 50 万元的门槛放宽，且融资的杠杆也放大到 1:3，这些不合规的操作，使得证券市场风险增大②。虽然中国证监会进行了查处，但仍可以看出证券公司忽视内部控制制度建设的情况较为突出，或是仅将制度用于应付监管部门检查而不实际执行，证券公司风险管控机制仍不健全。

5.1.3　创新能力

目前，证券公司已经进入前所未有的蜕变期，以佣金为主的盈利模式正在改变。从行业整体来看，多年来国内证券行业一直将经纪业务作为主要收入来源，尽管经纪业务占证券行业总收入的比例已经从 2007 年的接近 55% 下降到 2014 年的 40.32%，但仍然是证券行业最重要的收入贡献者，这也就造成了国内证券行业的经营收入与利润随证券行情波动明显。但是随着市场竞争的日益加剧，经纪业务费率正在不断下降，其创收能力也呈现出疲软趋势，特别是 2014 年互联网证券的推出，加速了佣金率下降。2014 年

① 净资本是我国证券公司风险控制指标的核心指标，是衡量证券公司资本充足和资产流动性状况的一个综合性监管指标，是证券公司净资产中流动性较高、可快速变现的部分，它表明证券公司可随时用于变现以满足支付需要的资金数额。

② 曾煜，陈旦．资本市场开放下提高我国证券公司竞争力研究［J］．东岳论丛，2015（4）：155－159.

整个证券行业代理买卖证券佣金率为0.0707%，较2013年的0.0793%下降10.84%（见图5－1）。佣金率下降加大了证券公司盈利模式转型的压力，传统的“轻资产模式”正在向“重资产模式”过渡，在这一背景下，证券公司需要继续大力发展创新业务。

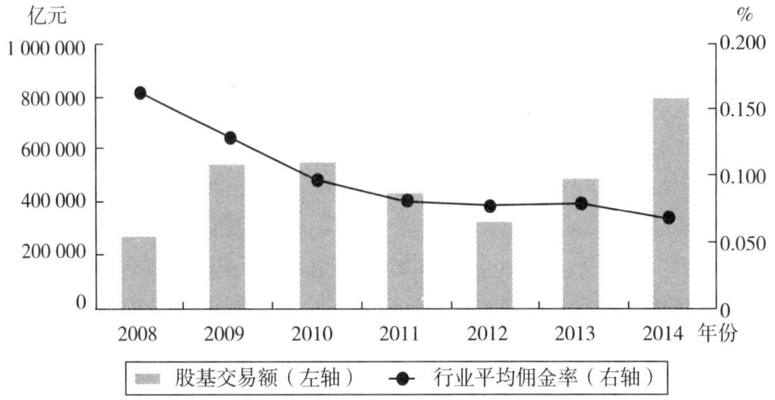

资料来源：中国证券业协会，公司金融研究中心。

图5－1　股基交易量及股基佣金率情况（2008—2014年）

在新一轮金融改革和监管转型的背景下，证券公司已经进入创新发展的新阶段。这一方面表现为实体经济转型需要证券公司借助业务创新提供更综合化的金融服务，同时金融混业化发展的趋势以及互联网金融的兴起也需要证券公司以创新发展提升市场的影响力；另一方面表现为管制放松拓宽了证券公司业务发展的空间，为其创新发展奠定了良好的外部环境。除此之外，证券公司历经20余年的粗犷式发展后面临再发展的瓶颈，其经营模式的转型需要以创新发展来实现。证券公司的业务创新能力不仅是其综合竞争能力的重要组成部分，而且是其未来保持竞争优势，甚至是决定行业地位的关键因素。各种因素的多重作用显示创新依然是证券行业发展的主流。证券公司加快转型成为立足资本市场、服务实体经济和居民资产管理的资本中介，是证券公司下一步改革和创新发展的方向。

根据中国证监会证券公司分类评级以及本报告第3章中关于研究能力（包括研究人员数量、研究报告数量、分析师评比获奖人次）得分的计算方法，本报告计算出证券公司的创新能力得分（见附录1表5－3）。研究实力是创新业务的核心竞争力所在，研究实力强的证券公司能够提供更具附加价值的服务。根据第3章的评价方法计算出分析师评比获奖人次得分，排在前5位的分别是国泰君安、中信证券（600030.SH）、海通证券（600837.SH，06837.HK）、广发证券（000776.SZ）和申万宏源（000166.SZ），而这5家证券公司在创新能力排名中也位列前5名。

证券公司的业务创新能力指标（E_4）包括分类评级和研究能力两部分，与2013年相比，2014年证券公司的创新能力有了很大的提升。从业务创新能力指标（E_4）的平均得分来看，2013年业务创新能力指标（E_4）平均得分是3.44分，2014年是3.67分；从业务创新能力指标（E_4）得分的分差来看，2013年业务创新能力的最高分相差8.6

分，2014 年各证券公司的创新能力得分差距有所减少，仅为 6.3 分；从业务创新能力指标（E_4）得分的分布来看，2013 年业务创新能力在 3 分以上的证券公司有 75 家，占比为 65.8%，2014 年为 83 家，占比为 72.8%。此外，根据中国证监会公布的证券公司分类结果，2014—2015 年有 64 家证券公司为 A 类，而 2013—2014 年仅有 38 家；其中，AA 级证券公司有 27 家；2014—2015 年，仅民族证券 1 家公司为 C 类，但 2013—2014 年有 6 家证券公司被评为 C 类。

表 5-4　TOP20 证券公司创新能力排名（2012—2014 年）　单位：名

证券公司	2012 年	2013 年	2014 年	证券公司	2012 年	2013 年	2014 年
申万宏源	1	4	1	瑞银证券	34	36	11
国泰君安	2	3	2	中金公司	14	13	12
中信证券	3	1	3	国金证券	19	16	13
海通证券	12	2	4	东方证券	13	10	14
广发证券	5	5	5	华泰证券	4	14	15
招商证券	6	6	6	安信证券	10	18	16
兴业证券	8	7	7	中信建投	16	12	17
长江证券	7	8	8	齐鲁证券	23	25	18
国信证券	10	11	9	方正证券	22	39	19
银河证券	9	9	10	西南证券	41	19	20

注：1. TOP20 证券公司创新能力排名以 2014 年为比较主体。
2. 申万宏源证券在 2012 年和 2013 年的排名用申银万国证券代替。

资料来源：公司金融研究中心。

从业务创新能力 TOP20 的证券公司来看（见表 5-4），创新能力在近 3 年没有发生很大变化。瑞银证券业务创新能力指标（E_4）排名变化最大，上升了 25 个名次，这主要是得益于其在研究报告数量得分排名中比 2013 年上升了 67 个名次[①]。其次为方正证券（601901.SH），上升了 20 个名次；齐鲁证券上升了 7 个名次，这是因为这两家证券公司的研究报告数量得分以及分析师获奖人次得分均有提升。此外，分类评级得分也有提高。而名次下降较为明显的是中投证券，从 15 名下降到 36 名，下降了 21 个名次，这主要是因为 2014 年调整了分类评级的计算方法，其分类评级排名由 2013 年的 4 分下降到 3.42 分，此外，其研究人员数量得分和分析师获奖人次得分排名由 19 名分别下降到第 36 名和第 29 名。

① 瑞银证券研究报告数量得分排名比去年上升较多的名次主要是因为 2013 年瑞银证券研究报告数据失实，故将数据做剔除处理。

5.2 综合竞争力评价

根据第3章证券公司竞争力评价体系，本文对119家样本证券公司竞争力进行评估，竞争力结果及排名如附录1表5－5所示，全部单项指标的计算结果请见附录2《中国投资银行竞争力指标汇总表》中。基于评价结果，目前我国证券公司的竞争力呈现出以下特征。

5.2.1 综合竞争力有所提升，行业整合实力增强

总体来看，2014年行业综合竞争力得分有了较大的提升，参与排名的114家证券公司平均得分为40.35分，比上年提升5.86分，这一方面源于2014年下半年以来市场表现较好，成交活跃，特别是2013年15家得分低于20分的证券公司在2014年有了明显的提升，得分最低的民族证券为21.74分，也比2013年得分最低的南京证券提高了11.26分。

2014年以来，证券行业迎来多项改革创新政策，融资融券等创新业务的发展提升了行业的业绩。此外，证券业掀起并购重组浪潮，对证券公司来说，在市场增量有限的情况下，重组及整合①是巩固市场地位、优化业务结构、提高效益的最佳选择。从目前公司的排名来看，完成并购后的证券公司的综合实力有所增强，其中最引人注目的是申万宏源（000166.SZ）的整合，申银万国吸收合并宏源证券（000562.SZ）后跻身证券公司第一梯队（见图5－2）。

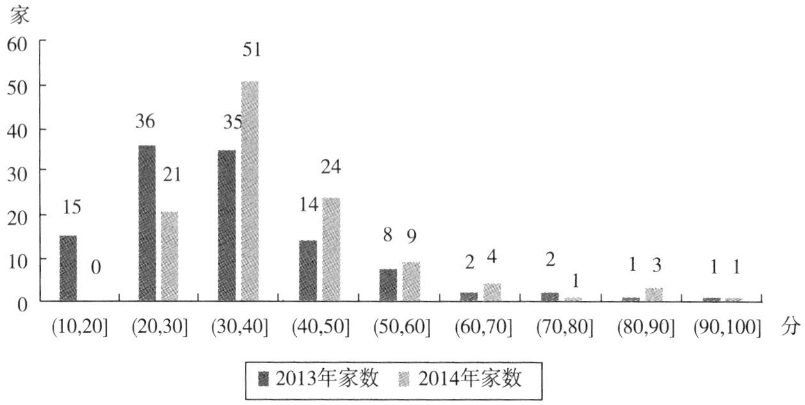

资料来源：公司金融研究中心。

图5－2 证券公司综合竞争力得分分布（2013—2014年）

① 2014年方正证券（601901.SH）合并民族证券，并购规模132亿元；国泰君安并购上海证券，涉及金额35.7亿元；申银万国吸收合并宏源证券（000562.SZ）创下国内最大金额的并购案、中纺投资重组安信证券。中小券商也加入了并购重组行列，西南证券（600369.SH）旗下西证国际投资有限公司收购敦沛金融控股有限公司，国金证券（600109.SH）宣布拟收购粤海证券和粤海融资。

5.2.2　综合竞争力差距较大，行业竞争激烈

如果把综合竞争力得分在80分以上的定义为第一梯队证券公司，60~80分以内的定义为第二梯队证券公司，60分以下的定义为第三梯队，则各个梯队之间差距比较明显。第一梯队证券公司包括中信证券（600030.SH，06030.HK）、国泰君安、申万宏源（000166.SZ）和海通证券（600837.SH，06837.HK）4家证券公司，与2013年相比，国泰君安和申万宏源（000166.SZ）进入第一梯队。第一梯队证券公司平均得分为90.76分，都是具有经营规模优势的大型证券公司，竞争能力相对较强。而且第一梯队之间竞争比较激烈，中信证券（600030.SH，06030.HK）作为行业的龙头，仍然保持着比较强劲的竞争力，但与第二名国泰君安（89.56分）相差10.44分，比2013年缩小了4.6分；第二名国泰君安和第三名申万宏源（000166.SZ）（89.24分）仅相差0.32分，综合实力相当，而海通证券（600837.SH，06837.HK）（84.22分）排名第四，比2013年下降2个名次，主要是受公司总资产收益率偏低的拖累，导致盈利能力指标（E_2）排名下降。

第二梯队证券公司包括广发证券（000776.SZ）、招商证券（600999.SH）、兴业证券（601377.SH）、国信证券（002736.SZ）和长江证券（000783.SZ）共5家证券公司，相比2013年，兴业证券（601377.SH）、国信证券（002736.SZ）和长江证券（000783.SZ）进入第二梯队。第二梯队证券公司平均得分为65.03分，比第一梯队平均得分低25.78分，其中广发证券（000776.SZ）（72.02分）和招商证券（600999.SH）（68.82分）分别比2013年提高5.42分和6.69分，兴业证券（601377.SH）、国信证券（002736.SZ）和长江证券（000783.SZ）作为新进入第二梯队的证券公司2014年得分分别为62.63分、61.58分和60.12分，它们之间综合竞争力基本持平，竞争尤为激烈，而且面临第三梯队较大的压力。

其余的证券公司则属于第二梯队，包括银河证券（06881.HK）、瑞银证券、中金公司、华泰证券（601688.SH）、中信建投和东方证券等共105家证券公司，第三梯队证券公司平均得分为37.26分，比第二梯队平均得分低27.77分。第三梯队证券公司内部变化较为明显，具体来看（见图5-2），证券公司得分在40~50分以内的有24家，比2013年增加10家；在30~40分以内的有51家，比上年增加16家，成为证券公司得分最为集中的区间；在20~30分以内的有21家，比上年减少15家；而且2013年证券公司综合竞争力得分在20分以下的15家证券公司，在2014年都提高到20分以上。第三梯队证券公司中，得分在50分以上的银河证券（06881.HK）、中金公司、国金证券（600109.SH）、华泰证券（601688.SH）、中信建投、东方证券这6家证券公司综合竞争力在近三年排名中都位于前20名，综合竞争力比较接近第二梯队，竞争力相对较强。而得分在50分以下的证券公司大多数竞争力较弱和极弱，存在着规模较小和综合经营水平较弱的问题，这一方面是由于第三梯队证券公司大多是中小证券公司和地方性的证券公司，资本实力较弱；另一方面是前几年证券公司受到各方面的限制，没有足够的融

资空间和渠道。而随着“一人多户”、证券牌照放开、金融混业经营的推行，行业的剧变将对第三梯队证券公司产生重大影响。

从这三个梯队证券公司平均得分来看，第二梯队与第一梯队、第三梯队与第二梯队都有25分以上的差距，这反映了证券公司综合竞争力差距比较大，而且很多证券公司得分相近，竞争较为激烈。从证券公司发展趋势来看，目前第二梯队证券公司仍然较少，未来将不断增多，而第三梯队中的银河证券（06881. HK）、中金公司、国金证券（600109. SH）、华泰证券（601688. SH）、中信建投和东方证券等排名靠前的证券公司有望进入第二梯队。

5.2.3 行业定位逐渐清晰，核心竞争力开始分化

根据欧美等发达国家的经验，竞争程度的提升将带来竞争格局和竞争方式的实质性转变，差异化和集中化是证券业市场竞争的发展趋势。随着我国证券市场的发展，我国证券业已初步呈现出业务差异化竞争、资本和利润向大型证券公司集中的格局，在2014年参与排名的114家证券公司中，第一梯队的4家证券公司总资产、净资本和营业收入占整个行业的比重分别达到28.17%、21.04%和24.78%。大型证券公司与中小型证券公司由于规模上的差异，表现出不同的发展战略，以提升自身的核心竞争力。

我国大型证券公司具有较强的经营能力、强大的业务创新能力和较好的风险控制能力，谋求各项业务的全面、综合发展，通过自身积累和上市、并购等方式继续扩大规模，进一步增强整体竞争优势，并逐步走向国际化、全球化，如第一梯队和第二梯队的证券公司。

而中小型证券公司净资本较小，可能无法获得开展全部业务的资格，而且在各项业务上难以与大型证券公司竞争，因此中小型证券公司可能集中资源和利用其他有利条件，在某些细分市场、业务领域和区域市场形成竞争优势，发展业务品牌，与综合性大型证券公司形成多样化的竞争格局。国金证券（600109. SH）是一家典型的中小型民营背景证券公司，营业网点较少，竞争力较弱。2013年11月，国金证券（600109. SH）与腾讯公司签署战略合作协议，双方联合打造集网络开户、在线理财、线下高端投资等功能为一体的综合性金融服务平台，这是证券公司对于互联网金融产品最具影响的首次试水。2014年初，双方合作的“佣金宝”正式上市，公司借助佣金宝经纪业务份额显著提升。2014年，国金证券（600109. SH）排名为第14名，比去年提高4个名次，这主要得益于公司用互联网思维来改造传统业务，使公司经营能力指标（E_1）、风险控制能力指标（E_3）和成长能力指标（E_6）得到了提升。东吴证券（601555. SH）作为一家苏州本土综合证券公司，紧紧抓住了当地经济快速发展带来的历史机遇，致力于把本土市场做熟、做透、做深、做细，以一级市场业务为核心，更好地服务区域经济。公司投行业务依托区域优势，逐渐向苏州周边地区及全国其他重点市场延伸。2014年东吴证券（601555. SH）排名为第42位，比上年提升21位，其中公司成长能力指标（E_4）表现突出，从2013年的71名提升到11名，而公司经营能力指标（E_1）、风险控制能力指标

（E_3）和创新能力指标（E_4）都有不同程度的提高，这与公司大力发展以互联网财富管理业务为核心，努力打造投行全产业链的战略密切相关。

5.2.4　部分证券公司竞争力排名变化较大

与 2013 年综合竞争力排名比较，2014 年排名变动超过 20 个名次的证券公司共有 24 家，其中有 11 家证券公司的排名上升了 20 个名次以上，13 家证券公司的排名下降超过 20 个名次（见图 5－3）。排名上升小于 20 个名次的证券公司共有 39 家，有 7 家证券公司的排名没有变动，有 43 家证券公司的排名下降小于 20 个名次。

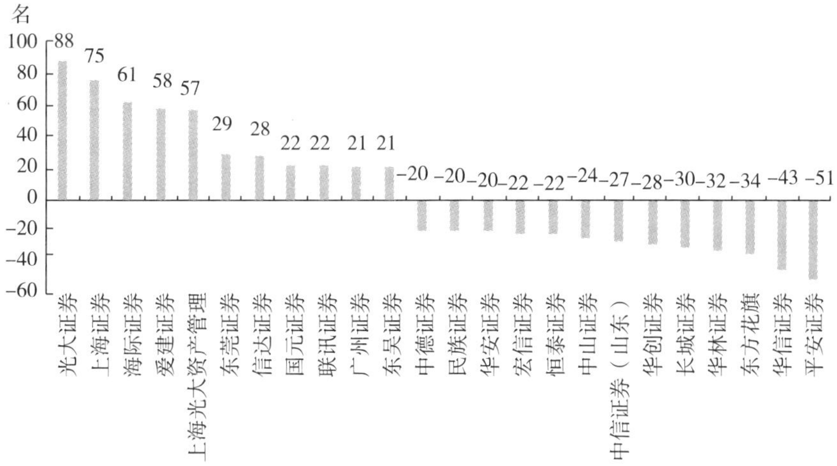

注：正值为与 2013 年相比上升的名次，负值为与 2013 年相比下降的名次。

资料来源：公司金融研究中心。

图 5－3　部分证券公司竞争力排名变动情况（2014 年）

具体来看，全部排名上升的证券公司中，排名上升最多的是光大证券（601788. SH），相对于 2013 年，光大证券（601788. SH）综合竞争力排名上升 88 个名次。光大证券（601788. SH）排名上升的主要原因是业务创新能力指标（E_4）和成长能力指标（E_6）的大幅度提高。2013 年，由于“乌龙指”事件，光大证券（601788. SH）监管分类评级大幅下调，由 AA 级降至 C 级，因而业务创新能力和成长能力的排名大幅度下降，2015 年光大证券（601788. SH）监管分类评级恢复至 A 级，业务创新能力指标（E_4）得分提升。此外，光大证券（601788. SH）陆续恢复了自营、股票发行承销等业务资格，取得股转系统做市、国债期货自营、代理证券质押、港股通等新业务试点资格，新设立了融资租赁和期货风险管理公司，各项业务步入正轨。营业收入、税后利润的大幅增加使得其营业收入增长率、营业利润增长率等成长能力（E_6）指标排名上升，最终使光大证券（601788. SH）综合竞争力排名上升至 22 名。

上海证券 2014 年综合竞争力排名上升了 75 个名次，主要由于其风险控制能力（E_3）上升了 59 个名次和业务创新能力（E_4）上升了 74 个名次，同样，上海证券 2015 年的监管分类评级也大幅上升，从 CCC 级上升至 AA 级，主要原因是 2014 年 8 月国泰君安收购上海证券51%的股份，上海证券的分类评级按母公司合并评价。另外，2014年上海证券的资本充足率达到839.99%，在所有证券公司中位列第二，净资本位列第19名，致使上海证券的风险控制能力（E_3）排名上升59个名次。海际证券的综合竞争力上升了61个名次，主要在于其盈利能力指标（E_2）上升了95个名次、业务创新能力指标（E_4）上升了37个名次和成长能力指标（E_6）上升了110个名次。海际证券分类评级结果由CCC级上升至AA级，主要原因是2013年海际证券按照其母公司上海证券的评级结果，2014年由于上海证券被国泰君安收购51%的股份，海际证券按照国泰君安的评级结果计分。2014年海际证券的ROA排名位居第6名，使海际证券的盈利能力（E_2）上升了95个名次。2014年海际证券成长能力指标（E_6）中营业收入增长率排名第一，使海际证券成长能力指标（E_6）的名次上升110个名次。

2014年综合竞争力排名下降超过20个名次的证券公司共有13家。平安证券的综合竞争力排名下降幅度最大，下降了51个名次，除了风险控制能力指标（E_3）和业务结构优化能力指标小幅度上升外，其余指标均为下降，其中业务创新能力指标（E_4）下降了50个名次，成长能力指标（E_6）下降了19个名次，主要原因是平安证券的分类评级由B级下降到BB级。其次是华信证券排名下降了43个名次，下降的主要原因是2014年华信证券的各项评价指标均为下降。东方花旗证券综合竞争力排名从2013年的36名下降到2014年的70名，主要原因是风险控制能力（E_3）和业务创新能力（E_4）分别下降了36个和44个名次，导致东方花旗的综合竞争力排名下降了34个名次。

综上所述，随着金融改革的进一步推进，证券行业市场化进程是大趋势，在这一过程中证券业将会出现明显分化，行业竞争加剧，证券业也会呈现“强者逐步显现，弱者逐步消亡”的分化过程。2014年影响证券公司综合竞争力的因素主要有以下几点：

第一，在金融混业和混合所有制改革的背景下，证券业整合浪潮逐步深化，这对证券公司综合竞争力产生了较大的影响。2014年，国内证券公司之间的并购主要分为两种：一是同一控股股东旗下证券公司为扫清“一参一控”障碍实现上市进行的系内资产整合，申银万国合并宏源证券（000562.SZ）、国泰君安收购上海证券即属此类；二是为扩大规模和资本金、发展创新业务而进行的市场化并购，2014年7月，方正证券（601901.SH）获准以定向增发购买资产的方式收购民族证券，即为第一例此类市场化的并购。从2014年证券公司综合竞争力排名来看，证券公司完成并购后资产规模增加，整体实力显著提升。

第二，互联网金融的发展加剧了证券公司经纪业务的竞争，加速了证券行业盈利模式的转型。2014年，越来越多的证券公司开始加速互联网证券业务布局，通过打造多层次互联网平台、整合线上线下资源、加速网络证券业务创新，提升了自身的竞争力。全年有35家证券公司取得互联网业务试点资格，证券公司搭建互联网平台主要有自主创建方式和选择与互联网企业、电商共建的方式，如广发证券（000776.SZ）和新浪、东吴证券（601555.SH）和同花顺（300033.SH）以及太平洋证券（601099.SH）和京东商城等。此外，部分证券公司还将融资类业务与互联网终端相结合，如光大证券

（601788. SH）的“富易贷”、国泰君安的“君弘微融资”等，以增强其在创新类资本中介业务方面的竞争力。

第三，2014 年新三板等场外市场快速发展，部分证券公司以新三板挂牌为基础，挖掘做市、融资、并购、投资等多种业务机会，提升了公司的业绩。根据 Wind 数据显示，2014 年挂牌企业数量增至 1 565 家，新挂牌企业数量为 1 222 家。其中表现较为突出的是齐鲁证券，2014 年完成新三板推荐挂牌企业 72 家，累计挂牌 90 家，行业排名第 2 位；实现新三板挂牌收入 9 942 万元，同比增长 286. 55%，而且齐鲁证券新三板做市企业数量以 39 家居行业之首。齐鲁证券 2014 年综合竞争力为第 21 名，比上年提高 10 个名次，主要原因是借助新三板业务收入的提高，公司业务创新能力指标（E_4）和业务结构优化能力指标（E_5）有了较大的提升。另外，在证券公司做市转让股票个数排名方面，排名靠前的除了国信证券（002736. SZ）、申万宏源（000166. SZ）这类大型证券公司，还有不少中小证券公司，如天风证券、上海证券、世纪证券等。

第6章　上市投资银行市场统计数据

从第4章、第5章可以看出，2014年证券行业在传统业务竞争加剧、互联网金融布局提速、IPO重启以及新三板业务的影响下，盈利模式持续改善。而上市证券公司又是证券行业中资金、管理等各方面实力均较强的公司，对证券行业具有较强的代表性。本章通过上市证券公司的业务数据、财务数据和估值指标的对比，分析各个上市证券公司的资金投资效率以及开拓新业务情况，据此进一步分析上市证券公司竞争力状况，进而通过上市证券公司与证券行业、上市证券公司与其他金融企业的对比，分析上市证券公司的市场影响力状况。

6.1　上市证券公司总体情况

2014年在沪深交易所上市证券公司合计20家。其中主板上市17家，占比为77.27%；中小板上市3家，占比为13.64%，新增国信证券（002736.SZ），申银万国吸收合并宏源证券（000562.SZ）后更名为申万宏源（000166.SZ）；新三板挂牌上市公司有2家，分别为湘财证券（430399.OC）和联讯证券（830899.OC），占比9.1%；此外，2014年在香港上市的券商共有4家①，分别为中信证券（600030.SH，06030.HK）、海通证券（600837.SH，06837.HK）、银河证券（06881.HK）和中州证券（01375.HK）。2014年末，22家上市证券公司②（不包括在香港上市的证券公司）净资本达3 256.02亿元，总股本和流通股本为952.98亿股和778.82亿股，流通股占比81.72%，同比减少8.16个百分点。

受益于IPO重启和多重利好因素的影响，2014年证券公司指数（399975.CSI）呈明显上升趋势，截至12月底，证券公司指数（399975.CSI）达到13 149.38点，同比上涨166.68%，高于上证综指、银行指数（882115.WI）上涨幅度分别为112.47个、91.76个百分点，上涨幅度最大（见图6－1）。2014年沪深两市共有上市公司2 613家，相比2013年增加124家，总市值达到37.25万亿元，同比增幅达55.8%。

---

① 在港交所上市的4家公司中，中信证券（600030.SH，06030.HK）、海通证券（600837.SH，06837.HK）同时在沪深证券交易所上市，中国银河（06881.HK）和中州证券（01375.HK）仅在港交所上市，中州证券为港交所首家内地区域性券商，在沪深交易所名称为中原证券。

② 第6章的分析数据为22家上市证券公司的数据，不包括在港交所上市的4家证券公司。

2014 年上市证券公司盈利状况明显好于 2013 年。受益于 2014 年下半年的股票市场牛市行情，2014 年 119 家证券公司全年实现营业收入 3 204.35 亿元，同比增长 66.81%，实现净利润 1 136.71 亿元，同比增长 121.51%。上市券商业绩增速与行业基本一致，2014 年 22 家上市券商共实现营业收入 1 578.26 亿元，同比增长 77.02%，占行业总收入比例为 49.25%；实现净利润 608.46 亿元，同比增长 119.96%，占行业净利润比例为 53.53%，收入和利润增长率均创 2008 年以来的新高。2014 年上市证券公司全部实现盈利，营业收入增长率均值为 76.92%，净利润增长率均值为 217.85%，净利润的增长率远远高于营业收入的增长率。具体来看，营业收入增长最快的三家券商分别为太平洋证券（601099. SH）、湘财证券（430399. OC）和申万宏源（000166. SZ），增长率分别为 179.42%、142.24% 和 136.93%；净利润增长最快的三家券商分别为联讯证券（830899. OC）、光大证券（601788. SH）和太平洋证券（601099. SH），增长率分别为 905.12%、653.49% 和 667.49%（见图 6－2）。

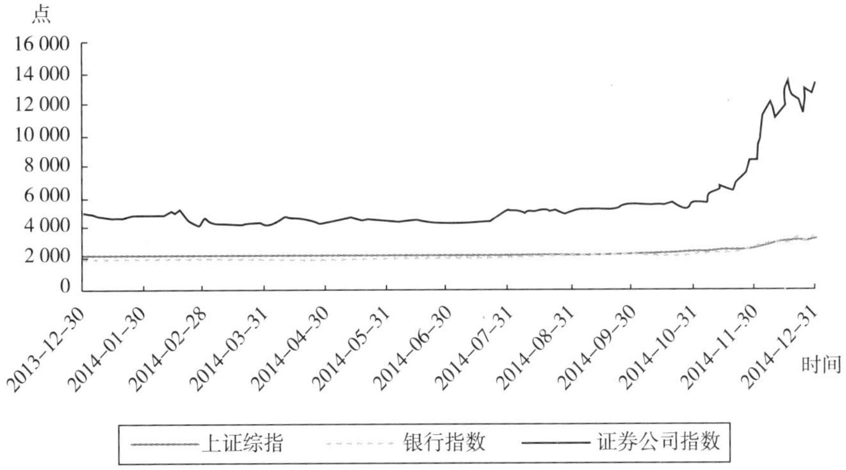

资料来源：Wind 资讯，公司金融研究中心。

图 6－1　三类指数走势对比（2014 年）

从上市证券公司收入结构来看，经纪业务收入变化最大。受制于佣金率大幅下降和券商自身业务转型两方面原因，与 2013 年相比，2014 年上市券商的经纪业务占比由 45% 下降为 37%，下降 8 个百分点，投资业务（包括直投带来的投资收益）占比由 24% 上升到 31%，同比上升 7 个百分点。随着金融创新的不断发展，经纪业务占比下降已成为长期趋势；其他业务占比变化不显著，其中投行业务和资管业务收入占比小幅上升，利息收入和其他业务收入占比小幅下降（见图 6－3）。

从各上市证券公司的收入结构来看，可以看出其呈现出三种不同的业务结构。第一种是以通道业务为主，包括联讯证券（830899. OC）、方正证券（601901. SH）、国信证券（002736. SZ）、西部证券（002673. SZ）等，经纪业务收入占比达 50% 左右，其中，联讯证券（830899. OC）占比 60%、方正证券（601901. SH）占比 49%、国信证券（002736. SZ）占比 48%、西部证券（002673. SZ）占比 49%；第二种是以投资

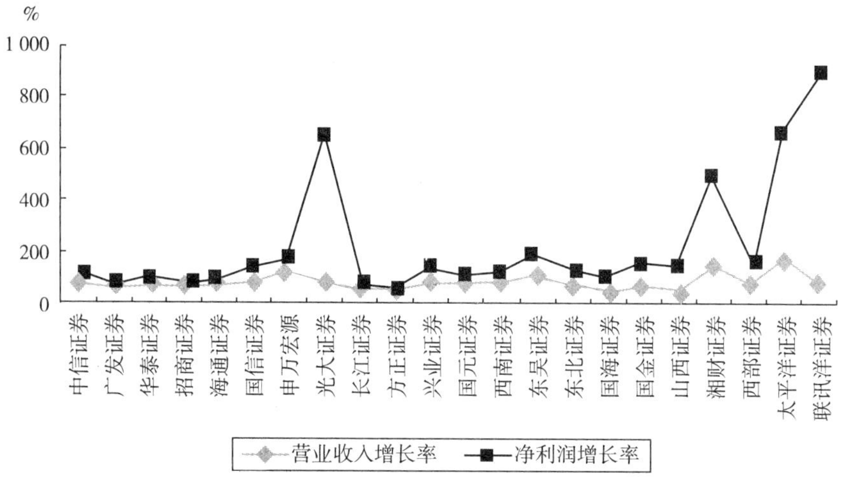

资料来源：Wind 资讯，联讯证券研究中心，公司金融研究中心。

图 6－2　上市证券公司营业收入和净利润同比变化情况（2014 年）

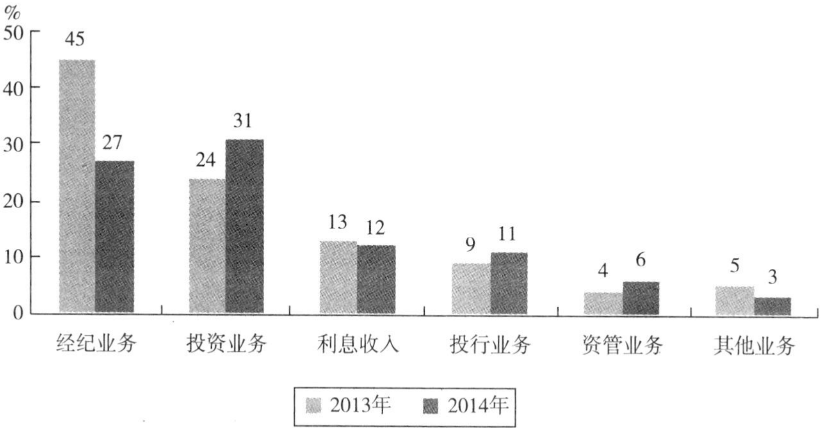

注：投资业务收入＝公允价值变动损益＋投资净收益。

资料来源：Wind 资讯，平安证券研究所，公司金融研究中心。

图 6－3　上市证券公司收入结构变化（2013—2014 年）

业务为主，包括西南证券（600369. SH）、东吴证券（601555. SH）、太平洋证券（601099. SH）等，投资业务收入占比高达 40% 以上，其中，西南证券（600369. SH）占比 42%、东吴证券（601555. SH）占比 43%、太平洋证券（601099. SH）占比 42%；第三种业务发展比较均衡，包括中信证券（600030. SH，06030. HK）、招商证券（600999. SH）、国元证券（000728. SZ）、东北证券（000686. SZ）等综合实力较强的证券公司（见表 6－1）。

表 6-1　上市证券公司的收入结构（2013—2014 年）　单位：%

证券简称	经纪业务		承销业务		资产管理业务		投资业务		其他业务	
	2013 年	2014 年	2013 年	2014 年	2013 年	2014 年	2013 年	2014 年	2013 年	2014 年
方正证券	43	49	6	4	1	1	21	25	6	4
长江证券	49	45	5	9	3	3	25	25	0	0
国海证券	52	45	17	11	2	2	6	21	14	8
国金证券	41	37	12	17	3	4	16	25	14	4
华泰证券	53	41	8	10	4	2	14	25	2	3
国信证券	61	48	13	13	2	2	0	24	0	2
光大证券	58	46	9	4	6	6	-6	18	11	7
西部证券	61	49	3	10	1	1	14	22	0	1
广发证券	44	38	5	13	2	8	14	29	1	0
招商证券	49	40	7	12	4	4	25	26	1	1
山西证券	46	44	17	15	1	0	8	15	0	1
东北证券	44	34	7	7	3	4	28	36	8	7
国元证券	44	33	3	7	3	3	28	38	2	1
中信证券	35	30	13	12	8	15	34	37	4	3
东吴证券	52	32	5	14	2	3	25	43	2	2
太平洋证券	53	28	12	7	3	4	21	42	0	0
海通证券	38	29	8	9	1	3	23	33	11	8
兴业证券	36	27	12	10	3	4	20	34	17	13
西南证券	28	22	19	26	3	3	38	42	5	1
申万宏源	49	50	3	4	8	8	27	15	1	1
湘财证券	82	44	4	3	4	3	1	42	-2	2
联讯证券	76	60	8	10	4	7	1	16	11	2

注：本表主要数据来源于平安证券公司行业报告（2013 年年报和 2014 年第一季度季报综述，2014 年 5 月 7 日）、平安证券公司行业报告（证券行业 2014 年年报及 2015 年第一季度报告综述，2015 年 5 月 10 日），因原数据采用整数统计，所以本部分数据保留整数，部分数据可能因统计差异有偏差。

资料来源：Wind 资讯，平安证券研究所，公司金融研究中心。

6.2　上市证券公司业务分析

6.2.1　经纪业务

2014 年上市证券公司整体表现与证券行业基本一致，交易量猛增，佣金率大幅下降。随着 2014 年资本市场改革的不断深化，A 股市场显著回暖，股票市场交投活跃，特别是进入下半年后，在宏观政策利好的支持下，A 股市场交易量快速增长，数次突破万亿元大关。受益于成交量的大幅增加，2014 年上市证券公司经纪业务收入快速增长。

2014 年上市证券公司经纪业务收入合计 706.34 亿元，同比增长 45.56%。

22 家上市证券公司中经纪业务收入增速最大的为方正证券（601901.SH），同比增长达 62.36%，中信证券（600030.SH，06030.HK）和国金证券（600109.SH）增速均达到 55% 以上，各证券公司的增速均达 20% 以上（见表 6－2）。在经纪业务收入占营业收入方面，各证券公司占比均达到 20% 以上，联讯证券（830899.OC）、申万宏源（000166.SZ）、西部证券（002673.SZ）、方正证券（601901.SH）、国信证券（002736.SZ）、光大证券（601788.SH）、长江证券（000783.SZ）占比较大，占比均在 45% 以上（见表 6－2）。

表 6－2　上市证券公司经纪业务收入变化（2014 年）

券商简称	经纪业务收入（亿元）	增幅（%）	占营业收入比重（%）
中信证券	88.34	56.81	30.26
广发证券	50.53	38.67	37.73
华泰证券	49.96	30.94	41.42
招商证券	43.63	46.16	39.65
海通证券	51.47	31.13	28.63
国信证券	56.27	44.34	47.71
申万宏源	43.26	27.70	49.97
光大证券	30.64	31.91	46.42
长江证券	20.66	38.35	45.43
方正证券	24.00	62.36	48.98
兴业证券	15.39	36.73	27.44
国元证券	11.34	29.65	32.54
西南证券	8.05	44.85	21.91
东吴证券	10.48	27.12	32.33
东北证券	10.52	34.35	34.04
国海证券	11.41	20.09	44.81
国金证券	10.18	58.68	37.40
山西证券	8.65	43.71	44.17
湘财证券	7.57	31.47	37.62
西部证券	9.51	38.35	49.07
太平洋证券	3.80	46.61	27.95
联讯证券	3.03	38.38	54.21

资料来源：Wind 资讯，公司金融研究中心。

上市证券公司全年经纪业务市场交易量所占市场份额为 48.43%，同比增加 2.16 个百分点。大部分证券公司市场份额稳定，综合实力较强的大券商市场份额占比较大，中信证券（600030.SH，06030.HK）、国信证券（002736.SZ）和海通证券（600837.SH，06837.HK）位列前三位，占比分别为 7.52%、4.79% 和 4.38%。与 2013 年相比，方正证券（601901.SH）、国金证券（600109.SH）和中信证券（600030.SH，06030.HK）增幅居前，分别同比增长 62.36%、58.68% 和 56.81%（见图 6－4）。

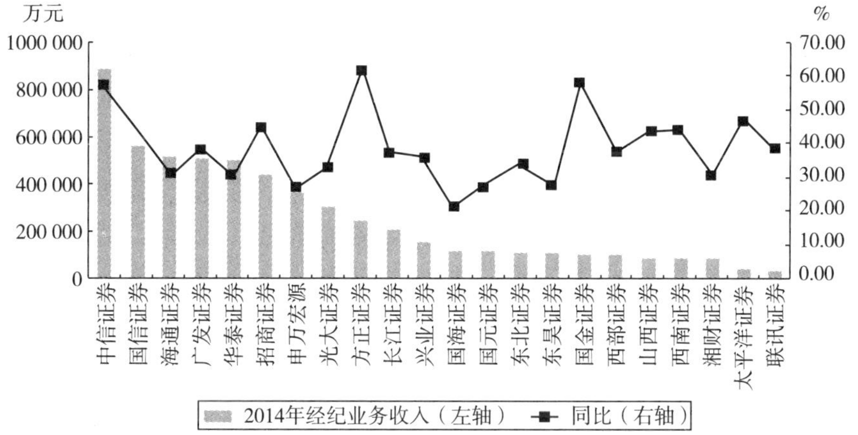

资料来源：Wind 资讯，公司金融研究中心。

图 6－4　上市证券公司经纪业务交易量及同比变化（2013—2014 年）

6.2.2　承销与保荐业务

在 IPO 重启、并购新政出台、注册制等多重利好政策的推动下，2014 年 22 家上市证券公司实现承销保荐收入大幅增加。22 家上市证券公司实现承销保荐收入 161.21 亿元，同比增长 204.31%，11 家公司投行业务收入显著上升，同比增长达 100% 以上，7 家公司同比增长 100% 以内，3 家公司投行业务收入同比小幅下降。中信证券（600030. SH，06030. HK）、广发证券（000776. SZ）、海通证券（600837. SH，06837. HK）投行业务收入排名前三位，分别为 347 203. 97 万元、174 230. 69 万元、161 744. 55 万元；增速方面，西部证券（002673. SZ）、东吴证券（601555. SH）、国元证券（000728. SZ）增速较大，位居前三位，分别为 470. 68%、442. 47% 和 338. 25%（见图6－5）。

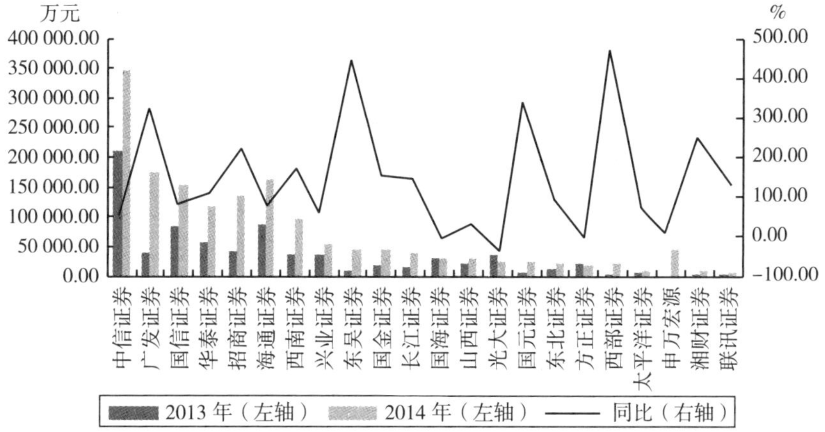

资料来源：Wind 资讯，公司金融研究中心。

图 6－5　上市证券公司承销与保荐业务收入同比变化（2013—2014 年）

具体来看，2014 年上市证券公司股权融资承销额相对债券融资比重较 2013 年上升。22 家上市公司股权融资承销市场份额由 2013 年的 33.62% 上升至 2014 年的 37.70% 上升 4.08 个百分点，其中，广发证券（000776.SZ）、国信证券（002736.SZ）、中信证券（600030.SH，06030.HK）上升幅度较大，分别上升 3.19 个、1.78 个、1.37 个百分点；债券承销市场份额由 2013 年的 34.62% 下降至 13.39%，下降 23.03 个百分点，中信证券（600030.SH，06030.HK）、海通证券（600837.SH，06837.HK）、招商证券（600999.SH）下降明显，分别下降 6.17 个、4.09 个、2.22 个百分点；而广发证券（000776.SZ）、国信证券（002736.SZ）、国元证券（000728.SZ）无论是股票还是债券承销，市场份额均实现上升（见表 6－3）。

表 6－3　上市证券公司股权融资和债券融资主承销情况（2013—2014 年）　单位：亿元

证券公司	股权融资主承销金额（IPO、增发）		股权融资主承销金额市场份额（IPO、增发）（%）		债券主承销金额		债券主承销金额市场份额（%）	
	2013 年	2014 年	2013 年	2014 年	2013 年	2014 年	2013 年	2014 年
中信证券	243.25	959.19	9.04	10.41	1 169.72	3 347.57	11.59	5.42
广发证券	24.51	340.24	0.50	3.69	1.60	630.65	0.02	1.02
国信证券	54.52	266.54	1.11	2.89	281.84	495.00	2.79	0.80
华泰证券	107.62	223.12	4.00	2.42	310.91	603.83	3.08	0.98
招商证券	65.78	150.77	2.45	1.64	335.00	681.32	3.32	1.10
海通证券	66.01	374.00	2.45	4.06	502.20	548.00	4.98	0.89
西南证券	55.61	338.85	2.07	3.68	123.33	276.60	1.22	0.45
兴业证券	17.27	93.01	0.64	1.01	188.27	194.45	1.87	0.31
东吴证券	2.29	110.63	0.09	1.20	52.34	101.30	0.52	0.16
国金证券	1.10	126.80	0.04	1.38	49.00	44.10	0.49	0.07
长江证券	15.31	146.33	0.57	1.59	67.50	205.80	0.67	0.33
国海证券	81.75	18.16	3.04	0.20	71.83	127.33	0.71	0.21
山西证券	38.68	82.23	1.44	0.89	142.30	177.26	1.41	0.29
光大证券	30.11	9.51	1.12	0.10	136.83	128.66	1.36	0.20
国元证券	20.90	40.12	0.78	0.44	1.60	16.50	0.02	0.03
东北证券	8.45	17.70	0.31	0.19	31.00	34.45	0.31	0.06
方正证券	78.31	—	2.91	—	139	—	1.38	—
西部证券	0.00	17.90	0.00	0.19	16.10	91.40	0.16	0.16
太平洋证券	0.00	6.68	0.00	0.07	50.50	64.33	0.50	0.10
申万宏源	28.71	123.16	1.06	1.34	283.23	236.71	2.81	0.71
湘财证券	—	36.33	—	0.31	—	21.95	—	0.03
联讯证券	—	—	—	—	—	—	—	—

注：部分数据可能因统计差异存在偏差。

资料来源：Wind 资讯，上市公司年报，公司金融研究中心。

6.2.3　资产管理业务

受益于投融资需求旺盛和金融市场改革等利好因素，资产管理业务保持较快的增长态势。2014 年，上市证券公司资产管理业务规模合计 26 526 亿元，较 2013 年增长 55.32%。其中，集合资产管理规模由 1 479 亿元增加至 3 057 亿元，同比增长 106.69%，定向资产管理规模由 15 455 亿元增加至 22 953 亿元，同比增长 48.52%，专项资产管理规模由 144 亿元增加至 516 亿元，同比增长 258.33%。

从管理资产的规模来看，以主动性管理为主的集合资产管理业务和专项资产管理业务增速较快，未来也具有较高的提升空间。集合资产管理业务规模占资产管理业务总规模的占比由 2013 年的 8.67% 上升至 11.52%，增长 2.85 个百分点；定向资产管理业务规模占资产管理业务总规模的占比由 2013 年的 90.50% 下降至 86.53%，下降 3.97 个百分点；专项资产管理业务规模占资产管理业务总规模的占比由 2013 年的 0.83% 上升至 1.95%，上升 1.12 个百分点。因此，从规模占比来看，定向资产管理规模仍是主要部分，但相比 2013 年有所下降，随着通道转主动型资产管理产品趋势的不断发展，预计未来定向资产管理产品的占比将会进一步下降，资产证券化将成为新的增长点（见表 6-4）。

表 6-4　上市证券公司各类资产管理业务规模对比（2013—2014 年）　单位：亿元

	2013 年		2014 年		增长	
	规模	占比（%）	规模	占比（%）	规模增长（%）	占比增长（%）
集合资产管理业务	1 479	8.67	3 057	11.52	106.69	2.85
定向资产管理业务	15 455	90.50	22 953	86.53	48.52	-3.97
专项资产管理业务	144	0.83	516	1.95	258.33	1.13

资料来源：长江证券研究部，公司金融研究中心。

上市券商 2014 年资产管理业务收入为 156.85 亿元，同比增长 176.78%。分券商看，中信证券（600030.SH，06030.HK）、广发证券（000776.SZ）、海通证券（600837.SH，06837.HK）等综合实力较强的大型券商资产管理业务收入位居前三位，分别实现资产管理业务收入 61.11 亿元、20.66 亿元、18.37 亿元；业务结构比较灵活的小型券商中，山西证券（002500.SZ）、太平洋证券（601099.SH）、东吴证券（601555.SH）增长迅速，同比增长位于前三位，增速分别为 829.36%、336.78%、293.09%；而中信证券（600030.SH，06030.HK）、海通证券（600837.SH，06837.HK）、华泰证券（601688.SH）等券商无论在资产管理业务收入规模还是增速方面均处于领先的位置（见表 6-5）。

表 6－5　上市证券公司资产管理业务收入情况（2013—2014 年）　单位：亿元

公司名称	2013 年	2014 年	同比增长（%）
中信证券	16.71	61.11	265.67
广发证券	12.92	20.66	59.88
海通证券	5.93	18.37	209.80
华泰证券	3.09	12.98	239.81
兴业证券	1.01	11.18	77.29
申万宏源	6.20	8.86	43.00
光大证券	2.38	4.25	114.00
招商证券	1.99	3.77	87.11
国信证券	1.10	2.88	143.30
东吴证券	0.47	1.86	293.02
国金证券	0.77	1.76	128.67
长江证券	0.90	1.60	78.12
国元证券	0.50	1.37	172.82
东北证券	0.56	1.31	132.82
西南证券	0.59	1.10	86.81
方正证券	0.41	0.74	80.32
山西证券	0.08	0.72	829.36
太平洋证券	0.15	0.66	336.48
湘财证券	0.34	0.54	58.82
联讯证券	0.13	0.40	207.69
国海证券	0.31	0.39	26.53
西部证券	0.13	0.34	156.05

资料来源：上市公司年报，Wind 资讯，公司金融研究中心。

6.2.4　其他业务

1. 新三板业务

在初期阶段，新三板的盈利来源主要是价差收入，而这又决定于券商自身的挂牌数量、经营战略重视度。从 2014 年 8 月以来，共有 21 家券商开展新三板业务，截至 2014 年底，21 家上市证券公司累计挂牌家数 824 家，做市家数 192 家。其中，挂牌家数前三名的证券公司为申万宏源（000166. SZ）、国信证券（002736. SZ）、长江证券（000783. SZ）；做市家数前三名的证券公司为中信证券（600030. SH，06030. HK）、申万宏源（000166. SZ）、国信证券（002736. SZ）（见表 6－6）。

表6-6 上市证券公司新三板业务统计（2014年） 单位：家

证券公司	推荐挂牌公司	做市公司
申万宏源	156	21
国信证券	80	20
长江证券	73	12
广发证券	72	6
东吴证券	45	15
东北证券	43	2
招商证券	42	8
光大证券	42	10
海通证券	36	12
西部证券	35	6
中信证券	29	27
兴业证券	29	19
方正证券	26	1
国金证券	21	2
山西证券	20	10
国元证券	17	0
华泰证券	14	8
国海证券	13	2
西南证券	12	6
湘财证券	12	0
太平洋证券	7	5

资料来源：Wind资讯、公司金融研究中心。

2. 融资融券业务

2014年上市证券公司融资融券余额达5 415.03亿元，同比增长198.01%。其中20家上市证券公司融资融券余额均实现显著增长，同比增长高达100%以上，其中，中小券商由于获得业务资格较晚，2013年同期基数较低，增幅较大，西部证券（002673.SZ）、西南证券（600369.SH）、国金证券（600109.SH）分别实现同比307.52%、276.42%、257.26%的增长，位居前三位（见图6-6）。

2014年，22家上市证券公司融资融券市场份额达52.80%，市场份额占比前三名的证券公司为华泰证券（601688.SH）、广发证券（000776.SZ）、招商证券（600999.SH），占比分别为6.38%、6.27%、5.64%（见表6-7）。

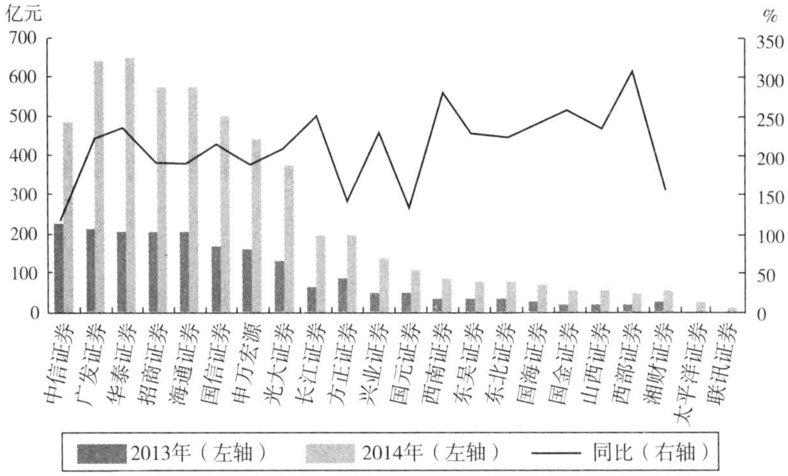

注：太平洋证券、联讯证券2013年不具有两融资格，不计算同比。

资料来源：Wind资讯，公司金融研究中心。

图6－6　上市证券公司融资融券余额及同比变动情况（2013—2014年）

表6－7　　上市证券公司融资融券市场份额排名（2014年）　　单位：%

公司名称	市场份额	排名	公司名称	市场份额	排名
华泰证券	6.38	1	国元证券	0.94	12
广发证券	6.27	2	西南证券	0.82	13
招商证券	5.64	3	东吴证券	0.77	14
海通证券	5.57	4	东北证券	0.74	15
国信证券	4.86	5	国海证券	0.69	16
中信证券	4.76	6	国金证券	0.52	17
申万宏源	4.30	7	山西证券	0.51	18
光大证券	3.65	8	湘财证券	0.49	19
长江证券	1.90	9	西部证券	0.43	20
方正证券	1.88	10	太平洋证券	0.22	21
兴业证券	1.35	11	联讯证券	0.09	22

资料来源：Wind资讯，公司金融研究中心。

3. 自营业务

2014年上市证券公司实现自营业务收入506.34亿元，同比增长149.42%；22家上市证券公司自营业务收入均实现大幅增长，17家上市公司同比增速超过100%，湘财证券（430399.OC）同比增长高达2 038.91%，5家上市公司增速在100%以内，广发证券（000776.SZ）增速最小，同比增长28.66%（见图6－7），上市证券公司自营业务收入的显著增长，主要受益于2014年股市和债市的大幅上涨。

从自营资产配置结构来看，股票、债券投资有所提升，其他类资产配置较为稳定。

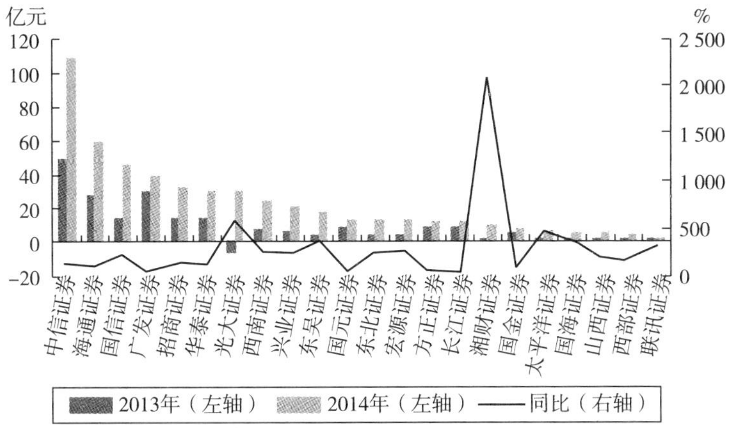

资料来源：Wind资讯，公司金融研究中心。

图6-7　上市证券公司自营业务收入同比变动情况（2013—2014年）

2014年上市证券公司股票投资占比21%，比2013年增加5个百分点；债券占比56%，比2013年增加3个百分点，银行理财、券商理财、信托计划等占比较为稳定，且占比较低，基金配置占比10%（见图6-8）。

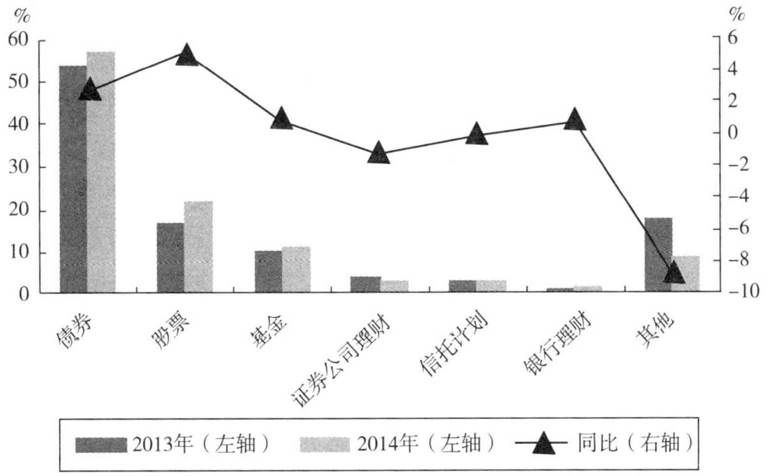

资料来源：Wind资讯，长江证券研究部，公司金融研究中心。

图6-8　上市证券公司自营资产配置比例变化（2013—2014年）

随着2014年牛市行情的逐步开展，各上市证券公司普遍增加了自营资产中权益类资产的比例，22家上市公司中14家公司权益类资产比例增加，8家公司权益类资产比例减少，中小型券商的自营策略更为灵活，山西证券（002500.SZ）权益类资产比例达69%，增长45个百分点，西南证券（600369.SH）权益类资产比例为41%，增长30个百分点，华泰证券（601688.SH）权益类资产比例为46%，增长25个百分点；湘财证券（430399.OC）、光大证券（601788.SH）、国海证券（000750.SZ）权益类资产比例下降较大，分别降低21个、19个、15个百分点（见表6-8）。

表 6 -8　上市证券公司自营业务权益类资产占比变化（2013—2014 年）　单位:%

公司名称	2013 年	2014 年	同比增幅
中信证券	24	33	9
海通证券	31	44	13
国信证券	22	36	14
广发证券	23	26	3
招商证券	30	23	-7
华泰证券	21	46	25
光大证券	60	41	-19
西南证券	11	41	30
兴业证券	21	17	-4
东吴证券	30	21	-9
国元证券	11	39	28
东北证券	13	26	13
申万宏源	45	59	14
方正证券	17	15	-2
长江证券	21	27	6
湘财证券	61	40	-40
国金证券	15	24	9
太平洋证券	35	43	8
国海证券	18	3	-15
山西证券	24	69	45
西部证券	22	23	1
联讯证券	4	2	-2

注：本表主要数据来源于平安证券公司行业报告（证券行业 2014 年年报及 2015 年第一季度报告综述，2015 年 5 月 10 日），因原数据采用整数统计，所以本部分数据保留整数。

资料来源：Wind 资讯，上市公司年报，平安证券研究所，公司金融研究中心。

4. 股票质押式回购

自 2013 年 6 月股票质押式回购业务试点以来，因其具有成本低、期限灵活、资金渠道多等多方面优势，迅速成为券商业绩高速增长的主要贡献点。2014 年全年股权质押总规模达 12 014.44 亿元，市场规模发展迅速（见图 6 -9）。2014 年上市证券公司总质押股数 356.46 亿股，同比增长 927.26%，参考市值达 4 526.68 亿元，同比增长 1361.16%。

经纪业务资源和负债融资能力是决定券商股权质押回购业务的两大因素，而大型券商具有较大的优势。综合实力较强的大型券商，凭借其资金来源广和成本低双重优势，占据较大的市场份额，其中，中信证券（600030. SH，06030. HK）交易次数达 270 次，总质押股数为 82.48 亿股；海通证券（600837. SH，06837. HK）、国信证券（002736. SZ）、华泰证券（601688. SH）等也具有较大的优势（见表 6 -9），随着股权质押式回购业务在互联网端的逐步开展，尤其是小额质押等创新业务的发展，这些大型券商将具有更大的优势。

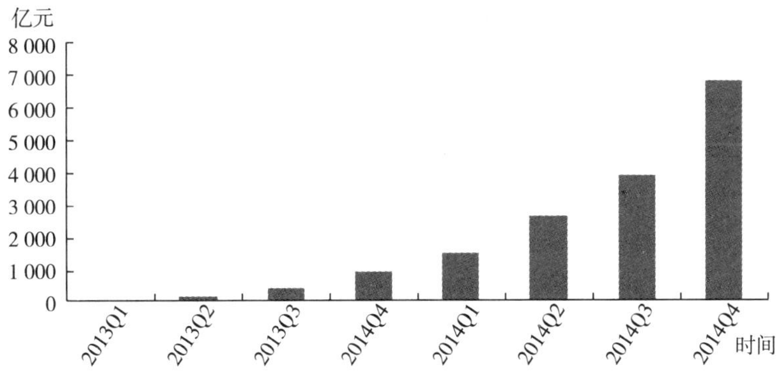

资料来源：长江证券研究部，公司金融研究中心。

图 6－9　股票质押回购规模增长情况（2013—2014 年）

表 6－9　上市证券公司质押式回购业务规模（2014 年）

公司名称	交易次数	质押股数（万股）	参考市值（万元）
中信证券	270	824 833. 22	8 824 773. 93
海通证券	220	534 836. 80	7 002 753. 22
国信证券	165	291 411. 87	4 694 675. 98
华泰证券	151	289 404. 97	5 563 658. 20
兴业证券	124	356 840. 52	3 587 174. 06
广发证券	86	140 786. 09	2 124 554. 21
东吴证券	79	142 490. 52	2 107 045. 79
招商证券	70	170 330. 88	1 937 916. 69
长江证券	50	110 869. 87	1 208 003. 74
国元证券	44	117 757. 18	1 488 459. 21
西南证券	40	97 652. 89	1 495 842. 98
太平洋证券	32	65 966. 18	739 622. 08
湘财证券	31	131 902. 16	841 857. 50
东北证券	30	67 815. 15	927 325. 02
光大证券	22	43 278. 22	475 204. 41
方正证券	21	28 606. 84	517 446. 20
国金证券	20	48 979. 40	455 705. 45
山西证券	19	23 334. 67	353 847. 80
西部证券	14	18 684. 90	308 693. 64
申万宏源	12	53 186. 77	563 244. 58
国海证券	7	5 600. 00	49 006. 00
联讯证券	—	—	—

资料来源：Wind 资讯，公司金融研究中心。

6.3 上市证券公司财务和估值指标分析

6.3.1 总资产、营业收入和净利润比较

截至2014年底，22家[①]上市证券公司资产合计26 084.95亿元，同比增加114.36%。其中中信证券（600030.SH，06030.HK）、海通证券（600837.SH，06837.HK）和华泰证券（601688.SH）总资产分别为4 796.26亿元、3 526.22亿元和2 722.26亿元，位居上市证券公司的前三位。从图6－10可以看出，2014年上市证券公司总资产变动较大的有联讯证券（830899.OC）、太平洋证券（601099.SH）和东吴证券（601555.SH），分别增长295.63%、206.48%和204.93%。

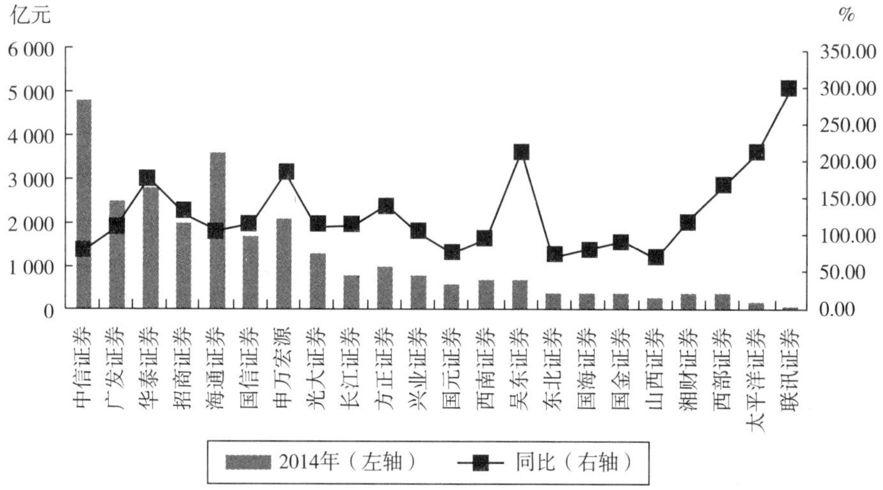

资料来源：Wind资讯，公司金融研究中心。

图6－10 上市证券公司总资产及同比变动情况（2014年）

总的来说，2014年上市证券公司经营状况明显优于2013年。2014年，22家上市券商共实现营业收入1 578.26亿元，同比增长77.02%；从营业收入的增长率来看，太平洋证券（601099.SH）、湘财证券（430399.OC）和申万宏源（000166.SZ）分别以179.42%、142.24%和136.93%的涨幅位列前三名。从净利润来看，2014年22家上市券商实现净利润608.46亿元，同比增长119.96%；从净利润的增长率来看，联讯证券（830899.OC）、太平洋证券（601099.SH）和光大证券（601788.SH）的增幅居前，其增长率分别为905.1%、667.49%和653.49%（见表6－10）。

① 22家上市证券公司的数据不包括在港交所上市的4家证券公司。

表 6－10　上市证券公司营业收入、净利润及同比变动情况（2014 年）　单位：亿元

券商简称	营业收入			净利润		
	2014 年	2013 年	营业收入增长率（%）	2014 年	2013 年	净利润增长率（%）
中信证券	291.98	161.15	81.18	118.61	53.08	123.46
广发证券	133.95	82.08	63.20	51.46	28.13	82.95
华泰证券	120.62	71.67	68.31	45.40	22.69	100.10
招商证券	110.02	60.87	80.77	38.85	22.35	73.80
海通证券	179.78	104.55	71.96	81.19	42.81	89.65
国信证券	117.92	67.76	74.03	49.43	21.08	134.50
申万宏源	141.53	59.73	136.93	55.95	19.15	192.11
光大证券	66.01	40.20	64.23	21.37	2.84	653.49
长江证券	45.48	30.48	49.22	17.06	10.06	69.53
方正证券	49.00	34.42	42.37	18.00	10.99	63.77
兴业证券	56.09	31.04	80.73	19.46	7.84	148.28
国元证券	34.86	19.85	75.63	13.72	6.64	106.55
西南证券	36.75	19.64	87.10	13.47	6.36	111.62
东吴证券	32.41	15.99	102.73	11.25	3.86	191.32
东北证券	30.91	17.67	74.92	10.75	4.83	122.42
国海证券	25.45	18.19	39.93	7.15	3.43	108.69
国金证券	27.22	15.47	75.93	8.37	3.16	164.97
山西证券	19.59	13.16	48.87	5.86	2.46	138.53
湘财证券	20.12	8.30	142.24	7.99	1.30	512.54
西部证券	19.38	11.29	71.75	6.60	2.74	140.97
太平洋证券	13.59	4.86	179.42	5.73	0.75	667.49
联讯证券	5.59	3.23	72.89	0.81	0.08	905.12

资料来源：Wind 资讯，联讯证券研究中心，公司金融研究中心。

从净利率来看，海通证券（600837. SH，06837. HK）、太平洋证券（601099. SH）和国金证券（600109. SH）的净利率分别以 45. 16%、42. 16% 和 41. 92% 居上市公司前三位。从净利润的提升幅度来看，光大证券（601788. SH）提升幅度最大，位居第一，太平洋证券（601099. SH）和山西证券（002500. SZ）也位居前列（见图 6－11）。

6. 3. 2　ROA、ROE 比较

2014 年，22 家上市证券公司中总资产收益率（ROA）排名位于前三位的分别为太平洋证券（601099. SH）、国金证券（600109. SH）和东北证券（000686. SZ），其值分别为 4. 03%、3. 18% 和 3. 10%；净资产收益率（ROE）排名位于前三位的是湘财证券（430399. OC）、国信证券（002736. SZ）和申万宏源（000166. SZ），其值分别为 17. 24%、

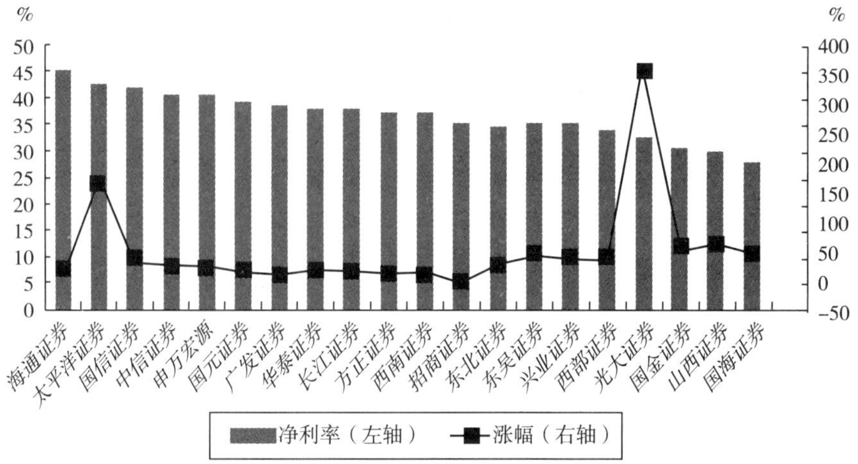

注：净利润率 = 净利润/营业收入。

资料来源：Wind 资讯，公司金融研究中心。

图 6－11　上市证券公司净利率及同比变动情况（2014 年）

15.08% 和 15.07%。

从总资产收益率（ROA）变化来看，ROA 同比变动较大的上市证券公司为太平洋证券（601099.SH）、湘财证券（430399.OC）和光大证券（601788.SH）；从净资产收益率（ROE）变化来看，ROE 同比变化较大的为湘财证券（430399.OC）、兴业证券（601377.SH）和光大证券（601788.SH）（见图 6－12）。

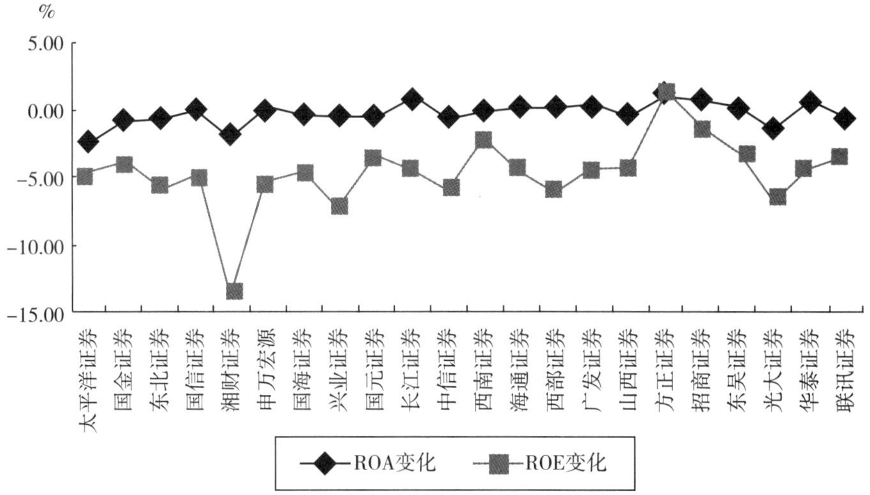

注：2013 年申万宏源的数据用申银万国代替。

资料来源：Wind 资讯，公司金融研究中心。

图 6－12　上市证券公司 ROA 和 ROE 同比变动情况（2013—2014 年）

6.3.3 每股收益比较

2014 年，上市证券公司每股收益普遍增加。中信证券（600030. SH，06030. HK）、广发证券（000776. SZ）和华泰证券（601688. SH）分别以 1.03 元/股、0.85 元/股和 0.80 元/股位列前三位。从增长率来看，2014 年光大证券（601788. SH）以 905.15% 的增长率位列第一位，实现上市券商每股收益最大增幅；其次为太平洋证券（601099. SH），增长率为 280%；东吴证券（601555. SH）以 157.89% 的增长率位列第三位（见图 6－13）。

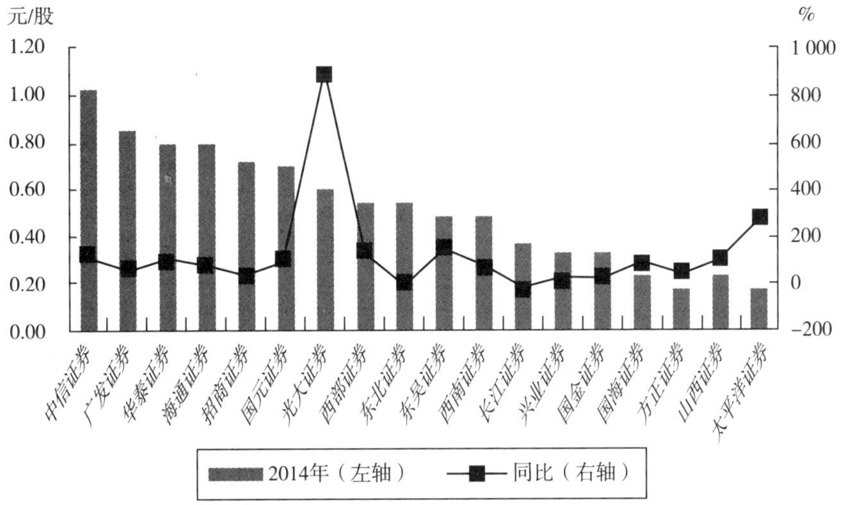

注：1. 基本每股收益数据为 2014 年 12 月 31 日的数据；

2. 图中数据为 18 家上市证券公司的数据，申万宏源、湘财证券、联讯证券和国信证券为 2014 年新上市的证券公司，不参与同比比较。

资料来源：Wind 资讯，公司金融研究中心。

图 6－13 每股收益及同比变动情况（2014 年）

6.3.4 市盈率、市净率比较

从市盈率来看，光大证券（601788. SH）、太平洋证券（601099. SH）和西部证券（002673. SZ）分别以 164.10 倍、145.54 倍和 103.96 倍位列前三位。从增长率来看，2014 年光大证券（601788. SH）以 206.10% 的增长率位列第一位，长江证券（000783. SZ）和太平洋证券（601099. SH）分别以 115.73% 和 109.33% 位列第二位和第三位；山西证券（002500. SZ）和国海证券（000750. SZ）出现同比下降，降幅分别为 6.02% 和 18.87%（见图 6－14）。

从市净率来看，2014 年上市证券公司同比增幅较大的是长江证券（000783. SZ）、光大证券（601788. SH）和兴业证券（601377. SH），增幅分别为 194.21%、190.59% 和 183.13%。2014 年市净率较低的前三家证券公司为华泰证券（601688. SH）、海通证券（600837. SH，06837. HK）和国元证券（000728. SZ），分别为 3.32 倍、3.37 倍和 3.51 倍（图 6－15）。

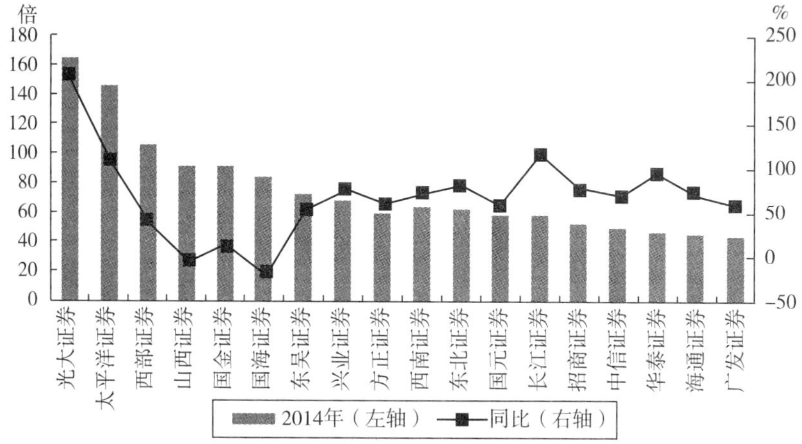

注：1. 市盈率数据为2014年12月31日的数据；

2. 图中数据为18家上市证券公司的数据，申万宏源、湘财证券、联讯证券和国信证券为2014年新上市的证券公司，不参与同比比较。

资料来源：Wind资讯，公司金融研究中心。

图6－14 市盈率同比变动情况（2014年）

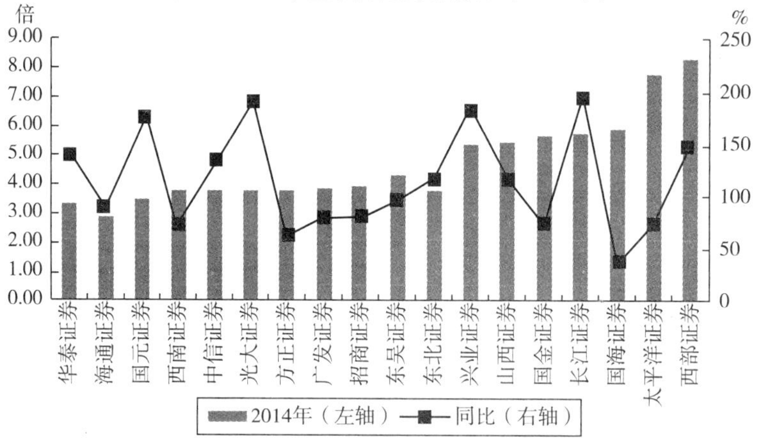

注：1. 市净率数据为2014年12月31日的数据；

2. 图中数据为18家上市证券公司的数据，申万宏源、湘财证券、联讯证券和国信证券为2014年新上市的证券公司，不参与同比比较。

资料来源：Wind资讯，公司金融研究中心。

图6－15 市净率同比变动情况（2013—2014年）

6.4 上市证券公司市场影响力分析

6.4.1 上市证券公司与证券行业比较

1. 总市值比较

总的来看，上市证券公司家数占比变动不大，但是总市值占比变动幅度较大。从上市家数变化来看，2006—2014年，境内A股上市证券公司由10家增加至20家，平均每年增加 1 家，而 2013 年与 2012 年持平，2014 年仅有一家国信证券（002736. SZ）上市；从上市证券公司总市值占比来看，上市证券公司市值占比呈总体上升趋势，2014 年总市值占比为 5. 03%，比 2013 年上升 2. 28 个百分点（见图 6 – 16）。

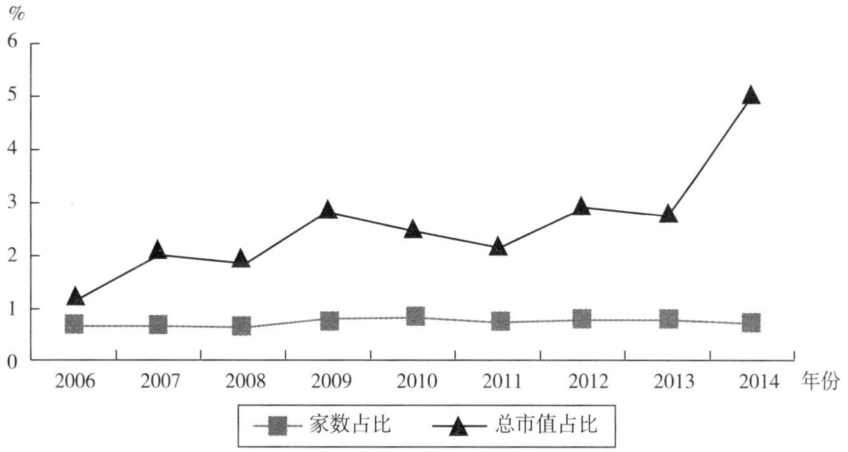

资料来源：Wind 资讯，公司金融研究中心。

图 6 – 16　上市证券公司家数及总市值占比（2006—2014 年）

2. 营业收入比较

受益于 IPO 重启以及 2014 年下半年牛市的影响，证券行业营业收入不断增长。截至 2014 年底，2014 年 119 家证券公司全年实现营业收入 3 204. 35 亿元，同比增长 66. 81%；22 家上市券商共实现营业收入 1 578. 26 亿元，同比增长 77. 02%，占行业总收入比例为 49. 25%。其中，在大型券商中，中信证券（600030. SH，06030. HK）占比为 9. 11%，比 2013 年下降 1. 01 个百分点，海通证券（600837. SH，06837. HK）、申万宏源（000166. SZ）、广发证券（000776. SZ）和华泰证券（601688. SH）营业收入份额都有不同程度的下降（见表 6 – 11）。

表 6 – 11　各上市证券公司营业收入同比变动情况（2014 年）　单位:%

公司名称	2013 年	2014 年	同比
中信证券	10. 12	9. 11	– 1. 01
海通证券	6. 57	5. 61	– 0. 96
申万宏源	5. 15	4. 42	– 0. 73
广发证券	4. 5	4. 18	– 0. 32
华泰证券	4. 26	3. 76	– 0. 50
国信证券	3. 82	3. 68	– 0. 14
招商证券	6. 35	3. 43	– 2. 92
光大证券	2. 52	2. 06	– 0. 46
兴业证券	2. 16	1. 75	– 0. 41
方正证券	1. 95	1. 53	– 0. 42

续表

公司名称	2013 年	2014 年	同比
长江证券	1. 91	1. 42	-0. 49
西南证券	1. 25	1. 15	-0. 10
国元证券	1. 23	1. 09	-0. 14
东吴证券	1. 14	1. 01	-0. 13
东北证券	1. 11	0. 96	-0. 15
国金证券	1. 00	0. 85	-0. 15
国海证券	0. 97	0. 79	-0. 18
湘财证券	0. 43	0. 63	0. 20
山西证券	0. 83	0. 61	-0. 22
西部证券	0. 71	0. 60	-0. 11
太平洋证券	0. 31	0. 42	0. 11
联讯证券	0. 10	0. 17	0. 07
合计	57. 86	48. 45	-9. 41

资料来源：Wind 资讯，公司金融研究中心。

3. 净利润比较

2014 年，证券行业净利润实现大幅增长，2014 年全行业实现净利润 1 136. 71 亿元，同比增长 121. 51%；22 家上市证券公司实现净利润 608. 46 亿元，同比增长 119. 96%，上市证券公司净利润占行业净利润的比重仍然超过 50%。证券行业净利润的增幅超过营业收入增幅 5 个百分点，这也从一个侧面反映出中国证券行业的盈利效率有了一定幅度的提升。尽管上市证券公司数量仅占全行业公司数量的 16. 81%，但上市证券公司净利润占比达到 53. 52%，对整个证券行业有举足轻重的作用。中信证券（600030. SH，06030. HK）占比达 10. 43%，同比增加 0. 13 个百分点；光大证券（601788. SH）和申万宏源（000166. SZ）净利润占比同比实现较大的增长，分别增加 1. 33 个和 1. 22 个百分点（见表 6 -12）。

表 6 -12　　上市证券公司净利润同比变动情况（2014 年）　　单位:%

公司名称	2013 年	2014 年	同比
中信证券	10. 30	10. 43	0. 13
海通证券	8. 30	7. 14	-1. 16
广发证券	5. 46	4. 53	-0. 93
国信证券	4. 09	4. 35	0. 26
华泰证券	4. 40	3. 99	-0. 41
招商证券	4. 34	3. 42	-0. 92
申万宏源	3. 71	4. 92	1. 21
光大证券	0. 55	1. 88	1. 33

续表

公司名称	2013 年	2014 年	同比
兴业证券	1.52	1.71	0.19
方正证券	2.13	1.58	-0.55
长江证券	1.95	1.50	-0.45
国元证券	1.29	1.21	-0.08
西南证券	1.23	1.18	-0.05
东吴证券	0.75	0.99	0.24
东北证券	0.94	0.95	0.01
国金证券	0.61	0.74	0.13
湘财证券	0.25	0.70	0.45
国海证券	0.67	0.63	-0.04
西部证券	0.53	0.58	0.05
山西证券	0.48	0.52	0.04
太平洋证券	0.15	0.50	0.35
联讯证券	0.02	0.07	0.05
合计	53.40	52.75	-0.65

资料来源：Wind 资讯，公司金融研究中心。

6.4.2 上市证券公司与其他上市金融企业比较

2014 年，我国 A 股市场上市的金融企业共 44 家，包括 16 家银行，20 家证券公司，5 家保险公司和 3 家信托公司，2014 年全年上市公司总数为 2 613 家，上市金融企业公司数量占所有上市公司总数的 1.68%。2014 年股票二级市场总市值也创出了历史新高，总市值为 42.86 万亿元，上市金融企业的总市值为 12.48 万亿元，占所有上市公司总市值的 29.12%。从营业收入来看，44 家上市金融企业营业收入为 48 978.30 亿元，所有上市公司营业收入为 28 967.32 亿元，上市金融企业占所有上市公司营业收入的 16.91%。2014 年上市金融企业的净利润为 14 258.57 亿元，所有上市公司的净利润为 26 060 亿元，上市金融企业利润占比为 54.71%。[①]

本报告重点比较上市证券公司与其他金融企业在总市值、营业收入和净利润方面的变化趋势，以探讨上市证券公司在金融板块中的影响力。

1. 总市值比较

2014 年，金融板块总市值出现较大幅度的上升，但各类上市金融企业总市值变动程度各异。截至 2014 年底，股票二级市场总市值为 37.25 万亿元，同比增幅达 55.8%；2014 年金融板块的总市值为 163 147.57 亿元，同比增加 122.38%。其中，保险行业的总市值增幅较大，同比增加 504.01%，证券板块以 176.81% 的增幅位于第二位，2014

① 上市公司市值、营业收入、净利润数据来源于 Wind，占比根据数据计算。

年信托行业的总市值增幅为144.08%，银行板块的总市值增幅为46.77%（见表6-13）。

表6-13　各类上市金融企业总市值及同比变动情况（2007—2014年）　单位：亿元

年份	证券业	增幅（%）	银行业	增幅（%）	保险业	增幅（%）	信托业	增幅（%）
2008	2 760.06	-66.18	37 712.79	-60.42	8 080.66	-71.12	84.49	-61.52
2009	7 947.33	187.94	63 937.08	69.54	15 176.82	87.82	136.29	61.31
2010	7 447.21	-6.29	60 511.76	-5.36	12 282.73	-19.07	97.24	-28.65
2011	5 360.8	-28.02	58 391.17	-3.50	10 232.97	-16.69	97.46	0.23
2012	7 664.7	42.98	61 939.71	6.08	12 571.87	22.86	135.09	38.61
2013	7 470.07	-2.54	55 759.54	-9.98	9 972.80	-20.67	161.40	19.48
2014	20 678.15	176.81	81 838.28	46.77	60 237.19	504.01	393.95	144.08

注：总市值以每年最后一个交易日收盘价统计。

资料来源：Wind资讯，公司金融研究中心。

从总市值占比来看，与2013年相比，银行板块和保险板块的总市值占比变化较大，银行板块的总市值占比从2013年的76%降至2014年的50.16%，下降了25.84个百分点；保险板块的总市值占比从2013年的13.59%升至2014年的36.92%，上升了23.33个百分点（见图6-17）。

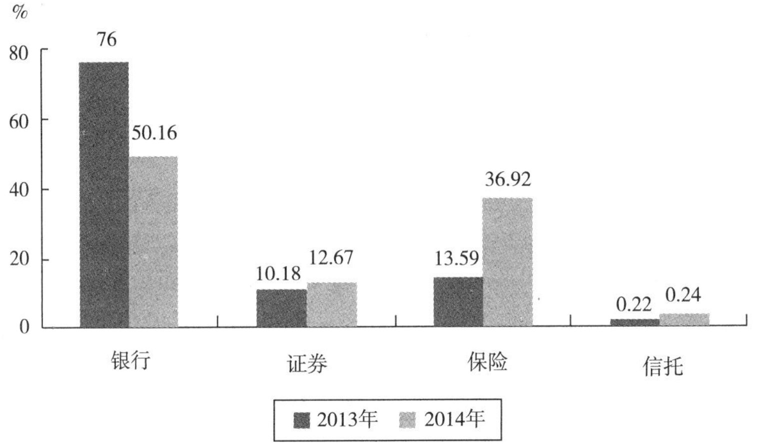

注：总市值以每年最后一个交易日收盘价统计。

资料来源：Wind资讯，公司金融研究中心。

图6-17　各类上市金融企业总市值占比变动情况（2013—2014年）

一个国家或地区的上市金融企业总市值占GDP的比值越高，意味着该类上市金融企业在该国或地区的经济体系中地位越重要。2014年银行业总市值与GDP比值有所提升，从2013年的9.46%上升至2014年的12.86%；2014年其比值与2007年相比下降了22.69个百分点，可以看出银行业一直是我国金融业的主体部分，但其影响力呈逐渐下降的趋势。与银行业相比，其他行业的总市值与GDP比值呈稳步上升的趋势。上升幅度最大的是保险行业，总市值与GDP比值从2013年的1.7%上升至2014年的9.46%，提高了7.76个百分点；证券行业和信托行业则提升幅度较小，2014年总市值与GDP的比值分别为3.25%和0.06%，分别提升了1.98个和0.03个百分点（见图6-18）。

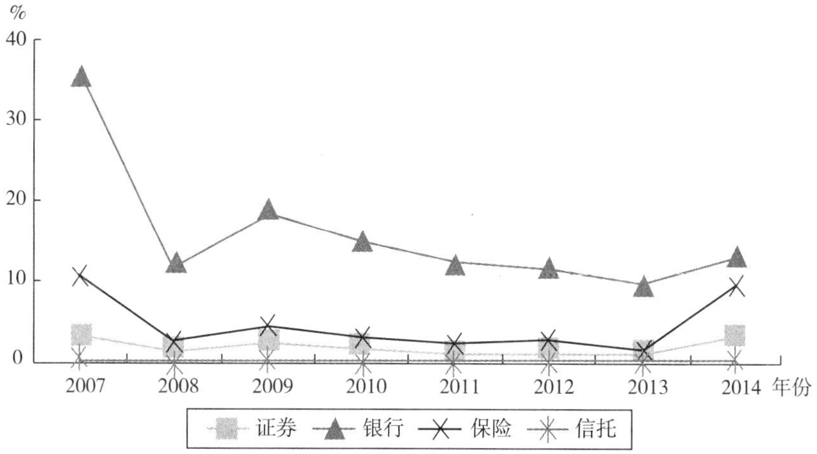

资料来源：Wind资讯，公司金融研究中心。

图6-18 各类上市金融企业总市值与GDP的比值情况（2007—2014年）

2. 营业收入比较

2014年上市金融企业的营业收入都呈增长趋势，但增长幅度差距较大。2014年，银行业的营业收入相较于2013年增长了14.56%，证券业增长了84.13%，是所有上市金融企业中增长最快的行业，相对于2013年的25.47%，提高了58.66%，增长幅度大幅提高。2014年，保险业的营业收入同比增长14.65%，相对于2013年11.63%的增长率提高了3.02个百分点。2014年信托行业的营业收入同比增长率仅为5.67%，相对于2013年的19.81%的增长率，下降了14.14个百分点，增长速度明显放缓（见表6-14）。

表6-14 各类上市金融企业营业收入以及同比变动情况（2010—2014年） 单位：亿元

年份	银行业	增幅（%）	证券业	增幅（%）	保险业	增幅（%）	信托业	增幅（%）
2010	18 106.53	52.59	911.13	37.31	7 206.76	21.15	68.71	72.84
2011	23 162.01	27.92	761.76	-16.39	9 020.96	25.17	80.65	17.38
2012	26 993.93	16.54	648.43	-14.88	9 936.14	10.14	61.31	-23.98
2013	30 276.68	12.16	813.58	25.47	11 091.60	11.63	73.46	19.81
2014	34 685.97	14.56	1 498.00	84.13	12 716.70	14.65	77.63	5.67

注：2010年的同比增幅是根据2009年的营业收入计算，2009年银行业营业收入为11 865.84亿元、信托业的营业收入为39.75亿元、证券业营业收入为663.55亿元、保险业营业收入为5 948.59亿元。

资料来源：Wind资讯，公司金融研究中心。

3. 净利润比较

2014年，各类A股上市金融企业净利润继续呈稳步上升趋势。上市金融企业全年实现净利润14 258.57亿元，同比增长11.89%，比2013年增长率降低3.36个百分点（见表6－15）。其中，上市证券公司和上市信托公司净利润实现较大幅度的增长，增长率为128.68%和42.25%，远高于上市银行的7.76%和上市保险公司的31.02%的增幅。上市证券公司2014年业绩的高增长主要得益于2014年下半年的牛市行情以及IPO的重启。

表6－15　各类上市金融企业净利润以及同比变动情况（2010—2014年）　单位：亿元

年份	证券业	增幅（%）	保险业	增幅（%）	银行业	增幅（%）	信托业	增幅（%）
2010	418.32	35.54	604.49	9.21	5 765.73	37.00	6.85	3363.52
2011	307.30	－26.54	522.75	－13.52	8 824.74	53.05	15.16	121.22
2012	218.41	－28.93	464.65	－11.11	10 355.68	17.35	17.45	15.12
2013	284.45	30.24	751.85	61.81	11 682.91	12.82	23.74	36.02
2014	650.47	128.68	985.08	31.02	12 589.25	7.76	33.77	42.25

注：2010年的净利润同比增幅是根据2009年的净利润计算，2009年银行业净利润为4 208.69亿元、信托业的营业收入为－0.21亿元、证券业营业收入为308.62亿元、保险业营业收入为553.49亿元。

资料来源：Wind资讯，公司金融研究中心。

2014年上市银行的净利润达到12 589.25亿元，同比增长7.76%，增长率比2013年回落5.06个百分点，在上市金融企业净利润中占有绝大部分市场份额，占比为88.29%；2014年，上市证券公司业绩改善，净利润为650.47亿元，同比增长128.68%，增长率上升98.44个百分点，占上市金融企业总利润的比从2013年的2.23%增长到2014年的4.56%，提升了2.33个百分点。2014年上市保险公司的净利润为985.08亿元，同比增长31.02%，增长率下降30.79个百分点，占上市金融企业净利润的6.91%。2014年上市信托公司的净利润为33.77亿元，相比2013年有较大幅度的增长，同比增长42.25%，但是相对于其他行业，上市信托公司的净利润占所有上市金融企业净利润的比例较小，仅占0.24%（见图6－19）。

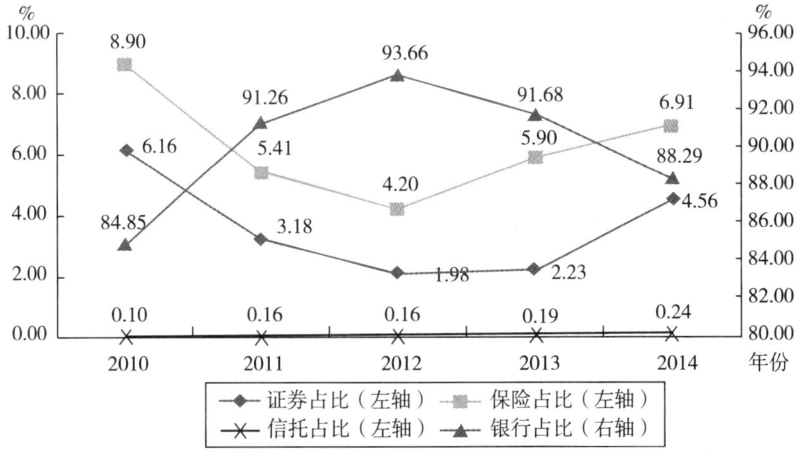

资料来源：Wind资讯，公司金融研究中心。

图6－19　各类上市金融企业净利润占比变动情况（2007—2014年）

参考文献

[1] Samuel L. Hayes Iii. Competition in the Investment Banking Industry [M]. Competition in the Investment Banking Industry. Harvard University Press, 1983.

[2] Asker J, Ljungqvist A. Sharing Underwriters with Rivals: Implications for Competition in Investment Banking [J]. Social Science Electronic Publishing, 2008.

[3] Clifton J, Diaz - Fuentes D, Revuelta J. Financing utilities: How the role of the European Investment Bank shifted from regional development to making markets [J]. Utilities Policy, 2014, 29 (2): 63 - 71.

[4] Chang C H, Chan K C. Investment banks' stock ratings, call warrant issuance, and responses from heterogeneous investors: Evidence from Taiwan [J]. International Review of Economics & Finance, 2011, 20: 733 - 743.

[5] Ellis K, Michaely R, Hara M. Competition in Investment Banking [J]. Social Science Electronic Publishing, 2006, (1): 28 - 46.

[6] Fiordelisi F, Girardone C, Radic N. Price Competition, Efficiency and Riskiness in Investment Banking [J]. Social Science Electronic Publishing, 2011.

[7] Janis Berzins, Crocker H. Liu, Charles Trzcinka. Asset management and investment banking [J]. Journal of Financial Economics, 2013 (110): 215 - 231.

[8] Jordan B D, Liu M H, Wu Q. Do Investment Banks Listen to Their Own Analysts? [J]. Social Science Electronic Publishing, 2009, 36 (5): 1452 - 1463.

[9] Mamatzakis E, Bermpei T. What drives investment bank performance? The role of risk, liquidity and fees prior to and during the crisis [J]. International Review of Financial Analysis, 2014, 35: 102 - 117.

[10] Norman T. FCA to probe competition in investment banking and asset management [J]. Money Marketing, 2014.

[11] Schiereck D, Sigl - Grub C, Unverhau J. Investment bank reputation and shareholder wealth effects in mergers and acquisitions [J]. Research in International Business & Finance, 2009, 23 (3): 257 - 273.

[12] 李扬，李雪松，李平，张平．经济蓝皮书：2015 年中国经济形势分析与预测［M］．社会科学文献出版社，2014.

[13] 张志前，谢平．投资蓝皮书：中国投资发展报告（2015）［M］．社会科学文献出版社，2015.

[14] 中国国际经济交流中心．中国经济分析与展望（2014—2015）［M］．社会科学文献出版社，2015.

[15] 孙国茂．释放资本市场改革的更大红利［N］．人民日报，2014 - 10 - 29.

[16] 孙国茂．中国股市与经济运行背离的原因分析［J］．理论学刊，2012，2：49 - 53.

[17] 孙国茂．发展股市必须把保护投资者利益放在首位［N］．证券时报，2012 - 03 - 16.

[18] 孙国茂．中国投资银行竞争力研究［J］．济南大学学报，2012，3：1 - 10.

[19] 孙国茂．公司价值理论与股票定价［J］．中央财经大学学报，2002，4：43 - 47.

[20] 巴曙松，杨如彦，刘孝红．证券公司融资渠道的比较研究［J］．当代财经，2003，2：50 - 55.

[21] 边晓磊，陈学彬．基于DEA方法的我国证券公司经营效率分析［J］．新金融，2009，4：50－55.

[22] 曹健．东北证券股份有限公司互联网金融发展战略研究［D］．吉林大学，2014.

[23] 陈倩仪，李青．创新类证券公司竞争力的综合评价与分析［J］．改革与战略，2009，1：97－100.

[24] 陈峥嵘，朱蕾．柜台市场培育和建设中的证券公司——基于证券公司市场组织功能的视角［J］．证券市场导报，2013，2：19－29.

[25] 陈共炎．内部控制与证券公司治理［J］．证券市场导报，2004，10：13－18.

[26] 程可胜．中国证券公司效率的实证分析［J］．华东经济管理，2009，8：82－87.

[27] 丁国荣．综合治理时期我国证券公司风险处置模式及其绩效研究［J］．当代经济科学，2009，1：96－101.

[28] 杜平．我国证券公司盈利模式的借鉴与创新［J］．经济问题探索，2008，10：149－154.

[29] 冯根福，丁国荣．中国证券公司内部治理影响公司经营效率的实证分析［J］．财经理论与实践，2011，1：30－36.

[30] 高洋．证券公司资产管理业务与中小企业融资［D］．广东财经大学，2014.

[31] 高戈．证券公司融资融券业务风险控制研究［D］．河南大学，2013.

[32] 甘洋．我国上市证券公司业务创新与竞争力的关系研究［D］．长春工业大学，2014.

[33] 何君光．再造我国证券公司经纪业务盈利模式［J］．经济纵横，2005，10：71－73.

[34] 何德旭，高伟凯，王轶强．中国证券公司考察报告［J］．经济学家，2003，2：103－111.

[35] 何天荣，余建军等．我国证券公司综合竞争力现状与提升策略研究［R］．中国证券，2014，11：2－14.

[36] 胡伏云，姚松涛．完善证券公司业务信息隔离机制问题探讨［J］．证券市场导报，2008，1：4－11.

[37] 封思贤．我国证券公司风险管理体系研究［J］．当代经济管理，2006，1：58－62.

[38] 冯根福，丁国荣．中国证券公司内部治理影响公司经营效率的实证分析［J］．财经理论与实践，2011，1：30－36.

[39] 顾功耘，倪受彬．证券公司市场退出和投资者利益保护［J］．探索与争鸣，2005，1：40－43.

[40] 黄运成，李畅．我国证券公司治理缺陷的根源及其出路［J］．证券市场导报，2004，10：10－13.

[41] 黄建欢，王良健．因特网、网点空间布局和区域因素影响证券公司效率的机理［J］．地理研究，2011，11：1983－1996.

[42] 黄泽勇．中国证券公司多元化经营的范围经济效应研究［J］．经济经纬，2012，6：145－149.

[43] 黄建欢，尹筑嘉．证券公司借壳上市：模式、成本和收益比较［J］．证券市场导报，2007，7：34－40.

[44] 黄晓坤．证券公司风险预警系统研究［D］．华南理工大学，2009.

[45] 黄宝德．GH证券公司业务结构优化研究［D］．广西大学，2013.

[46] 胡伏云，杨宗儒．证券公司合规管理体系的现状、问题和对策［J］．证券市场导报，2007，7：41－46.

[47] 吉娴．我国证券公司竞争力研究［D］．广东外语外贸大学，2006.

[48] 蒋健蓉，钱康宁等．证券公司核心竞争力及评价研究［R］．中国证券，2014，10：70－84.

[49] 姜鹏飞．基于DEA的我国上市证券公司效率研究［D］．南京理工大学，2014.

[50] 李淑清，龙成凤．我国证券公司风险处置问题探析［J］．证券市场导报，2006，11：46－51.

[51] 李文华．证券公司创新发展路径探析［J］．证券市场导报，2013，2：43－47.

[52] 李福祥，刘红转．创新背景下我国证券公司研究业务转型思考［J］．南方金融，2013，2：62－66.

[53] 林敏华. 信贷资产证券化、异质性投资者和金融风险 [J]. 中国管理科学, 2015, 6: 25 – 31.

[54] 刘增学, 王雅鹏, 张欣. 中国证券公司风险约束机制的建立 [J]. 金融研究, 2004, 12: 97 – 105.

[55] 刘鹤翚. 我国证券公司盈利模式创新研究 [J]. 财经问题研究, 2013, 2: 74 – 79.

[56] 刘国城, 许成安. 我国股票市场行情对证券公司经营回报的影响——来自深沪 A 股市场证券公司的经验数据 [J]. 财经问题研究, 2010, 12: 73 – 79.

[57] 刘敬富. 基于结构方程模型的证券公司竞争力影响因素研究 [D]. 济南大学, 2014.

[58] 卢大印, 何媛媛. 证券公司风险管理状况和对策 [J]. 科学学与科学技术管理, 2003, 11: 88 – 91.

[59] 鲁东. 中国证券业上市公司竞争力研究 [D]. 昆明理工大学, 2014.

[60] 马琳琳. 中国证券公司业务结构分析 [J]. 经济研究导刊, 2010, 4: 25 – 26.

[61] 梅芬. 试论新形势下我国证券公司盈利模式的转变和创新 [J]. 科技经济市场, 2015, 7: 43 – 44.

[62] 南风兰. 证券公司风险预测研究 [J]. 金融研究, 2007, 11: 83 – 92.

[63] 庞介民, 王庆仁. 新兴加转轨条件下中国证券公司的风险成因及监控 [J]. 经济研究, 2003, 12: 60 – 67.

[64] 沈维涛. 我国证券公司的风险与防范 [J]. 财贸经济, 2001, 9: 38 – 43.

[65] 谭显税. 我国证券公司竞争力研究 [J]. 南方经济, 2002, 10: 64 – 67.

[66] 谭元戎, 赵自强. 我国证券公司资本结构与绩效关系的实证研究 [J]. 经济问题探索, 2005, 10: 12 – 17.

[67] 唐宪. 我国证券公司风险控制机制的缺陷及对策——来自被风险处置证券公司的解析 [J]. 软科学, 2007, 2: 102 – 105.

[68] 吴晓求. 经济成长、金融结构变革与证券公司的未来发展 [J]. 财贸经济, 2012, 3: 5 – 12.

[69] 王学峰. 中国证券公司内部控制体系研究 [J]. 中央财经大学学报, 2007, 10: 38 – 42.

[70] 王聪, 宋慧英. 中国证券公司股权结构、市场结构与成本效率的实证研究 [J]. 金融研究, 2012, 5: 80 – 92.

[71] 王聪, 宋慧英. 市场结构、股权结构与证券公司成本效率——基于 PR 模型的静态、动态考察 [J]. 投资研究, 2011, 11: 93 – 107.

[72] 王兵, 熊美红, 朱宁. 中国证券公司全要素生产率研究——基于 MML 生产率指数的实证分析 [J]. 广东金融学院学报, 2011, 6: 93 – 107.

[73] 王益, 齐亮. 资本市场开放下证券公司竞争力的国际比较与中国的选择 [J]. 经济科学, 2003, 3: 70 – 82.

[74] 王晓芳, 王学伟. 基于因子分析的我国证券公司竞争力研究 [J]. 现代商贸工业, 2008, 1: 139 – 141.

[75] 王啸远. 我国券商风险管理问题及风险控制研究 [J]. 金融发展研究, 2014, 5: 72 – 76.

[76] 吴万华, 焦志常. 证券公司集合资产管理业务发展探讨 [J]. 证券市场导报, 2008, 11: 38 – 47.

[77] 毋贤祥, 罗祯. 公允价值会计对我国上市证券公司财务报表的影响 [J]. 中国注册会计师, 2011, 5: 82 – 86.

[78] 徐子民. 中国证券公司业务创新的发展与思考 [J]. 黑龙江社会科学, 2013, 3: 65 – 67.

[79] 徐佳娜. 从均衡发展视角看证券公司盈利模式转型 [J]. 北京邮电大学学报, 2010, 2: 76 – 83.

[80] 徐晓光, 冼俊城, 郑尊信. 中国证券业效率测度及分析 [J]. 经济与管理研究, 2014, 12: 61 – 69.

[81] 许锋. 中国证券公司经纪业务的研究——以 H 证券公司 H 营业部为例 [J]. 经济研究导刊, 2011,

24：78 – 82.

［82］许佳新．证券公司借壳上市问题研究［D］．西南财经大学，2014.

［83］徐倩雯．G 证券公司融资融券业务风险管理研究［D］．陕西师范大学，2013.

［84］王娟．我国上市证券公司竞争力研究［J］．中国市场，2014，37：55 – 57.

［85］杨斌．我国证券公司股权结构与绩效关系的实证研究［J］．当代经济科学，2008，4：105 – 109.

［86］易若冰．我国证券公司全面风险管理体系建设问题探讨［D］．西南财经大学，2013.

［87］赵旭峰，汪宽文，刘荣香．我国证券公司股权结构与公司绩效关系研究［J］．生产力研究，2009，10：155 – 157.

［88］曾煜，陈旦．资本市场开放下提高我国证券公司竞争力研究［J］．东岳论丛，2015，4：155 – 159.

［89］张琦．证券公司内部控制缺陷信息披露现状研究——基于我国上市证券公司的分析［J］．管理现代化，2014，2：102 – 104.

［90］张怡．证券公司自营绩效评价与分类监管规则的有效性［J］．证券市场导报，2008，1：12 – 18.

［91］张维．证券公司的治理结构与经营绩效分析［J］．南京审计学院学报，2007，4：41 – 45.

［92］张泽晓．我国证券公司全面风险管理研究［J］．中央财经大学学报，2006，8：34 – 39.

［93］张文琪．互联网金融视角下中国证券公司经纪业务战略转型研究［D］．北京交通大学，2014.

［94］张华．我国证券公司竞争力研究［D］．西安理工大学，2005.

［95］张叶．中国证券公司盈利模式转变研究［D］．苏州大学，2006.

［96］张超．我国证券公司风险管理控制研究［D］．武汉理工大学，2010.

［97］周双庆．证券公司经纪业务风险管理研究［D］．西南财经大学，2007.

［98］周小全，邓淑斌．我国证券公司业务转型路径之思考［J］．金融理论与实践，2012，11：151 – 155.

［99］周琼，袁闯，周晖．我国上市证券公司股价波动关联性研究［J］．证券市场导报，2013，2：37 – 42.

［100］周游．JH 证券公司内部控制制度研究［D］．吉林大学，2013.

［101］周翼峰．融资融券业务对证券公司影响及风险控制［D］．兰州大学，2014.

［102］朱南，刘一．中国证券公司生产效率的数据包络分析［J］．金融研究，2008，11：120 – 137.

［103］朱美兰．我国证券公司综合实力评价研究［D］．西北大学，2009.

［104］郑淘沙．证券公司盈利模式创新与选择研究［D］．山东大学，2013.

［105］赵伟．基于业务结构的我国证券公司风险研究［D］．西南财经大学，2013.

［106］赵杰．我国证券公司经营效率的实证研究［D］．山东大学，2013.

［107］赵旭峰，汪宽文，刘荣香．我国证券公司股权结构与公司绩效关系研究［J］．生产力研究，2009，10：155 – 157.

［108］中国证券业协会．中国证券业发展报告［R］．北京：中国财政经济出版社，2015，5.

［109］济南大学金融研究院，中国投资银行评价研究中心．中国投资银行竞争力研究报告［R］．北京：中国金融出版社，2014，8.

［110］济南大学公司金融研究中心，中国投资银行评价研究中心．中国投资银行竞争力研究报告［R］．北京：中国金融出版社，2013，7.

［111］济南大学公司金融研究中心，中国投资银行评价研究中心．中国投资银行竞争力研究报告［R］．北京：中国金融出版社，2012，9.

［112］长江证券．俏也不争春，只把春来报——2014 年年报和 2015 年一季报综述［R］．2015，5.

［113］长江证券．推进资本市场改革，券商创投齐收益［R］．2014，6.

［114］长江证券．点评证券经营机构参与新三板新规：新三板进入新阶段［R］．2014，12.

［115］东北证券．证券行业 2015 年年度投资策——牛市背景 + 杠杆率提升 + 行业创新的盛宴［R］.

2014，12.

［116］国泰君安证券．传统创新共舞，业务转型提速——上市券商2014年年报暨2015年第一季报点评［R］.2015，5.

［117］联讯证券．牛市背景下券商经营状况——证券行业2014年年报及2015年一季报综述［R］.2015，5.

［118］平安证券．业绩靓丽，政策助力和牛市行情推动各项业务——证券行业2014年年报及2015年一季报综述［R］.2015，5.

［119］平安证券．证券行业整体转型明显，资本中介业务表现抢眼——证券行业2014年年报前瞻［R］.2015，3.

［120］平安证券．杠杆提升促业绩，业务转型入佳境——2015年证券行业年度策略报告［R］.2014，12.

［121］申银万国．迎接资本市场大发展时期——2014年12月股市发展环境展望［R］.2014，11.

［122］申银万国．政策聚焦于提高金融体系效率——2015年1月股市发展环境展望［R］.2014，12.

［123］上海证券．2015年助力不断，创新业务助力增长——2015年证券行业展望［R］.2014，12.

［124］兴业证券．ROE进入加速上升通道——证券行业2015年投资策略［R］.2014，11.

［125］招商证券．做市制度将开启新三板的黄金时代——券商创新专题之四［R］.2014，8.

［126］中航证券．多层次资本市场建设再推进，多重利好券商——《柜台办法》和《报价系统》点评［R］.2014，8.

［127］中银国际．业绩持续增长，券商厚积薄发——上市券商2014年年报和2015年一季报综述［R］.2015，5.

附录1　第2章～第5章部分表格

表2-14　　证券公司新三板做市交易统计（2014年）

券商简称	做市股票（家数）	交易额（亿元）
天风证券	39	142.43
齐鲁证券	39	111.93
国泰君安	29	99.80
广州证券	28	80.12
上海证券	27	57.90
中信证券	27	108.49
东方证券	22	61.11
申万宏源	21	77.17
国信证券	20	67.69
兴业证券	19	58.89
世纪证券	18	65.24
中山证券	16	60.25
东吴证券	15	38.83
长江证券	12	31.29
海通证券	12	33.13
东莞证券	11	18.53
华融证券	11	52.76
东海证券	11	19.22
光大证券	10	50.90
万联证券	10	19.90
中原证券	10	17.76
山西证券	10	21.20
华安证券	9	13.47
招商证券	8	28.53
华泰证券	8	32.53
恒泰证券	8	33.12
国都证券	7	21.37
东兴证券	7	29.81
广发证券	6	14.38
华福证券	6	8.53
金元证券	6	16.80

续表

券商简称	做市股票（家数）	交易额（亿元）
中信建投	6	8.75
中投证券	6	19.56
西部证券	6	13.23
中银国际	6	21.57
西南证券	6	16.92
安信证券	5	10.46
太平洋证券	5	14.00
财富证券	5	8.89
南京证券	5	9.58
华鑫证券	5	11.68
银河证券	5	17.63
长城证券	4	33.67
财达证券	3	6.30
首创证券	3	5.86
浙商证券	3	9.13
中金公司	3	4.64
东北证券	2	2.87
国金证券	2	7.71
国海证券	2	3.83
江海证券	2	5.23
信达证券	2	13.56
华龙证券	2	9.30
新时代证券	2	3.43
方正证券	1	0.72
平安证券	1	7.89
九州证券	1	4.99
国联证券	1	2.65
红塔证券	1	4.58
华创证券	1	2.67
日信证券	1	3.79
爱建证券	1	1.17

资料来源：Wind资讯，公司金融研究中心。

表 3－2　　证券公司业务分类一览表

序号	公司名称	全牌照	经纪业务	承销业务	资产管理业务
1	申万宏源	Y			
2	东北证券	Y			
3	国元证券	Y			
4	中信证券	Y			
5	西南证券	Y			
6	国开证券	Y			
7	国都证券	Y			
8	湘财证券	Y			
9	民生证券	Y			
10	中金公司	Y			
11	国泰君安	Y			
12	南京证券	Y			
13	广发证券	Y			
14	平安证券	Y			
15	爱建证券	Y			
16	上海证券	Y			
17	民族证券	Y			
18	华西证券	Y			
19	华鑫证券	Y			
20	兴业证券	Y			
21	长城证券	Y			
22	世纪证券	Y			
23	华安证券	Y			
24	国盛证券	Y			
25	大通证券	Y			
26	西部证券	Y			
27	招商证券	Y			
28	第一创业	Y			
29	华龙证券	Y			
30	广州证券	Y			
31	红塔证券	Y			
32	海通证券	Y			
33	中原证券	Y			
34	中银国际	Y			
35	长城国瑞		Y		
36	东莞证券	Y			
37	国金证券	Y			
38	东方证券	Y			
39	德邦证券	Y			
40	华林证券	Y			

续表

序号	公司名称	全牌照	经纪业务	承销业务	资产管理业务
41	中信证券（山东）		Y		
42	东海证券	Y			
43	财富证券	Y			
44	中山证券	Y			
45	新时代证券	Y			
46	中天证券	Y			
47	万联证券	Y			
48	齐鲁证券	Y			
49	财通证券	Y			
50	光大证券	Y			
51	首创证券	Y			
52	中信建投	Y			
53	银河证券	Y			
54	国信证券	Y			
55	北京高华		Y		
56	华泰证券	Y			
57	长江证券	Y			
58	渤海证券	Y			
59	浙商证券	Y			
60	安信证券	Y			
61	日信证券	Y			
62	瑞银证券	Y			
63	高盛高华			Y	
64	太平洋证券	Y			
65	信达证券	Y			
66	英大证券	Y			
67	金元证券	Y			
68	长江保荐			Y	
69	海际证券			Y	
70	华福证券	Y			
71	华创证券	Y			
72	国联证券	Y			
73	山西证券	Y			
74	大同证券		Y		
75	宏信证券	Y			
76	川财证券	Y			
77	东兴证券	Y			
78	华融证券	Y			
79	九州证券		Y		
80	众成证券		Y		
81	恒泰证券	Y			
82	万和证券		Y		

续表

序号	公司名称	全牌照	经纪业务	承销业务	资产管理业务
83	东吴证券	Y			
84	瑞信方正			Y	
85	银泰证券	Y			
86	国海证券	Y			
87	江海证券	Y			
88	华宝证券		Y		
89	中德证券			Y	
90	华泰联合			Y	
91	诚浩证券		Y		
92	华信证券	Y			
93	恒泰长财			Y	
94	中邮证券	Y			
95	联讯证券	Y			
96	财达证券	Y			
97	航天证券	Y			
98	中航证券	Y			
99	西藏同信	Y			
100	方正证券	Y			
101	开源证券	Y			
102	五矿证券	Y			
103	中投证券	Y			
104	中信证券（浙江）		Y		
105	天风证券	Y			
106	华英证券			Y	
107	金通证券		Y		
108	摩根士丹利华鑫			Y	
109	一创摩根			Y	
110	东方花旗			Y	
111	上海东方资产管理				Y
112	上海光大资产管理				Y
113	国泰君安资产管理				Y
114	上海海通资产管理				Y
115	浙江浙商资产管理				Y
116	广发证券资产管理				Y
117	齐鲁证券资产管理				Y
118	兴证证券资产管理				Y
119	银河金汇资产管理				Y

注：2014 年 119 家证券公司中有 5 家证券公司改名，分别为：厦门证券更名为长城国瑞证券，海际大和更名为海际证券，财富里昂证券更名为华信证券，天源证券更名为九州证券，航天证券更名为华金证券。此外，2014 年新成立了 4 家资产管理公司和 1 家证券公司，分别为：广发证券资产管理（广东）有限公司，齐鲁证券（上海）资产管理有限公司，兴证证券资产管理和银河金汇证券资产管理有限公司和金通证券（中信证券全资子公司）。

表 3－3 证券公司分类评级一览表（2015 年）

公司名称	分类评级	公司名称	分类评级
北京高华	AA	华安证券	A
长江证券	AA	华福证券	A
大通证券	AA	华林证券	A
东方证券	AA	华龙证券	A
东莞证券	AA	华西证券	A
东兴证券	AA	华鑫证券	A
广发证券	AA	金元证券	A
国金证券	AA	瑞银证券	A
国开证券	AA	山西证券	A
国泰君安	AA	太平洋证券	A
国信证券	AA	万联证券	A
国元证券	AA	西部证券	A
海通证券	AA	湘财证券	A
华融证券	AA	英大证券	A
华泰证券	AA	浙商证券	A
齐鲁证券	AA	中原证券	A
申万宏源	AA	爱建证券	BBB
西南证券	AA	长城国瑞	BBB
信达证券	AA	长城证券	BBB
兴业证券	AA	诚浩证券	BBB
银河证券	AA	第一创业	BBB
招商证券	AA	华创证券	BBB
中金公司	AA	华金证券	BBB
中投证券	AA	江海证券	BBB
中信建投	AA	开源证券	BBB
中信证券	AA	南京证券	BBB
中银国际	AA	日信证券	BBB
安信证券	A	世纪证券	BBB
渤海证券	A	首创证券	BBB
财达证券	A	天风证券	BBB
财富证券	A	万和证券	BBB
财通证券	A	西藏同信	BBB
川财证券	A	新时代证券	BBB
大同证券	A	中航证券	BBB
德邦证券	A	中山证券	BBB
东北证券	A	中天证券	BBB

续表

公司名称	分类评级	公司名称	分类评级
东海证券	A	中邮证券	BBB
东吴证券	A	众成证券	BBB
方正证券	A	华宝证券	BB
光大证券	A	华信证券	BB
广州证券	A	九州证券	BB
国都证券	A	联讯证券	BB
国海证券	A	民生证券	BB
国联证券	A	五矿证券	BB
国盛证券	A	银泰证券	BB
恒泰证券	A	平安证券	B
红塔证券	A	民族证券	CCC
宏信证券	A		

注：在119家公司中，有24家公司按规定与其母公司合并评价，分别为：高盛高华（母公司北京高华）、长江保荐（母公司长江证券）、第一创业摩根大通证券（母公司第一创业证券）、上海东方证券资产管理、东方花旗证券（母公司东方证券）、瑞信方正（母公司方正证券）、上海光大证券资产管理（母公司光大证券）、广发证券资产管理（广东）（母公司广发证券）、华英证券（母公司国联证券）、上海国泰君安证券资产管理、上海证券、海际证券（母公司国泰君安证券）、上海海通证券资产管理（母公司海通证券）、恒泰长财（母公司恒泰证券）、华泰联合（母公司华泰证券）、摩根士丹利华鑫证券（母公司华鑫证券）、齐鲁证券（上海）资产管理（母公司齐鲁证券）、中德证券（母公司山西证券）、兴证证券资产管理（母公司兴业证券）、银河金汇证券资产管理（母公司银河证券）、浙江浙商证券资产管理（母公司浙商证券）、中信证券（山东）、中信证券（浙江）、金通证券（母公司中信证券）。

表4－1　　证券公司融资融券余额统计（2014年）　　单位：亿元

券商简称	期末融资融券余额	期末融资余额	期末融券余额
华泰证券	654.83	644.07	10.76
国泰君安	644.12	632.16	11.95
广发证券	643.56	636.58	6.98
银河证券	602.67	598.75	3.92
招商证券	578.25	568.08	10.17
海通证券	571.70	568.48	3.21
国信证券	498.42	492.17	6.25
中信证券	487.80	486.78	1.02
申万宏源	441.34	439.53	1.81
光大证券	374.81	373.53	1.29
中信建投	320.98	318.19	2.78
安信证券	269.53	267.41	2.12
齐鲁证券	242.82	240.56	2.25
中投证券	221.24	220.04	1.20
长江证券	195.06	192.20	2.86
方正证券	192.72	191.38	1.34

续表

券商简称	期末融资融券余额	期末融资余额	期末融券余额
中信证券（浙江）	160.65	160.64	0.00
兴业证券	138.12	137.80	0.31
平安证券	105.28	104.59	0.69
东方证券	97.71	97.30	0.42
国元证券	96.89	95.89	1.00
华西证券	93.91	93.78	0.13
东兴证券	92.69	91.90	0.79
财通证券	91.97	91.93	0.04
中银国际	87.71	87.71	0.00
浙商证券	85.89	85.59	0.30
民族证券	85.03	84.93	0.10
西南证券	83.98	83.54	0.44
长城证券	80.58	79.74	0.83
东吴证券	79.46	78.99	0.47
东北证券	76.04	75.67	0.37
中原证券	74.07	73.37	0.71
中信证券（山东）	72.57	72.50	0.07
国海证券	70.35	70.07	0.27
信达证券	68.73	68.28	0.46
华福证券	67.75	67.75	0.00
上海证券	63.20	63.08	0.11
国金证券	53.16	52.75	0.41
南京证券	52.40	52.06	0.34
山西证券	51.85	51.64	0.20
恒泰证券	50.68	50.24	0.43
湘财证券	50.31	50.30	0.01
国都证券	49.73	49.49	0.24
东莞证券	48.86	48.86	0.00
华安证券	48.50	48.40	0.10
西部证券	44.42	44.25	0.17
国联证券	37.98	37.36	0.62
新时代证券	37.84	37.84	0.00
华融证券	37.34	37.11	0.23
第一创业	36.88	36.58	0.30
渤海证券	36.34	36.27	0.08
东海证券	36.34	36.28	0.06
财富证券	33.86	33.85	0.01
广州证券	32.53	32.23	0.30
江海证券	32.53	32.51	0.02

续表

券商简称	期末融资融券余额	期末融资余额	期末融券余额
民生证券	32.34	32.34	0.01
万联证券	31.54	31.54	0.01
中金公司	30.93	30.92	0.00
金元证券	28.62	28.53	0.09
财达证券	27.38	27.27	0.11
大通证券	26.28	26.18	0.11
中航证券	26.23	26.23	0.00
红塔证券	22.66	22.66	0.00
太平洋证券	22.55	22.50	0.06
华龙证券	22.10	22.10	0.00
中山证券	22.09	22.09	0.00
华鑫证券	19.89	19.75	0.13
华林证券	17.33	17.33	0.00
国盛证券	16.89	16.89	0.00
华创证券	15.68	15.53	0.14
首创证券	15.54	15.29	0.25
宏信证券	14.52	14.52	0.00
英大证券	14.10	14.10	0.00
天风证券	13.50	13.47	0.03
华宝证券	13.30	13.21	0.09
银泰证券	12.35	12.35	0.00
世纪证券	10.59	10.59	0.00
德邦证券	10.44	10.27	0.17
大同证券	9.81	9.81	0.00
联讯证券	9.71	9.71	0.00
国开证券	8.39	8.39	0.00
西藏同信	8.27	8.21	0.06
中天证券	7.09	7.09	0.00
中邮证券	5.92	5.92	0.00
开源证券	5.50	5.50	0.00
爱建证券	4.47	4.47	0.00
日信证券	4.22	4.22	0.00
五矿证券	3.70	3.70	0.00
川财证券	1.00	1.00	0.00
华金证券	0.22	0.22	0.00

资料来源：Wind 资讯，公司金融研究中心。

表4-2　　证券公司交易量及经纪业务收入排名（2014年）

公司简称	交易量排名	交易量（亿元）	经纪业务收入排名	经纪业务收入（万元）
国泰君安	1	180 206.21	2	678 202.45
中信证券	2	166 667.00	1	883 377.33
申万宏源	3	165 469.81	3	619 904.10
华泰证券	4	149 249.24	8	499 572.65
海通证券	5	137 130.48	6	514 722.64
国信证券	6	132 531.66	4	562 667.81
中信建投	7	125 839.43	10	357 599.51
银河证券	8	120 072.92	5	535 999.93
广发证券	9	106 343.81	7	505 345.64
招商证券	10	106 278.75	9	436 279.71
光大证券	11	60 254.72	12	306 426.17
安信证券	12	58 759.93	13	271 289.39
长江证券	13	49 887.13	16	206 611.12
平安证券	14	49 534.34	22	120 990.24
东方证券	15	47 513.27	20	142 277.49
中金公司	16	47 012.93	21	130 410.25
兴业证券	17	44 663.86	19	153 920.76
中投证券	18	42 271.02	14	258 769.57
齐鲁证券	19	41 798.77	11	332 637.95
方正证券	20	35 519.42	15	239 968.51
中信证券（浙江）	21	33 806.88	18	161 099.13
中银国际	22	27 166.54	35	92 683.44
国金证券	23	24 979.68	31	101 805.84
广州证券	24	23 519.15	51	56 410.71
西南证券	25	23 156.04	40	80 507.45
财通证券	26	21 532.03	36	90 138.72
东吴证券	27	21 472.6	26	104 792.87
长城证券	28	20 621.4	42	78 970.66
东兴证券	29	20 127.96	27	104 299.88
国元证券	30	20 019.65	24	113 440.78
华西证券	31	19 826.53	17	185 973.97
湘财证券	32	19 621.34	44	75 683.3
浙商证券	33	19 235.36	30	101 989.51
渤海证券	34	18 663.35	50	60 664.75
上海证券	35	18 178.32	43	76 481.87
东北证券	36	15 950.63	25	105 219.74

续表

公司简称	交易量排名	交易量（亿元）	经纪业务收入排名	经纪业务收入（万元）
信达证券	37	15 220.87	28	103 334.32
国联证券	38	14 492.06	49	62 651.37
华福证券	39	14 078.36	48	65 589.14
第一创业	40	13 921.1	75	28 722.74
国海证券	41	13 883.08	23	114 052.03
民生证券	42	13 760.71	47	67 665.99
东海证券	43	13 115.46	39	80 974.89
中信证券（山东）	44	12 818.66	37	86 887.7
东莞证券	45	12 480.13	33	95 943.58
华创证券	46	11 585.26	54	48 213.08
财达证券	47	11 285.14	29	102 548.87
华安证券	48	11 107.19	32	100 611.16
英大证券	49	11 072.00	72	30 064.81
恒泰证券	50	10 991.35	46	73 146.76
南京证券	51	10 938.06	45	75 152.47
新时代证券	52	10 798.47	52	56 119.28
中原证券	53	10 677.27	41	79 486.33
国都证券	54	10 399.12	58	42 772.1
大通证券	55	9 496.19	68	32 760.69
西部证券	56	9 289.36	34	95 118.76
山西证券	57	9 097.09	38	86 537.22
华鑫证券	58	8 736.51	55	46 334.55
华融证券	59	8 704.06	61	40 151.22
中航证券	60	8 115.67	56	44 347.63
首创证券	61	7 925.26	77	24 230.65
国盛证券	62	7 807.97	60	42 018.18
北京高华	63	7 785.48	85	13 107.4
万联证券	64	7 303.34	59	42 108.5
世纪证券	65	7 167.14	74	28 948.15
红塔证券	66	6 882.50	73	29 739.03
金元证券	67	6 790.02	70	31 588.63
中山证券	68	6 777.92	65	35 812.73
华龙证券	69	6 681.93	53	55 380.36
江海证券	70	6 622.35	57	42 905.35
财富证券	71	6 123.95	62	39 794.91
西藏同信	72	5 791.32	79	21 155.73

续表

公司简称	交易量排名	交易量（亿元）	经纪业务收入排名	经纪业务收入（万元）
华宝证券	73	5 335.23	86	12 122.51
华林证券	74	5 154.52	67	32 922.83
太平洋证券	75	4 804.81	63	37 994.19
宏信证券	76	4 603.04	64	36 834.66
德邦证券	77	4 497.12	76	24 251.78
联讯证券	78	4 481.89	71	30 313.66
瑞银证券	79	4 441.90	69	32 554.09
中天证券	80	3 677.23	80	21 148.54
天风证券	81	3 531.66	78	22 418.92
大同证券	82	3 304.28	66	33 557.65
银泰证券	83	3 226.06	82	15 887
爱建证券	84	3 061.38	84	15 110.87
长城国瑞	85	2 734.26	83	15 288.6
五矿证券	86	2 696.05	94	6 928.28
开源证券	87	2 298.49	90	10 556.23
国开证券	88	2 012.80	88	10 692.85
川财证券	89	1 901.95	87	11 828.94
九州证券	90	1 721.77	89	10 571.39
日信证券	91	1 559.98	81	18 901.25
华金证券	92	1 390.41	96	3 009.27
万和证券	93	1 334.89	91	7 912.76
中邮证券	94	1 064.39	93	7 133.32
众成证券	95	855.73	92	7 879.06
诚浩证券	96	616.87	95	5 226.43
华信证券	97	339.17	97	1 307.57

注：1. 方正证券收购民族证券，民族证券成为方正证券全资子公司，2014 年成交量与经纪业务收入数据缺失；2014 年 1 月，恒泰长财证券与母公司恒泰证券进行业务整合，整合之后，恒泰长财证券成为专门从事投行业务的证券公司；2014 年 8 月，财富里昂证券股权挂牌转让，由一家中外合资券商变为民营合资公司，更名为上海华信证券；申银万国与宏源证券合并为申万宏源集团。

2. 上述97 家证券公司中，一共有5 家证券公司改名，分别为：厦门证券更名为长城国瑞证券，天源证券更名为九州证券，航天证券改名华金证券，财富里昂改名华信证券，海际大和更名为海际证券。

3. 表中交易量为股票、权证、基金及债券的交易量总和，经纪业务收入为代理买卖证券业务净收入。

资料来源：Wind 资讯，公司金融研究中心。

表 4－3　　证券公司部均交易量及部均经纪业务收入排名（2014 年）

公司简称	部均交易量排名	部均交易量（亿元）	部均经纪业务收入排名	部均经纪业务收入（万元）
北京高华	1	2 595.16	4	4 369.13
中金公司	2	2 350.65	2	6 520.51
中信证券	3	1 893.94	1	10 038.38
平安证券	4	1 125.78	8	2 749.78
国信证券	5	981.72	5	4 167.91
国泰君安	6	776.75	6	2 923.29
瑞银证券	7	740.32	3	5 425.68
国金证券	8	693.88	7	2 827.94
英大证券	9	692.00	21	1 879.05
招商证券	10	656.04	9	2 693.08
兴业证券	11	638.06	12	2 198.87
中信建投	12	629.20	24	1 788.00
华泰证券	13	627.10	13	2 099.04
申万宏源	14	535.50	16	2 006.16
中信证券（浙江）	15	520.11	11	2 478.45
海通证券	16	506.02	19	1 899.35
中银国际	17	503.08	26	1 716.36
东方证券	18	489.83	33	1 466.78
第一创业	19	464.04	64	957.42
广州证券	20	452.29	55	1 084.82
广发证券	21	427.08	14	2 029.50
光大证券	22	399.04	15	2 029.31
华宝证券	23	381.09	74	865.89
湘财证券	24	370.21	36	1 427.99
渤海证券	25	365.95	46	1 189.50
银河证券	26	363.86	28	1 624.24
中山证券	27	356.73	20	1 884.88
长江证券	28	351.32	35	1 455.01
华金证券	29	347.60	83	752.32
东兴证券	30	347.03	23	1 798.27
华信证券	31	339.17	40	1 307.57
上海证券	32	324.61	37	1 365.75
安信证券	33	317.62	34	1 466.43
川财证券	34	316.99	17	1 971.49
民生证券	35	312.74	30	1 537.86

续表

公司简称	部均交易量排名	部均交易量（亿元）	部均经纪业务收入排名	部均经纪业务收入（万元）
华林证券	36	303.21	18	1 936.64
中投证券	37	301.94	22	1 848.35
华创证券	38	275.84	48	1 147.93
华西证券	39	275.37	10	2 582.97
国联证券	40	263.49	50	1 139.12
财通证券	41	262.59	52	1 099.25
国开证券	42	251.60	38	1 336.61
方正证券	43	232.15	29	1 568.42
东莞证券	44	231.11	25	1 776.73
中信证券（山东）	45	224.89	31	1 524.35
首创证券	46	220.15	88	673.07
国元证券	47	217.60	45	1 233.05
世纪证券	48	217.19	72	877.22
东吴证券	49	216.89	56	1 058.51
大通证券	50	215.82	85	744.56
德邦证券	51	214.15	47	1 154.85
西南证券	52	212.44	86	738.60
东海证券	53	211.54	41	1 306.05
华福证券	54	210.12	62	978.94
西藏同信	55	206.83	82	755.56
浙商证券	56	206.83	53	1 096.66
长城证券	57	204.17	79	781.89
国海证券	58	201.20	27	1 652.93
新时代证券	59	196.34	58	1 020.35
国都证券	60	192.58	78	792.08
爱建证券	61	191.34	66	944.43
红塔证券	62	191.18	77	826.08
信达证券	63	187.91	43	1 275.73
东北证券	64	187.65	44	1 237.88
齐鲁证券	65	186.60	32	1 484.99
金元证券	66	183.51	75	853.75
恒泰证券	67	171.74	49	1 142.92
万和证券	68	166.86	60	989.10
华鑫证券	69	164.84	73	874.24

续表

公司简称	部均交易量排名	部均交易量（亿元）	部均经纪业务收入排名	部均经纪业务收入（万元）
中航证券	70	162.31	71	886.95
万联证券	71	162.30	67	935.74
财富证券	72	161.16	57	1 047.23
华融证券	73	158.26	87	730.02
华龙证券	74	155.39	42	1 287.92
江海证券	75	154.01	59	997.80
中原证券	76	146.26	54	1 088.85
南京证券	77	143.92	61	988.85
长城国瑞	78	136.71	81	764.43
中邮证券	79	133.05	69	891.67
联讯证券	80	131.82	70	891.58
天风证券	81	130.80	76	830.33
西部证券	82	129.02	39	1 321.09
银泰证券	83	119.48	91	588.41
山西证券	84	116.63	51	1 109.45
中天证券	85	111.43	89	640.86
华安证券	86	106.80	63	967.42
财达证券	87	104.49	65	949.53
开源证券	88	104.48	94	479.83
九州证券	89	101.28	90	621.85
宏信证券	90	95.90	80	767.39
太平洋证券	91	94.21	84	744.98
大同证券	92	91.79	68	932.16
五矿证券	93	84.25	96	216.51
众成证券	94	57.05	93	525.27
诚浩证券	95	56.08	95	475.13
日信证券	96	45.88	92	555.92
国盛证券	97	40.04	97	215.48

注：民族证券交易量数据缺失，不参与排名。

资料来源：Wind 资讯，公司金融研究中心。

表4-4　　　证券公司承销业务排名（2014年）　　　单位：万元

券商简称	承销家数排名	承销家数	承销金额排名	承销金额	承销业务收入排名	承销业务收入
中信证券	1	296	1	38 035 145.17	1	347 203.97
中信建投	2	174	3	17 847 703.64	4	173 520.25
国泰君安	3	160	4	15 799 204.89	7	151 464.27
国开证券	4	132	2	18 954 476.43	17	53 022.61
国信证券	5	117	9	9 679 993.39	6	152 297.27
广发证券	6	103	5	12 770 842.72	3	174 230.69
招商证券	7	99	10	9 616 085.86	8	135 700.98
海通证券	8	83	8	9 817 508.38	5	161 744.55
银河证券	9	78	7	11 002 838.70	11	104 417.22
华泰联合	10	53	11	7 040 323.79	12	102 388.34
兴业证券	10	53	20	3 034 520.49	16	55 230.14
西南证券	12	52	12	7 010 085.05	13	96 859.30
齐鲁证券	13	51	22	2 767 043.50	18	49 345.96
长城证券	14	50	31	2 005 959.66	26	38 353.59
中银国际	15	37	13	4 907 057.61	33	28 140.79
一创摩根	15	37	23	2 727 037.03	48	16 640.64
华泰证券	17	34	21	2 773 253.33	9	118 035.86
摩根士丹利华鑫	18	30	15	4 178 950.00	28	34 643.38
平安证券	18	30	16	3 600 000.00	22	43 582.44
东方花旗	18	30	18	3 099 941.64	27	37 204.38
华融证券	18	30	26	2 389 578.03	23	43 460.92
东吴证券	18	30	28	2 290 283.68	20	46 839.35
国海证券	18	30	38	1 547 390.63	31	29 189.33
西部证券	24	28	46	1 009 987.00	41	20 108.54
太平洋证券	25	27	55	639 135.00	64	10 177.60
浙商证券	26	26	37	1 547 493.61	37	22 944.23
恒泰证券	26	26	61	560 500.00	60	11 068.36
中德证券	28	25	24	2 720 501.32	34	26 019.67
长江证券	28	25	35	1 652 000.00	25	38 683.63
国金证券	28	25	36	1 640 103.73	21	46 052.27
申万宏源	31	24	17	3 541 908.91	10	110 969.36
广州证券	31	24	32	1 894 603.43	55	13 982.91
瑞银证券	33	23	14	4 426 915.02	32	29 137.26
信达证券	33	23	25	2 657 120.52	24	41 287.24
安信证券	35	22	19	3 080 339.84	15	57 451.96

续表

券商简称	承销家数排名	承销家数	承销金额排名	承销金额	承销业务收入排名	承销业务收入
光大证券	35	22	30	2 037 015. 38	35	24 968. 85
华英证券	37	21	43	1 201 978. 85	51	15 438. 01
中山证券	37	21	64	493 000. 00	59	11 866. 70
新时代证券	39	20	33	1 887 407. 29	30	29 697. 20
东兴证券	39	20	41	1 227 140. 00	38	22 787. 29
渤海证券	39	20	42	1 219 447. 60	56	13 572. 68
民族证券	42	19	44	1 141 015. 64	67	9 646. 60
中投证券	43	18	40	1 398 497. 50	54	14 471. 48
民生证券	43	18	48	970 549. 52	29	30 079. 91
华林证券	45	17	39	1 417 129. 21	40	21 699. 59
东北证券	45	17	51	862 786. 00	39	22 774. 66
中金公司	47	15	6	11 301 967. 45	2	189 275. 82
天风证券	47	15	45	1 013 800. 00	47	18 000. 26
国元证券	47	15	60	564 345. 06	36	23 955. 63
东莞证券	47	15	67	310 900. 00	53	14 971. 12
东海证券	51	14	59	574 833. 02	14	67 664. 80
华创证券	51	14	63	533 460. 91	57	13 490. 68
中原证券	53	13	62	543 552. 60	66	10 075. 80
瑞信方正	54	12	29	2 274 116. 67	63	10 209. 98
中航证券	54	12	49	968 538. 10	50	15 828. 25
江海证券	54	12	56	603 000. 00	61	11 044. 98
德邦证券	57	11	50	919 844. 46	42	19 805. 08
华西证券	57	11	53	678 115. 00	46	18 137. 66
长江保荐	59	10	34	1 747 884. 05	43	18 970. 26
华龙证券	59	10	47	998 988. 75	45	18 685. 34
英大证券	61	9	57	600 846. 67	80	1 611. 06
高盛高华	62	8	27	2 303 699. 87	52	15 292. 03
财富证券	62	8	54	656 000. 00	70	8 199. 51
湘财证券	62	8	58	582 831. 80	69	8 697. 29
南京证券	62	8	76	157 300. 00	62	10 262. 29
日信证券	66	7	52	730 000. 00	74	5 918. 24
国联证券	67	6	70	290 000. 00	49	15 886. 19
金元证券	67	6	72	254 719. 88	68	8 940. 43
华福证券	67	6	75	175 500. 00	77	3 530. 02
万联证券	70	5	66	318 573. 64	73	6 162. 34

续表

券商简称	承销家数排名	承销家数	承销金额排名	承销金额	承销业务收入排名	承销业务收入
国都证券	70	5	74	192 598.59	58	12 027.17
大通证券	70	5	78	114 000.00	72	7 079.28
国盛证券	73	4	65	337 666.67	76	4 099.09
首创证券	73	4	69	292 000.00	75	4 305.27
海际证券	73	4	71	272 569.51	71	8 192.43
上海证券	76	3	73	250 000.00	65	10 148.15
爱建证券	76	3	77	138 000.00	81	1 531.50
华安证券	78	2	79	110 000.00	82	1 307.95
红塔证券	78	2	81	21 600.00	79	2 180.00
方正证券	80	1	68	300 000.00	44	18 834.55
财达证券	80	1	80	30 000.00	78	3 528.97
第一创业	80	1	82	20 000.00	19	48 394.52

注：1. 华鑫证券、世纪证券、中天证券、山西证券、华金证券、西藏同信、开源证券、五矿证券和东方证券承销家数和承销金额数据缺失，财通证券承销业务收入数据缺失，不参与排名。

2. 申万宏源证券承销业务净收入采用合并后的数据。

资料来源：Wind资讯，公司金融研究中心。

表4-11　　证券公司集合理财产品业务统计（2014年）　　单位：亿元

公司名称	产品数量排名	产品数量	份额排名	份额合计（亿份）	资产净值排名	资产净值
华泰证券	7	40	1	510.18	1	569.89
中信证券	1	156	2	412.53	2	421.02
上海海通资产管理	14	35	8	161	3	382.54
国泰君安资产管理	2	90	3	386.35	4	369.64
招商证券	9	38	4	239.9	5	243.86
国信证券	26	22	5	196.6	6	199.16
申银万国	3	82	9	132.45	7	194.38
上海光大资产管理	9	38	6	164.83	8	181.21
华融证券	7	40	7	161.06	9	169.84
上海东方资产管理	6	42	14	92.01	10	130.14
长江证券	16	33	10	120.08	11	122.97
安信证券	5	47	11	111.32	12	115.47
银河证券	33	20	12	110.07	13	110.42
中信建投	26	22	13	101.19	14	102.42
信达证券	41	11	15	88.6	15	91.49
浙商证券	4	52	16	84.79	16	88.74
东海证券	11	37	17	79.53	17	78.73

续表

公司名称	产品数量排名	产品数量	份额排名	份额合计（亿份）	资产净值排名	资产净值
财通证券	11	37	18	77.38	18	77.25
东兴证券	20	26	19	73.97	19	75.83
宏源证券	23	23	21	68.96	20	74.8
东吴证券	18	30	20	71.12	21	71.4
中金公司	20	26	22	68.62	22	69.1
新时代证券	51	9	26	47.89	23	61.05
第一创业	14	35	24	57.98	24	60.81
国海证券	44	10	23	59.61	25	59.9
国元证券	17	31	25	53.61	26	54.01
渤海证券	26	22	27	43.67	27	44.57
中投证券	39	12	28	43	28	43.24
恒泰证券	19	27	29	39.82	29	42.57
东北证券	23	23	30	38.46	30	37.32
华西证券	35	16	33	32.28	31	35.78
平安证券	56	7	31	35.27	32	35.48
长城证券	22	25	32	32.71	33	34.84
中山证券	23	23	42	26.75	34	34.11
方正证券	41	11	35	31.6	35	32.28
东莞证券	29	21	34	31.67	36	31.75
湘财证券	56	7	36	30.07	37	30.68
国联证券	29	21	37	29.05	38	30.34
财达证券	44	10	38	28.75	39	29.75
西南证券	44	10	41	26.92	40	29.66
中银国际	36	14	40	27.48	41	29.55
天风证券	34	17	39	28.29	42	29.21
宏信证券	56	7	48	21.94	43	28.16
联讯证券	63	5	43	26.53	44	26.67
西藏同信	13	36	44	25.98	45	26.31
国金证券	29	21	45	24.05	46	24.71
中原证券	53	8	46	22.34	47	23.17
北京高华	69	4	47	22.09	48	23.1
广州证券	44	10	49	21.42	49	22.57
民族证券	63	5	50	20.57	50	21.09
华安证券	39	12	51	20.26	51	21.08
华宝证券	53	8	52	14.47	52	16.99

续表

公司名称	产品数量排名	产品数量	份额排名	份额合计（亿份）	资产净值排名	资产净值
山西证券	29	21	53	13.99	53	14.39
上海证券	76	3	54	12.82	54	12.97
德邦证券	41	11	55	12.65	55	12.69
国都证券	44	10	56	12.29	56	12.44
华龙证券	37	13	57	11.22	57	11.82
太平洋证券	37	13	60	8.29	58	11.58
华鑫证券	56	7	58	10.11	59	10.2
日信证券	51	9	59	9.4	60	9.65
大通证券	56	7	61	8.27	61	8.54
华创证券	53	8	64	7.01	62	7.71
西部证券	44	10	62	7.37	63	7.44
中航证券	44	10	65	6.94	64	7.24
首创证券	62	6	63	7.13	65	7.23
金元证券	56	7	67	5.68	66	6.63
财富证券	69	4	69	5.54	67	5.88
五矿证券	69	4	67	5.68	68	5.69
英大证券	63	5	70	4.6	69	4.79
江海证券	63	5	71	4.59	70	4.44
南京证券	69	4	72	3.95	71	4.24
世纪证券	63	5	74	3.13	72	3.78
万联证券	69	4	66	6.82	73	3.74
红塔证券	77	2	75	2.96	74	2.72
民生证券	63	5	76	2.52	75	2.59
瑞银证券	81	1	77	2.44	76	2.23
华福证券	77	2	73	3.15	77	2.12
中邮证券	77	2	78	1.8	78	1.8
华林证券	77	2	80	1.13	79	1.2
开源证券	69	4	79	1.14	80	1.14
银泰证券	69	4	81	0.8	81	0.8
中天证券	81	1	82	0.39	82	0.48
爱建证券	81	1	82	0.39	83	0.39
国盛证券	81	1	84	0.34	84	0.34
广发证券资产管理	—	60	—	310.07	—	470.99
齐鲁证券资产管理	—	44	—	97.47	—	98.21
兴证证券资产管理	—	47	—	86.09	—	95.69

注：广发证券资产管理、齐鲁证券资产管理和兴证证券资产管理均为2014年新成立的证券公司，不参与排名；
资料来源：Wind资讯，公司金融研究中心。

表4－12　证券公司总资产、营业收入以及净利润排名　单位：万元

公司简称	总资产排名	总资产	营业收入排名	营业收入	净利润排名	净利润
中信证券	1	47 962 645.02	1	2 919 753.11	1	1 186 149.92
海通证券	2	35 262 214.87	2	1 797 847.44	2	811 902.31
国泰君安	3	31 930 245.38	3	1 788 160.34	3	717 159.63
华泰证券	4	27 222 603.55	6	1 206 230.38	7	453 978.68
广发证券	5	24 009 977.55	5	1 339 497.29	5	514 551.3
申万宏源	6	20 231 155.78	4	1 415 276.91	4	559 510.63
招商证券	7	19 340 805.05	9	1 100 246.83	8	388 451.98
银河证券	8	18 002 570.64	8	1 141 232.85	9	379 038.35
国信证券	9	16 135 237.11	7	1 179 232.26	6	494 322.56
中信建投	10	12 340 612.57	10	858 748	10	339 819.32
光大证券	11	11 494 478.63	11	660 142.29	12	213 662.31
东方证券	12	10 753 012.3	15	549 960.3	11	235 870.16
安信证券	13	8 905 696.77	14	552 480.4	17	149 145.01
方正证券	14	8 692 385.73	17	489 969.92	15	180 038.47
齐鲁证券	15	8 426 769.32	12	587 441.74	14	188 236.22
兴业证券	16	7 348 754.04	13	560 906.49	13	194 587.29
长江证券	17	6 792 283.09	18	454 820.87	16	170 581.23
中投证券	18	6 551 327.11	20	391 967.65	20	124 648.9
平安证券	19	6 187 752.75	23	334 257.07	30	92 385.35
西南证券	20	5 820 255.52	21	367 482.92	19	134 679.7
东吴证券	21	5 746 111.1	24	324 098.25	21	112 455.94
国元证券	22	5 314 332.02	22	348 603.61	18	137 174.47
中金公司	23	5 270 011.3	16	522 847.71	22	111 845.33
财通证券	24	5 180 857.62	19	450 228.06	26	101 406.6
华融证券	25	4 304 100.25	26	317 424.67	32	86 465.95
东兴证券	26	4 260 714.87	32	259 777.41	25	104 059.77
中信证券（浙江）	27	3 892 365.83	35	248 573.96	27	99 908.07
中银国际	28	3 710 862.04	33	257 818.25	28	97 163.86
华西证券	29	3 681 208.98	27	316 801.39	23	109 860.82
浙商证券	30	3 515 122.57	25	322 684.44	36	75 024.24
东北证券	31	3 465 589.92	28	309 098.43	24	107 464.61
信达证券	32	3 384 926.64	29	291 005.1	31	90 333.18
长城证券	33	3 271 399.35	36	247 008.92	39	72 242.14
西部证券	34	2 891 525.29	44	193 847.05	43	66 047.96
国开证券	35	2 857 730.08	54	152 569.59	40	72 005.27
中原证券	36	2 826 924.23	47	180 821.68	53	54 998.27

续表

公司简称	总资产排名	总资产	营业收入排名	营业收入	净利润排名	净利润
广州证券	37	2 788 389	49	168 169.67	54	53 624.2
东海证券	38	2 772 754.54	30	284 489.04	29	92 922.93
山西证券	39	2 749 740.19	41	195 918.85	46	58 640.22
民族证券	40	2 669 827.04	43	193 960.54	47	58 159.02
国海证券	41	2 642 006.9	34	254 498.19	41	71 530.92
国金证券	42	2 628 075.51	31	272 172.25	33	83 658.68
渤海证券	43	2 623 666.2	42	193 967.02	37	73 735.54
湘财证券	44	2 611 840.15	38	201 177.64	35	79 851.05
上海证券	45	2 511 943.76	51	166 680.04	55	52 114.24
东莞证券	46	2 364 610.32	46	181 188.08	45	62 727.08
南京证券	47	2 329 637.64	55	142 128.46	51	55 547.49
财达证券	48	2 304 719.43	40	196 562.1	34	80 379.28
华安证券	49	2 295 638.2	48	168 961.66	42	68 789.38
恒泰证券	50	2 181 967.42	39	198 487.55	44	65 603.96
第一创业	51	2 111 359.9	45	185 895.18	56	51 760.1
国联证券	52	2 044 883.46	50	166 833.25	38	73 037.88
华福证券	53	1 913 552.91	53	153 083.41	49	57 213.33
国都证券	54	1 904 960.45	58	137 927.83	50	55 563.04
中信证券（山东）	55	1 853 030.95	61	132 054.57	57	49 950.5
新时代证券	56	1 821 214.51	37	221 529.7	52	55 202.23
财富证券	57	1 663 582.6	66	119 502.89	61	43 241.14
天风证券	58	1 605 294.83	69	111 216.96	76	21 610.22
首创证券	59	1 563 691.77	79	77 918.99	74	27 328.31
华龙证券	60	1 540 489.33	62	131 736.75	59	46 714.7
民生证券	61	1 481 233.35	52	156 641.07	63	40 564.77
太平洋证券	62	1 418 976.93	60	135 915.87	48	57 255.42
金元证券	63	1 414 064.66	57	138 075.94	66	34 804.18
江海证券	64	1 371 909.28	68	114 665.62	65	38 856.87
万联证券	65	1 274 090.53	73	93 785	72	28 594.4
中山证券	66	1 212 752.84	70	108 945.3	80	18 204.49
华创证券	67	1 181 070.05	63	122 591.89	75	26 294.67
红塔证券	68	1 121 772.84	64	121 460.38	58	47 676.12
宏信证券	69	1 103 735.08	76	84 386.43	69	30 460.2
中航证券	70	1 093 797.75	72	95 599.58	68	31 052.56
华鑫证券	71	1 082 802.66	67	119 324.25	85	12 541.82
英大证券	72	1 076 985.89	82	63 960.46	81	16 342.29

续表

公司简称	总资产排名	总资产	营业收入排名	营业收入	净利润排名	净利润
联讯证券	73	1 068 549. 95	84	55 922. 17	93	8 102. 71
大通证券	74	1 046 859. 73	78	81 536. 6	67	3 4012. 77
国盛证券	75	94 0271. 35	75	85 468. 4	73	28 384. 04
德邦证券	76	926 316. 22	65	121 085. 22	64	39 252. 15
中天证券	77	767 732. 74	87	44 966. 16	86	12 521. 89
华林证券	78	759 540. 49	80	70 631. 41	79	18 809. 35
北京高华	79	737 571. 86	59	136 168. 49	71	29 184. 88
西藏同信	80	652 199. 32	77	83 662. 19	77	21 048. 39
日信证券	81	630 260. 42	83	62 703. 06	78	19 882. 74
华泰联合	82	606 275. 56	56	139 145. 44	62	41 151. 45
银泰证券	83	560 951. 89	91	41 522. 43	82	16 019. 99
世纪证券	84	555 465. 1	89	42 541. 39	87	12 424. 63
五矿证券	85	513 611. 49	98	31 184. 75	99	4 356. 23
华宝证券	86	493 809. 95	95	31 649. 13	95	5 992. 73
大同证券	87	463 215. 51	86	45 113. 56	83	15 712. 91
开源证券	88	430 497. 55	90	42 255. 87	91	10 364. 09
长城国瑞	89	392 449. 73	103	21 715. 54	106	1 162. 67
爱建证券	90	383 267. 43	96	31 388. 14	92	8 831. 04
高盛高华	91	315 690. 5	81	64 608. 4	96	5 804. 82
中邮证券	92	311 519. 8	102	23 498. 65	94	7 964. 8
瑞银证券	93	277 101. 43	74	92 548. 01	88	11 914. 58
国泰君安资产管理	94	263 064. 03	71	98 313. 72	70	29 394. 91
华金证券	95	227 657. 06	112	9 834. 53	109	500. 79
川财证券	96	206 477. 37	94	32 599. 24	90	10 413. 7
上海海通资产管理	97	177 909. 44	85	50 222. 07	60	44 185. 29
万和证券	98	176 039. 89	109	11 623. 52	104	2 418. 53
华信证券	99	167 018. 08	113	8 599. 8	107	744. 01
九州证券	100	161 466. 74	107	13 720. 17	101	2 572. 68
众成证券	101	135 480. 73	111	10 026. 13	108	516. 64
诚浩证券	102	105 122. 47	108	11 990. 46	103	2 434. 7
摩根士丹利华鑫	103	100 207. 83	93	39 903. 4	112	-47. 39
中德证券	104	99 620. 24	97	31 319. 34	113	-1 738. 51
华英证券	105	92 401. 94	104	21 570. 01	98	4 625. 4
瑞信方正	106	89 570. 45	106	16 544. 26	114	-2 590. 76
一创摩根	107	86 669. 39	101	26 051. 16	100	2 702. 38
东方花旗	108	83 240. 59	92	40 774. 43	97	5 219. 87

续表

公司简称	总资产排名	总资产	营业收入排名	营业收入	净利润排名	净利润
上海光大资产管理	109	80 482.89	88	43 859.7	84	14 811.15
浙江浙商资产管理	110	79 744.61	100	30 032.08	89	11 378.01
上海东方资产管理	111	52 863.68	99	30 480.11	105	1 622.53
海际证券	112	39 297.23	110	11 098.9	102	2 469.42
恒泰长财	113	32 169.2	114	7 293.32	111	128.35
长江保荐	114	24 756.32	105	19 495.4	110	316.59
兴证证券资产管理	—	147 183.38	—	25 687.72	—	13 486.87
广发证券资产管理	—	77 955.3	—	36 327.79	—	19 042.26
银河金汇资产管理	—	54 905.52	—	12 421.57	—	912.62
齐鲁证券资产管理	—	14 067.1	—	3 929.19	—	15.74
金通证券	—	9 940.05	—	186.82	—	-92.3

注：1. 2014年119家证券公司中，共有5家证券公司改名，分别为：厦门证券更名为长城国瑞证券，海际大和更名为海际证券，财富里昂证券更名为华信证券，天源证券更名为九州证券，航天证券更名为华金证券。此外，2014年新成立了4家资产管理公司和1家证券公司，分别为：广发证券资产管理（广东）有限公司，齐鲁证券（上海）资产管理有限公司，兴证证券资产管理和银河金汇证券资产管理有限公司和金通证券（中信证券全资子公司）。上述5家公司因成立时间不到一年，所以不参与排名。

2. 申万宏源数据为申银万国与宏源证券的合并数据。

资料来源：Wind资讯，公司金融研究中心。

表4-13　证券公司ROA、ROE排名　单位:%

公司简称	ROA排名	ROA	ROE排名	ROE
上海海通资产管理	1	24.84	1	27.75
上海光大资产管理	2	18.40	2	26.45
浙江浙商资产管理	3	14.27	11	17.51
国泰君安资产管理	4	11.17	6	19.90
华泰联合	5	6.79	76	7.96
海际证券	6	6.28	90	6.67
东方花旗	7	6.27	86	7.24
川财证券	8	5.04	70	8.57
华英证券	9	5.01	93	5.77
瑞银证券	10	4.30	85	7.37
红塔证券	11	4.25	83	7.65
德邦证券	12	4.24	45	11.62
太平洋证券	13	4.03	75	7.97
北京高华	14	3.96	54	10.72
国联证券	15	3.57	13	16.80
财达证券	16	3.49	48	11.39

续表

公司简称	ROA 排名	ROA	ROE 排名	ROE
大同证券	17	3.39	9	17.94
东海证券	18	3.35	18	14.50
大通证券	19	3.25	61	9.59
西藏同信	20	3.23	8	18.16
国金证券	21	3.18	71	8.46
日信证券	22	3.15	14	15.71
一创摩根	23	3.12	103	3.35
东北证券	24	3.10	39	12.18
上海东方资产管理	25	3.07	101	4.24
国信证券	26	3.06	16	15.08
湘财证券	27	3.06	12	17.24
华龙证券	28	3.03	27	13.32
新时代证券	29	3.03	41	12.07
国盛证券	30	3.02	62	9.49
恒泰证券	31	3.01	35	12.43
华安证券	32	3.00	23	13.76
华福证券	33	2.99	4	21.60
华西证券	34	2.98	25	13.42
国都证券	35	2.92	73	8.03
银泰证券	36	2.86	72	8.39
中航证券	37	2.84	51	11.14
江海证券	38	2.83	19	14.08
渤海证券	39	2.81	46	11.52
申万宏源	40	2.77	17	15.07
宏信证券	41	2.76	10	17.59
中信建投	42	2.75	5	20.31
民生证券	43	2.74	52	11.06
国海证券	44	2.71	57	9.99
中信证券（山东）	45	2.70	22	13.97
信达证券	46	2.67	26	13.38
东莞证券	47	2.65	7	19.27
兴业证券	48	2.65	31	12.78
中银国际	49	2.62	40	12.17
财富证券	50	2.60	24	13.63
国元证券	51	2.58	78	7.86
中信证券（浙江）	52	2.57	3	25.69

续表

公司简称	ROA 排名	ROA	ROE 排名	ROE
中邮证券	53	2.56	102	3.66
国开证券	54	2.52	81	7.76
长江证券	55	2.51	36	12.22
华林证券	56	2.48	50	11.21
中信证券	57	2.47	44	11.73
金元证券	58	2.46	80	7.80
第一创业	59	2.45	63	9.47
东兴证券	60	2.44	20	14.00
开源证券	61	2.41	95	5.75
南京证券	62	2.38	42	11.92
诚浩证券	63	2.32	87	7.22
西南证券	64	2.31	79	7.82
爱建证券	65	2.30	88	6.86
海通证券	66	2.30	49	11.24
西部证券	67	2.28	38	12.20
国泰君安	68	2.25	15	15.16
万联证券	69	2.24	65	9.36
世纪证券	70	2.24	28	13.01
齐鲁证券	71	2.23	29	12.95
华创证券	72	2.23	60	9.70
长城证券	73	2.21	58	9.91
东方证券	74	2.19	33	12.66
民族证券	75	2.18	82	7.72
广发证券	76	2.14	34	12.44
浙商证券	77	2.13	47	11.44
山西证券	78	2.13	84	7.44
中金公司	79	2.12	21	13.99
银河证券	80	2.11	30	12.92
上海证券	81	2.07	56	10.65
方正证券	82	2.07	92	5.84
华融证券	83	2.01	43	11.84
招商证券	84	2.01	66	9.34
财通证券	85	1.96	59	9.88
东吴证券	86	1.96	77	7.90
中原证券	87	1.95	64	9.39
广州证券	88	1.92	69	9.02

续表

公司简称	ROA 排名	ROA	ROE 排名	ROE
中投证券	89	1.90	37	12.21
光大证券	90	1.86	74	8.03
高盛高华	91	1.84	99	4.53
首创证券	92	1.75	55	10.71
安信证券	93	1.67	32	12.73
华泰证券	94	1.67	53	10.82
中天证券	95	1.63	89	6.68
九州证券	96	1.59	67	9.11
英大证券	97	1.52	96	5.59
中山证券	98	1.50	91	6.15
平安证券	99	1.49	68	9.06
万和证券	100	1.37	105	3.08
天风证券	101	1.35	94	5.77
长江保荐	102	1.28	106	3.07
华宝证券	103	1.21	104	3.34
华鑫证券	104	1.16	100	4.34
五矿证券	105	0.85	97	4.88
联讯证券	106	0.76	98	4.74
华信证券	107	0.45	108	1.53
恒泰长财	108	0.40	110	0.41
众成证券	109	0.38	107	2.06
长城国瑞	110	0.30	109	0.62
华金证券	111	0.22	111	0.40
摩根士丹利华鑫	112	-0.05	112	-0.06
中德证券	113	-1.75	113	-1.78
瑞信方正	114	-2.89	114	-3.07
广发证券资产管理	—	24.23	—	27.32
兴证证券资产管理	—	9.16	—	21.11
银河金汇资产管理	—	1.66	—	1.79
齐鲁证券资产管理	—	0.11	—	0.16
金通证券	—	-0.93	—	-0.93

注：广发证券资产管理、兴证证券资产管理、银河金汇资产管理、齐鲁证券资产管理、金通证券为2014年新成立的证券公司，不参与排名。

资料来源：Wind资讯，公司金融研究中心。

表4-14　　证券公司净资产、净资本排名（2014年）　　单位：万元

公司简称	净资产排名	净资产	净资本排名	净资本
中信证券	1	10 113 149.00	1	4 431 924.70
海通证券	2	7 226 420.30	2	3 711 025.60
国泰君安	3	4 729 866.60	4	2 882 198.10
华泰证券	4	4 194 440.80	9	1 972 780.90
招商证券	5	4 159 616.10	6	2 544 885.10
广发证券	6	4 137 745.60	3	3 266 412.40
申万宏源	7	3 959 638.87	8	2 122 847.90
国信证券	8	3 278 321.70	7	2 235 743.50
方正证券	9	3 080 456.70	14	1 314 049.70
银河证券	10	2 933 591.90	5	2 546 231.30
光大证券	11	2 662 031.40	10	1 690 276.60
东方证券	12	1 862 549.90	15	1 173 103.10
国元证券	13	1 745 978.30	18	926 525.11
西南证券	14	1 721 999.60	13	1 323 302.90
中信建投	15	1 672 791.30	11	1 502 381.20
兴业证券	16	1 522 573.30	12	1 357 074.40
齐鲁证券	17	1 453 135.00	21	850 131.96
东吴证券	18	1 423 338.10	19	872 326.63
长江证券	19	1 395 700.50	17	960 834.95
安信证券	20	1 171 558.10	16	1 010 906.60
财通证券	21	1 026 070.80	20	856 669.01
中投证券	22	1 020 571.00	30	642 544.54
平安证券	23	1 019 784.50	24	752 037.72
国金证券	24	988 537.35	22	803 451.59
国开证券	25	927 773.87	23	759 300.00
东北证券	26	882 409.96	27	678 964.87
华西证券	27	818 915.85	28	658 045.81
中金公司	28	799 224.57	44	454 058.70
中银国际	29	798 637.37	25	731 752.23
山西证券	30	787 890.16	47	406 908.26
民族证券	31	753 732.60	31	625 300.00
东兴证券	32	743 531.31	32	614 736.06
华融证券	33	730 323.94	29	651 896.05
长城证券	34	729 122.27	38	503 062.05
太平洋证券	35	718 270.26	35	546 383.10
国海证券	36	716 165.68	40	475 377.06

续表

公司简称	净资产排名	净资产	净资本排名	净资本
财达证券	37	705 917.61	33	601 900.00
国都证券	38	691 979.23	39	490 165.64
信达证券	39	674 939.35	26	688 635.18
浙商证券	40	655 554.85	43	455 017.24
东海证券	41	640 973.99	52	356 624.45
渤海证券	42	639 977.87	34	558 990.99
红塔证券	43	623 457.90	41	464 200.00
广州证券	44	594 264.65	36	528 510.00
中原证券	45	585 679.51	48	400 104.14
第一创业	46	546 853.71	56	311 141.43
西部证券	47	541 253.50	46	419 576.86
恒泰证券	48	527 715.30	37	507 367.24
华泰联合	49	517 052.26	45	450 251.11
华安证券	50	499 930.44	49	377 526.51
上海证券	51	489 315.47	42	461 851.92
南京证券	52	466 087.61	51	362 005.00
湘财证券	53	463 197.16	54	347 311.56
新时代证券	54	457 417.03	73	212 127.00
金元证券	55	446 428.73	50	362 517.83
国联证券	56	434 864.67	53	349 788.67
中信证券（浙江）	57	388 834.43	55	341 100.00
天风证券	58	374 792.82	92	108 921.79
民生证券	59	366 633.92	57	295 327.40
中信证券（山东）	60	357 570.19	58	289 200.00
大通证券	61	354 742.36	65	261 800.00
华龙证券	62	350 814.01	77	193 000.00
德邦证券	63	337 861.49	64	264 900.00
东莞证券	64	325 486.30	67	241 809.89
财富证券	65	317 183.08	68	234 144.60
万联证券	66	305 476.20	72	216 935.00
国盛证券	67	299 078.01	62	265 692.67
中山证券	68	296 075.29	86	138 741.88
英大证券	69	292 146.47	74	209 100.00
华鑫证券	70	288 686.60	69	234 109.53
中航证券	71	278 847.66	63	265 495.41
江海证券	72	275 944.85	61	266 112.42

续表

公司简称	净资产排名	净资产	净资本排名	净资本
北京高华	73	272 350. 11	59	281 900. 00
华创证券	74	271 135. 08	79	179 021. 48
华福证券	75	264 899. 73	76	197 099. 21
首创证券	76	255 089. 82	85	151 356. 00
中邮证券	77	217 757. 02	75	206 808. 32
银泰证券	78	191 026. 88	83	152 995. 00
长城国瑞	79	187 881. 13	78	180 000. 00
中天证券	80	187 552. 08	80	166 734. 22
开源证券	81	180 353. 53	89	122 284. 06
华宝证券	82	179 162. 56	81	162 488. 29
宏信证券	83	173 211. 12	88	131 531. 46
联讯证券	84	170 819. 02	84	152 188. 97
华林证券	85	167 859. 57	87	135 620. 85
瑞银证券	86	161 587. 90	82	154 890. 95
上海海通资产管理	87	159 241. 95	71	220 270. 00
国泰君安资产管理	88	147 719. 60	70	230 800. 00
爱建证券	89	128 775. 04	90	112 214. 43
高盛高华	90	128 113. 50	66	243 800. 00
日信证券	91	126 555. 05	102	72 443. 75
华金证券	92	124 904. 54	93	108 782. 99
川财证券	93	121 541. 81	91	110 395. 40
西藏同信	94	115 924. 88	96	105 300. 84
中德证券	95	97 495. 31	98	91 832. 00
世纪证券	96	95 524. 30	94	108 334. 00
五矿证券	97	89 190. 82	103	71 941. 88
大同证券	98	87 587. 04	105	68 036. 00
瑞信方正	99	84 360. 05	99	78 933. 00
一创摩根	100	80 623. 81	100	75 700. 00
华英证券	101	80 109. 55	95	108 209. 00
万和证券	102	78 418. 48	101	72 976. 00
摩根士丹利华鑫	103	75710. 87	106	65 512. 00
东方花旗	104	72 103. 67	104	69 092. 96
浙江浙商资产管理	105	64 991. 39	107	51 389. 32
上海光大资产管理	106	56 001. 06	60	273 914. 70
华信证券	107	48 762. 82	108	45 594. 00
上海东方资产管理	108	38 285. 83	110	32 800. 00

续表

公司简称	净资产排名	净资产	净资本排名	净资本
海际证券	109	37 039.20	109	35 258.95
诚浩证券	110	33 726.87	111	28 512.00
恒泰长财	111	31 557.20	97	100 000.00
九州证券	112	28 238.49	113	23 127.00
众成证券	113	25 047.50	114	22 236.34
长江保荐	114	10 308.09	112	27 506.16
齐鲁证券资产管理	—	10 040.15	—	53 938.00
金通证券	—	9 907.70	—	9 536.17
广发证券资产管理	—	69 703.16	—	121 537.00
兴证证券资产管理	—	63 899.62	—	58 000.00
银河金汇资产管理	—	50 912.62	—	50 087.00

注：1. 申万宏源净资产数据为申银万国与宏源证券的合并数据，净资本数据为母公司数据。

2. 广发证券资产管理、兴证证券资产管理、银河金汇资产管理、齐鲁证券（上海）资产管理、金通证券为2014年新成立的证券公司，不参与排名。

资料来源：Wind资讯，公司金融研究中心。

表5-3　证券公司创新能力评价表（2014）

公司简称	排名	分类评级得分	研究能力得分			创新能力得分
			研究人员数量	研究报告数量	分析师评比获奖人次	
申万宏源	1	3.83	0.64	2	1.81	8.29
国泰君安	2	4.00	0.26	0.87	3	8.13
中信证券	3	3.58	1	0.64	2.57	7.79
海通证券	4	3.92	0.48	0.53	2.28	7.21
广发证券	5	4.00	0.1	0.29	2.16	6.54
招商证券	6	3.83	0.29	0.85	1.35	6.32
兴业证券	7	3.83	0.32	0.54	1.11	5.81
长江证券	8	3.67	0.18	0.82	0.97	5.64
国信证券	9	4.00	0.23	0.64	0.7	5.57
银河证券	10	3.83	0.3	0.59	0.67	5.39
瑞银证券	11	3.42	0.08	1.65	0	5.14
中金公司	12	3.83	0.18	0.93	0.08	5.02
国金证券	13	4.00	0.32	0.55	0.13	5.01
东方证券	14	3.83	0.31	0.42	0.24	4.80
华泰证券	15	3.75	0.36	0.41	0.12	4.63
安信证券	16	3.58	0.16	0.88	0	4.62

续表

公司简称	排名	分类评级得分	研究能力得分			创新能力得分
			研究人员数量	研究报告数量	分析师评比获奖人次	
中信建投	17	3.58	0.24	0	0.8	4.62
齐鲁证券	18	3.58	0.04	0.47	0.45	4.54
方正证券	19	3.67	0.27	0.35	0.18	4.47
西南证券	20	3.75	0.09	0.32	0.1	4.26
光大证券	21	3.17	0.3	0.57	0.22	4.26
东兴证券	22	3.75	0.11	0.33	0.05	4.24
国泰君安资产管理	23	4.00	0.09	0	0	4.09
中银国际	24	3.50	0.12	0.38	0.06	4.06
国元证券	25	3.83	0.14	0.06	0	4.03
国开证券	26	4.00	0.03	0	0	4.03
信达证券	27	3.58	0.1	0.28	0.07	4.02
北京高华	28	3.92	0.09	0	0	4.01
高盛高华	29	3.92	0.02	0.05	0	3.99
东北证券	30	3.33	0.1	0.47	0	3.91
上海东方资产管理	31	3.83	0.06	0	0	3.89
上海海通资产管理	32	3.88	0	0	0	3.88
国都证券	33	3.58	0.27	0	0	3.86
上海证券	34	3.25	0.11	0.46	0	3.83
华泰联合	35	3.75	0.04	0	0	3.79
中投证券	36	3.42	0.09	0.29	0	3.79
爱建证券	37	2.58	0.02	0.06	1.08	3.74
国海证券	38	3.42	0.13	0.19	0.01	3.74
华融证券	39	3.58	0.07	0.06	0	3.71
华福证券	40	3.67	0.03	0	0	3.70
瑞信方正	41	3.67	0.03	0	0	3.70
浙商证券资产管理	42	3.50	0.17	0	0	3.67
长江保荐	43	3.67	0	0	0	3.67
国联证券	44	3.42	0.06	0.17	0	3.65
东吴证券	45	3.42	0.11	0.09	0	3.62

续表

公司简称	排名	分类评级得分	研究能力得分			创新能力得分
			研究人员数量	研究报告数量	分析师评比获奖人次	
山西证券	46	3.42	0.16	0.03	0	3.61
中信证券（山东）	47	3.58	0	0	0	3.58
中信证券（浙江）	48	3.58	0	0	0	3.58
浙商证券	49	3.42	0.01	0.13	0	3.55
广州证券	50	3.50	0.03	0	0	3.53
大通证券	51	3.50	0.03	0	0	3.53
华西证券	52	3.50	0.03	0	0	3.53
东莞证券	53	3.42	0.06	0.05	0	3.52
东海证券	54	3.42	0.09	0	0	3.50
大同证券	55	3.50	0	0	0	3.50
财达证券	56	3.33	0.07	0.09	0	3.49
渤海证券	57	3.33	0.09	0.04	0	3.47
中德证券	58	3.42	0.04	0	0	3.45
长城证券	59	3.08	0.15	0.19	0.03	3.45
国盛证券	60	3.42	0.01	0	0	3.43
华英证券	61	3.42	0	0	0	3.42
财通证券	62	3.33	0.08	0	0	3.41
海际证券	63	3.25	0	0.16	0	3.41
川财证券	64	3.33	0.05	0.02	0	3.40
红塔证券	65	3.08	0.08	0.2	0	3.36
华创证券	66	2.67	0.19	0.25	0.24	3.35
湘财证券	67	3.25	0.03	0.05	0	3.33
华鑫证券	68	3.17	0.03	0.09	0	3.29
西部证券	69	3.25	0.02	0	0	3.27
东方花旗	70	3.25	0	0	0	3.25
华安证券	71	3.17	0.04	0.03	0	3.23
财富证券	72	3.17	0.04	0.02	0	3.22
金元证券	73	3.17	0.01	0	0	3.18
摩根士丹利华鑫证券	74	3.17	0	0	0	3.17

续表

公司简称	排名	分类评级得分	研究能力得分			创新能力得分
			研究人员数量	研究报告数量	分析师评比获奖人次	
万联证券	75	3.08	0.06	0.02	0	3.16
德邦证券	76	3.08	0.02	0.02	0	3.12
恒泰证券	77	3.08	0.02	0	0	3.10
第一创业	78	3.08	0.02	0	0	3.10
恒泰长财	79	3.08	0	0	0	3.08
一创摩根	80	3.08	0	0	0	3.08
首创证券	81	2.83	0.23	0.01	0	3.07
中原证券	82	3.00	0.06	0.01	0	3.07
英大证券	83	3.00	0.03	0	0.02	3.05
新时代证券	84	2.83	0.15	0	0	2.99
太平洋证券	85	2.92	0.05	0.01	0	2.98
宏信证券	86	2.92	0.01	0	0	2.93
华龙证券	87	2.92	0	0.01	0	2.93
上海光大资产管理	88	2.88	0.04	0	0	2.91
中航证券	89	2.83	0.05	0.02	0	2.91
长城国瑞	90	2.75	0.01	0.02	0	2.78
华林证券	91	2.75	0.02	0	0	2.77
世纪证券	92	2.58	0.04	0.1	0	2.72
天风证券	93	2.67	0.02	0.03	0	2.71
诚浩证券	94	2.67	0	0	0	2.67
开源证券	95	2.58	0.02	0.01	0	2.62
华信证券	96	2.58	0.02	0.01	0	2.61
众成证券	97	2.58	0.02	0	0	2.61
西藏同信	98	2.58	0.02	0	0	2.60
江海证券	99	2.58	0.01	0	0	2.59
日信证券	100	2.58	0.01	0	0	2.59
银泰证券	101	2.58	0	0	0	2.59
中天证券	102	2.50	0.04	0	0	2.54
五矿证券	103	2.50	0	0.02	0	2.52

续表

公司简称	排名	分类评级得分	研究能力得分			创新能力得分
			研究人员数量	研究报告数量	分析师评比获奖人次	
平安证券	104	1.92	0.09	0.37	0.13	2.51
万和证券	105	2.42	0.07	0	0	2.48
联讯证券	106	2.42	0.03	0.03	0	2.47
中山证券	107	2.42	0.04	0	0	2.46
九州证券	108	2.33	0.1	0	0	2.43
华金证券	109	2.42	0.01	0	0	2.43
华宝证券	110	2.33	0.05	0.01	0	2.39
民生证券	111	1.92	0.17	0.22	0.07	2.37
中邮证券	112	2.33	0.01	0	0	2.34
南京证券	113	2.25	0.07	0	0	2.32
民族证券	114	1.83	0.06	0.07	0	1.96
广发证券资产管理	—					
齐鲁证券资产管理	—					
兴证证券资产管理	—					
银河金汇资产管理	—					
金通证券	—					

注：1. 2015年7月，中国证监会发布2015年证券公司分类结果，在119家证券公司分类结果中，有24家公司按规定与其母公司合并评价，即：高盛高华（母公司北京高华）、长江保荐（母公司长江证券）、第一创业摩根大通证券（母公司第一创业证券）、上海东方证券资产管理、东方花旗证券（母公司东方证券）、瑞信方正（母公司方正证券）、上海光大证券资产管理（母公司光大证券）、广发证券资产管理（广东）（母公司广发证券）、华英证券（母公司国联证券）、上海国泰君安证券资产管理、上海证券、海际证券（母公司国泰君安证券）、上海海通证券资产管理（母公司海通证券）、恒泰长财（母公司恒泰证券）、华泰联合（母公司华泰证券）、摩根士丹利华鑫证券（母公司华鑫证券）、齐鲁证券（上海）资产管理（母公司齐鲁证券）、中德证券（母公司山西证券）、兴证证券资产管理（母公司兴业证券）、银河金汇证券资产管理（母公司银河证券）、浙江浙商证券资产管理（母公司浙商证券）、中信证券（山东）、中信证券（浙江）、金通证券（母公司中信证券）。其中，广发证券资产管理（广东）有限公司，金通证券，齐鲁证券（上海）资产管理有限公司，兴证证券资产管理和银河金汇证券资产管理有限公司，上述5家公司因成立时间不到一年，所以不参与排名；中银万国与宏源证券合并为申万宏源。

2. 2014年共有5家证券公司更名，分别为：厦门证券更名为长城国瑞证券，海际大和更名为海际证券，财富里昂证券更名为华信证券，天源证券更名为九州证券，航天证券更名为华金证券。

3. 研究人员数量来源于公司年报；研究报告数量用深度研究报告数量衡量，数据统计来源于维赛特资讯；分析师评比获奖人次根据网络公开资料整理计算。

资料来源：中国证监会，维赛特资讯，公司金融研究中心。

表5－5　证券公司竞争力排名（2014年）

公司名称	综合竞争力	经营能力（E_1）	盈利能力（E_2）	风险控制能力（E_3）	业务创新能力（E_4）	业务结构优化能力（E_5）	成长能力（E_6）	最终得分
中信证券	1	1	15	1	2	19	74	100
国泰君安	2	3	19	36	3	47	36	89.56
申万宏源	3	5	25	12	1	65	91	89.24
海通证券	4	2	56	4	4	28	64	84.22
广发证券	5	6	51	7	5	32	76	72.02
招商证券	6	7	50	8	6	44	26	68.82
兴业证券	7	15	33	9	8	17	52	62.63
国信证券	8	8	14	11	9	59	51	61.58
长江证券	9	17	54	18	7	66	66	60.12
银河证券	10	9	48	40	10	64	45	57.96
瑞银证券	11	83	18	39	11	9	7	55.84
上海海通资产管理	12	89	1	37	41	96	29	54.90
中金公司	13	21	9	98	12	7	81	54.82
国金证券	14	31	30	13	14	23	65	53.98
华泰证券	15	4	57	16	17	62	16	53.06
北京高华	16	68	3	30	32	1	101	52.01
中信建投	17	11	8	49	13	29	93	51.19
东方证券	18	13	46	67	15	34	78	51.15
安信证券	19	16	59	66	21	52	28	49.24
方正证券	20	12	93	14	26	79	34	48.73
齐鲁证券	21	14	58	74	16	75	50	48.34
光大证券	22	10	77	17	18	57	44	46.89
西南证券	23	18	86	10	22	12	55	46.81
国开证券	24	35	80	56	38	2	102	45.62
国泰君安资产管理	25	81	5	41	33	96	98	45.53
东兴证券	26	29	34	71	23	45	89	44.90
国元证券	27	19	79	19	27	58	80	43.88
中银国际	28	30	45	65	20	37	27	43.18
信达证券	29	32	44	46	24	30	61	42.88
华泰联合	30	61	12	5	37	96	99	42.66
东北证券	31	27	42	22	34	35	77	42.54
高盛高华	32	86	105	29	35	96	111	42.29
华融证券	33	25	75	62	30	11	4	41.57
上海证券	34	50	74	21	19	80	54	41.24
浙商证券资产管理	35	106	6	90	52	96	39	40.93

续表

公司名称	综合竞争力	经营能力（E_1）	盈利能力（E_2）	风险控制能力（E_3）	业务创新能力（E_4）	业务结构优化能力（E_5）	成长能力（E_6）	最终得分
华福证券	36	59	7	112	73	70	60	40.81
中信证券（浙江）	37	36	4	92	44	90	38	40.69
上海东方资产管理	38	107	66	77	36	96	103	40.65
国都证券	39	51	71	61	47	39	97	40.63
国海证券	40	38	70	28	45	38	96	40.48
中投证券	41	20	63	95	25	85	75	40.33
东吴证券	42	23	90	20	49	26	11	40.27
长江保荐	43	112	109	31	40	96	9	39.79
上海光大资产管理	44	98	2	3	68	96	104	39.69
爱建证券	45	94	92	54	29	84	22	39.47
瑞信方正	46	105	114	32	71	96	113	39.24
国联证券	47	55	16	91	48	63	71	39.22
华英证券	48	103	28	2	81	96	13	39.12
山西证券	49	37	100	27	50	54	92	38.97
海际证券	50	113	17	52	28	96	3	38.69
东莞证券	51	53	11	110	31	76	70	38.18
东海证券	52	34	26	86	57	16	24	38.10
中信证券（山东）	53	60	39	89	43	91	53	37.99
浙商证券	54	28	76	94	55	21	46	37.89
华西证券	55	26	37	63	72	83	87	37.80
广州证券	56	44	72	47	70	36	32	37.69
大同证券	57	91	13	102	84	92	94	37.68
湘财证券	58	45	20	23	58	73	14	37.46
大通证券	59	72	43	87	39	43	86	37.36
财达证券	60	40	38	72	53	86	40	37.28
财通证券	61	22	81	55	59	14	35	37.13
渤海证券	62	42	53	69	54	46	83	36.91
中德证券	63	97	113	34	69	96	112	36.75
长城证券	64	33	83	96	85	25	90	36.65
川财证券	65	96	23	58	62	51	62	36.61
国盛证券	66	75	65	85	77	69	88	36.15
红塔证券	67	57	31	57	46	53	95	36.00
西部证券	68	41	68	25	74	67	23	35.96
华创证券	69	65	78	84	51	41	85	35.36
东方花旗	70	100	22	44	42	96	43	35.20

续表

公司名称	综合竞争力	经营能力（E_1）	盈利能力（E_2）	风险控制能力（E_3）	业务创新能力（E_4）	业务结构优化能力（E_5）	成长能力（E_6）	最终得分
华鑫证券	71	71	103	93	56	18	105	34.79
第一创业	72	48	61	88	99	4	48	34.62
华安证券	73	49	36	78	63	87	49	34.59
太平洋证券	74	52	35	15	64	42	5	34.48
德邦证券	75	66	29	109	67	8	18	34.47
财富证券	76	64	41	99	65	55	63	34.30
恒泰长财	77	114	111	6	82	96	114	34.25
金元证券	78	58	88	82	80	10	58	34.19
中原证券	79	43	89	26	61	56	57	33.68
恒泰证券	80	46	47	45	75	49	59	33.46
万联证券	81	70	84	105	60	74	42	33.41
一创摩根	82	102	62	33	104	96	108	33.31
摩根士丹利华鑫	83	99	112	76	83	96	109	33.21
新时代证券	84	47	49	113	87	5	79	33.16
首创证券	85	73	82	70	86	60	69	32.61
英大证券	86	76	55	59	66	72	84	32.54
宏信证券	87	77	21	114	78	68	19	32.01
华龙证券	88	62	40	100	79	40	82	31.43
中航证券	89	74	64	51	89	48	47	31.21
天风证券	90	63	102	107	92	6	8	30.69
联讯证券	91	78	106	24	110	61	1	30.34
长城国瑞	92	93	108	35	96	96	15	30.23
华信证券	93	109	97	75	111	3	21	30.14
华林证券	94	79	67	104	76	22	73	29.71
西藏同信	95	82	10	83	98	13	25	29.48
世纪证券	96	90	52	43	88	88	110	29.26
开源证券	97	87	98	64	95	81	10	28.57
万和证券	98	104	104	60	91	95	2	28.55
日信证券	99	85	24	108	102	33	33	28.51
江海证券	100	67	32	53	101	27	56	28.44
诚浩证券	101	110	94	79	105	96	41	28.41
众成证券	102	111	110	101	97	96	12	28.24
平安证券	103	24	27	81	108	24	106	28.15
银泰证券	104	84	73	73	113	89	68	27.72
五矿证券	105	95	107	42	112	20	30	27.53

续表

公司名称	综合竞争力	经营能力（E_1）	盈利能力（E_2）	风险控制能力（E_3）	业务创新能力（E_4）	业务结构优化能力（E_5）	成长能力（E_6）	最终得分
中天证券	106	80	101	80	94	94	20	27.34
华金证券	107	101	95	48	100	71	6	27.32
中山证券	108	69	87	111	93	15	31	26.84
九州证券	109	108	96	106	107	93	100	25.92
中邮证券	110	92	91	38	103	50	17	25.84
民生证券	111	56	60	97	106	31	67	25.83
华宝证券	112	88	85	50	109	82	107	25.75
南京证券	113	54	69	103	90	78	72	25.16
民族证券	114	39	99	68	114	77	37	21.74
广发证券资产管理	—							
齐鲁证券资产管理	—							
兴证证券资产管理	—							
银河金汇资产管理	—							
金通证券	—							

注：1. 最终得分以百分制计算，广发证券资产管理（广东）有限公司、金通证券、齐鲁证券（上海）资产管理有限公司、兴证证券资产管理和银河金汇证券资产管理有限公司5家公司因成立时间不到一年，所以不参与排名；申银万国与宏源证券合并为申万宏源。

2. 2014年共有5家证券公司更名，分别为：厦门证券更名为长城国瑞证券，海际大和更名为海际证券，财富里昂证券更名为华信证券，天源证券更名为九州证券，航天证券更名为华金证券。

3. 为了保持证券公司数据的真实性、准确性与可比性，如果证券公司会计年度持续经营不满三年，在成长能力这项指标中，我们做剔除处理。

4. 表中各家证券公司（母公司）采用财务报表合并数据。

资料来源：中国证券业协会，Wind资讯，公司金融研究中心。

附录3　2014年中国证券市场大事记

1月

8日，上海证券交易所发布实施《上海证券交易所开放式基金业务管理办法》，该办法规定了开放式基金在上交所的认购、申购、赎回、交易、转托管以及分级基金份额的分拆、合并等业务。开放式基金包括沪市上市开放式基金（上证LOF）和原上证基金通基金（在上交所挂牌进行认购、申购、赎回，但不上市交易的开放式基金）等开放式基金，但不包括交易型开放式指数基金（ETF）和交易型货币市场基金。

10日，中国证监会紧急叫停江苏奥赛康药业股份有限公司新股发行。暂缓发行系因奥赛康大股东利用新股存量发行漏洞，大肆套现31.8亿元；此外，奥赛康本次发行价定为72.99元，对应的2012年摊薄后市盈率为67倍，高于同行业可比上市公司平均市盈率。

12日，中国证监会颁布《关于加强新股发行监管的措施》。该措施规定中国证监会要对发行人的询价、路演过程进行抽查，发现发行人和主承销商在路演推介过程中使用除招股意向书等公开信息以外的发行人其他信息的，中止其发行，并依据相关规定对发行人、主承销商采取监管措施。

17日，中国基金业协会发布《私募投资基金管理人登记和基金备案办法》，标志着私募基金登记备案工作的正式启动。

17日，中国证监会批准聚丙烯期货在大连商品交易所交易。

21日，2014年全国证券期货监管工作会议在北京召开。中国证监会主席肖钢就大力推进监管转型发表讲话，表示会精简审批，推进股票发行注册制改革。肖钢表示，推进监管转型要实现“六个转变”：一是监管取向从注重融资向注重投融资和风险管理功能均衡、更好地保护中小投资者转变；二是监管重心从偏重市场规模发展向强化监管执法，规模、结构和质量并重转变；三是监管方法从过多的事前审批向加强事中及事后、实施全程监管转变；四是监管模式从碎片化、分割式监管向共享式、功能型监管转变；五是监管手段从单一性、强制性、封闭性向多样性、协商性、开放性转变；六是监管运行从透明度不够、稳定性不强向公正、透明、严谨、高效转变。

24日，全国中小企业股份转让系统举行集体挂牌仪式，来自全国的266家企业在股转系统集中挂牌。从地域分布上看，首批挂牌企业来自东部、中部和西部地区28个省、自治区、直辖市；从行业分布看，首批挂牌企业高新技术企业占比超过75%，广泛分布于高端制造、信息传输、软件和信息技术服务，文化、体育和娱乐业、科学研究和技术服务业等领域。

2 月

18 日，上海自贸区启动支付机构跨境人民币支付业务试点，包括快钱、通联、汇付、银联和盛大旗下盛付通在内的 5 家第三方支付机构，参与首批跨境支付试点的银行包括工商银行、建行中行、招商银行和民生银行。

19 日，中国石油化工股份有限公司审议通过《启动中国石化销售业务重组、引入社会和民营资本实现混合所有制经营的议案》。该议案在对中国石化油品销售业务板块现有资产、负债进行审计、评估的基础上进行重组，同时引入社会和民营资本参股，旨在实现混合所有制经营。

21 日，国金证券（600109. SH）与腾讯战略合作推出的首只互联网金融产品——“佣金宝”正式上线，成为首个互联网证券金融产品。

27 日，全国中小企业股份转让系统发布《全国中小企业股份转让系统全市场仿真测试方案》，标志着股转系统交易支持平台第二阶段全市场仿真测试的开启。

28 日，方正证券（601901. SH）与民族证券的重组方案发布，成为上市券商首个同业并购案。根据重组预案，方正证券（601901. SH）拟以每股 6. 09 元的价格定向增发 21. 6775 万股，以完成对民族证券 100% 股权的收购，交易完成后，民族证券成为了方正证券（601901. SH）全资子公司。

3 月

7 日，中国证监会对中邮基金旗下基金经理厉建超利用未公开信息交易股票的行为立案调查，调查终结后，依法将相关涉案人员移送公安机关处理。

17 日，中国证监会批准上海证券交易所挂牌交易热轧卷板期货合约。

17 日，中国期货保证金监控中心（CFMMC）[①] 正式发布“中国农产品期货指数”（China Agricultural Products Futures Index，CAFI）。

17 日，中国证券投资基金业协会举行私募基金管理人颁证仪式，首批 50 家私募基金管理机构获得私募基金管理人登记证书，成为可以从事私募证券投资、股权投资、创业投资等私募基金投资管理业务的金融机构。

18 日，上海证券交易所发布《2013 年自律监管工作报告》。报告指出，对违规事实明确的异常交易，上海证券交易所不再采取自律监管措施，尝试直接作为案件线索上报证监会查处。

---

① 中国期货保证金监控中心全称为中国期货保证金监控中心有限责任公司，2006 年 5 月 18 日，由上海期货交易所、大连商品交易所、郑州商品交易所出资兴办，是非营利性公司制法人。其主管部门是中国证监会，其业务接受中国证监会领导、监督和管理。

19日，上海证券交易所发布修订后的《合格境外机构投资者和人民币合格境外机构投资者证券交易实施细则》。根据该细则，上海交易所放宽了合格投资者的投资范围及持股比例。所有境外投资者持股限制的预警值由16%提高到26%，单个境外投资者的持股限制不变。此外，所有境外投资者对单个上市公司A股的持股比例总和，不得超过该上市公司股份总数的30%。

21日，中国证监会发布《优先股试点管理办法》。《优先股试点管理办法》重点针对易出现利益输送的环节进行了规定。一是限制公司非公开发行优先股的票面股息率水平，要求其"不得高于最近两个会计年度的加权平均净资产收益率"。二是将发行公司的董事、高级管理人员及其配偶排除在非公开发行的合格投资者范围之外，避免利益输送。三是规定上市公司向关联股东发行优先股的，关联股东需回避表决。四是要求独立董事对发行优先股发表专项意见。

25日，国务院发布《关于进一步优化企业兼并重组市场环境的意见》，该意见取消下放部分审批事项，简化审批程序，对市场机制能有效调节的事项，取消相关审批。

25日，《私募投资基金开户和结算有关问题的通知》颁布。该通知指出，私募基金管理人每设立一只私募基金，可以按不同的证券交易场所各申请开立一个证券账户。私募基金管理人应加强自律，不得为专门申购新股、炒作风险警示股票（ST股）的私募基金申请开立证券账户，这意味着私募投资基金可以开户入市。

28日，中国金融期货交易所正式启动上证50股指期权仿真交易。

4月

1日，中国证监会发布上市公司发行优先股相关信息披露准则，包括《公开发行证券的公司信息披露内容与格式准则第32号——发行优先股申请文件》、《公开发行证券的公司信息披露内容与格式准则第33号——发行优先股发行预案和发行情况报告书》和《公开发行证券的公司信息披露内容与格式准则第34号——发行优先股募集说明书》。这三个准则是落实《国务院关于开展优先股试点的指导意见》和《优先股试点管理办法》的重要配套文件。

9日，中国银监会发布《关于加强商业银行与第三方支付机构合作业务管理的通知》，试图规范商业银行和第三方支付机构的合作。该通知从保护客户资金安全和信息安全出发，对有针对性的问题进行了细化，涉及客户身份认证、信息安全、交易限额、交易通知、赔付责任、第三方支付机构资质和行为、银行的相关风险管控等。

11日，中国证监会、香港证券及期货事务监察委员会批准上海证券交易所、香港联合交易所、中国证券登记结算有限责任公司、香港中央结算有限公司开展沪港股票市场交易互联互通机制试点。

17日，上海证券交易所发布《关于取消解除限售存量股份转让等业务限制相关事宜的通知》。该通知明确上市公司股东在一个月内通过上交所集中竞价交易系统卖出解除限售存量股份接近、达到或者超过上市公司总股本的1%的，不再作为异常交易行为予以监控。

23日，国务院发布《关于金融服务“三农”发展的若干意见》，该意见提出开展涉农资产证券化试点。对符合“三农”金融服务要求的县域农村商业银行和农村合作银行，适当降低存款准备金率；该意见还要求大力发展农村直接融资。支持符合条件的涉农企业在多层次资本市场上进行融资，鼓励发行企业债、公司债和中小企业私募债，逐步扩大涉农企业发行中小企业集合票据、短期融资券等非金融企业债务融资工具的规模，支持符合条件的农村金融机构发行优先股和二级资本工具。

25日，中国人民银行宣布下调县域农村商业银行人民币存款准备金率2个百分点，下调县域农村合作银行人民币存款准备金率0.5个百分点。

29日，上海证券交易所发布《沪港股票市场交易互联互通机制试点实施细则》征求意见稿，标志着沪港通进入实质性的技术开发阶段。

5月

9日，国务院发布《关于进一步促进资本市场健康发展的若干意见》（简称新“国九条”）。该意见分总体要求、发展多层次股票市场、规范发展债券市场、培育私募市场、推进期货市场建设、提高证券期货服务业竞争力、扩大资本市场开放、防范和化解金融风险、营造资本市场良好发展环境9部分33条。该意见从顶层设计全面绘制了包括股票市场、债券市场、期货市场在内的资本市场发展蓝图，明确了股权市场的层次结构、基本要求和发展债券市场、期货市场的政策措施。新“国九条”的发布标志着中国资本市场中小投资者权益保护有了纲领性文件。

9日，中国证券业协会发布了修订后的《首次公开发行股票承销业务规范》，同时发布了《首次公开发行股票网下投资者备案管理细则》、《首次公开发行股票配售细则》（中证协发〔2014〕77号），这标志着IPO配套措施的正式发布。

9日，中国证监会通报平安资产管理张治民涉嫌利用未公开信息交易股票，涉及交易金额4.87亿元，获利1 500余万元。

10日，第三届中国公司金融论坛在济南舜耕山庄举行，本届论坛的主题为“区域性金融中心建设”，来自国务院参事室、中国社科院、中央财经大学、山东大学等机构的专家、学者，省内部分地市金融办负责人和金融机构、上市公司高管等共300多人参加了本届论坛。论坛主办方在开幕式上公布了山东上市公司综合评价结果，对全省上市公司进行综合评价在山东尚属首次。国务院参事室研究员、国家统计局原总经济师姚景源，上海证券交易所首席经济学家胡汝银等人做了主旨演讲。

15日，中国证监会发布《关于进一步推进证券经营机构创新发展的意见》，明确了今后一段时期推进证券经营机构创新发展的总体原则、主要任务和具体措施。重点提及推进监管转型，从重事前审批向加强事中事后监管转变，甄别清理证券经营机构类审批备案事项，放宽行业准入，实施业务牌照管理等；该意见明确符合条件的证券经营机构可以开发跨境跨市场、覆盖不同资产类别、采取多元化投资策略和差异化收费结构与收费水平的产品；同时，支持证券经营机构进行股权和债权融资，在境内外发行上市，支持民营资本、专业人员等各类符合条件的市场主体出资设立证券经营机构。

16日，2014年证券经营机构创新发展研讨会在北京举行。中国证监会副主席姚刚在会上表示，推进证券机构创新发展要坚持服务实体经济发展需要，坚持服务社会财富管理需要，坚持防范系统性、区域性金融风险。他同时提出，2014年创新工作会从放宽行业准入、实施业务牌照管理、拓展基础功能、拓宽融资渠道和实施双向开放五方面推进。

16日，中国证监会发布《首次公开发行股票并在创业板上市管理办法》，创业板改革序幕拉开。该管理办法指出，首先要放宽企业在创业板首发的财务准入门槛，取消持续增长的要求；其次要简化发行条件，强化信息披露。此外，加强对创新和成长型企业发展的扶持，保护中小投资者的合法权益。

19日，深圳证券交易所实施大宗交易盘后定价，规定A股、B股、基金、债券可以采用盘后定价大宗交易方式。

23日，中国证监会对金谷源控股股份有限公司、深圳新都酒店股份有限公司、山东博汇纸业股份有限公司、天津国恒铁路控股股份有限公司、吉林成城集团股份有限公司5家上市公司信息披露违法、违规行为进行通报并进行立案调查。

23日，中国证监会批准郑州商品交易所开展铁合金期货交易。

6月

5日，国泰君安证券就上海证券51%的股权转让事宜签署协议，交易价格为人民币35.71亿元。上海证券注册资本为26.1亿元，股东为上海国际集团及其下属的上海国际信托；上海国际集团持有国泰君安证券46.74%股权，为最大单一股东。

5日，《全国中小企业股份转让系统做市商做市业务管理规定》实施，该规定共二十三条，主要内容包括做市业务准入与终止，做市业务内部管理制度，做市业务管理、决策及相关部门职责，禁止性规定，自律管理五方面。这意味着新三板做市商制度的正式出台。

5日，中国长江航运集团南京油运股份有限公司（600087.SH）因2010—2013年连续三年亏损退市，成为我国第一家从A股退市的央企股票。

13日，中国证监会发布《沪港股票市场交易互联互通机制试点若干规定》。该规定是市场各方参与沪港通活动的主要依据。该规定共19条，明确了上海证券交易所、香港联合交易所、证券交易服务公司及中国证券登记结算公司、香港中央结算公司开展沪港通业务应当履行的职责，对境内证券公司开展沪港通业务提出原则性要求，明确了沪港通的业务范围、外资持股比例、清算交收方式、交收货币等相关事项，对投资者保护、监督管理、资料保存等内容提出了相关要求。

13日，中国证监会发布《关于大力推进证券投资基金行业创新发展的意见》，该意见从三个方面明确了推进主要任务和具体措施。一是加快建设现代资产管理机构，支持差异化发展。鼓励综合性、大型的资管机构和中小型资管机构的发展。二是支持业务产品创新。支持有条件的机构围绕市场需求，自主开发跨境、跨市场的公募基金产品。三是推进监管转型，进一步简政放权，推进原则监管，推进资产管理业务的负面清单监管。

15 日，中国证监会受理株洲时代新材料科技股份有限公司的重大资产重组事项，并被列入了豁免/快速通道，[①] 这是自实行上市公司并购重组分道制审核以来，第一家进入豁免/快速审核通道的企业。

16 日，中国人民银行决定对符合审慎经营要求且“三农”和小微企业贷款达到一定比例[②]的商业银行下调人民币存款准备金率 0.5 个百分点。

17 日，沪深交易所发布《关于对公司债券实施风险警示相关事项的通知》，拟对存在一定风险隐患的公司债券实施风险警示，明确对企业债券参照该通知实行风险警示。

18 日，深圳证券交易所与深圳证券信息有限公司发布创业板 50 指数。创业板 50 指数以创业板指数为母指数，从创业板指数的 100 只样本股中选取考察期内流动性指标最优的 50 只股票组成指数样本股。指数采用自由流通市值加权，每年 1 月、4 月、7 月、10 月的第一个交易日调整样本。

19 日，上海自贸区自由贸易账户业务启动。已经通过风险合格审慎评估的中行上海市分行、工行上海市分行等 7 家银行与相关企业签订了自由贸易账户开立协议。

20 日，中国证监会发布《关于上市公司实施员工持股计划试点的指导意见》。该指导意见明确提出，上市公司可以根据员工意愿实施员工持股计划，通过合法方式使员工获得本公司股票并长期持有，股份权益按约定分配给员工。实施员工持股计划，相关资金可以来自员工薪酬或以其他合法方式筹集，所需本公司股票可以来自上市公司回购、直接从二级市场购买、认购非公开发行股票、公司股东自愿赠予等合法方式。该指导意见还就员工持股计划的实施程序、管理模式、信息披露及内幕交易防控等问题作出规定。

23 日，转融券业务试点再扩容。转融券业务试点证券公司将由原来的 30 家增加至 73 家，转融券标的证券数量增加 1.2 倍达到 628 只。覆盖了沪深市场绝大部分融资融券标的股票，平均流通市值约为 227.2 亿元，合计流通市值约为 14.27 万亿元，占 A 股流通市值的 70.3%。

25 日，全国中小企业股份转让系统发布公告，同意招商证券（600999.SH）、东吴证券（601555.SH）、广州证券、齐鲁证券、上海证券、西部证券（002673.SZ）、兴业证券（601377.SH）、长江证券（000783.SZ）、华龙证券、中山证券共 10 家证券公司作为主办券商在股转系统从事做市业务。

---

① 对好的中介、好的公司、好的项目实行快速审核甚至豁免审核。

② “三农”和小微企业贷款达到一定比例是指上年新增涉农贷款占全部新增贷款比例超过 50%，且上年末涉农贷款余额占全部贷款余额比例超过 30%；或者，上年新增小微贷款占全部新增贷款比例超过 50%，且上年末小微贷款余额占全部贷款余额比例超过 30%。按此标准，此次定向降准覆盖大约 2/3 的城商行、80% 的非县域农商行和 90% 的非县域农合行。

7月

4日，中国证监会对蒋征、陈绍胜、牟永宁、程岽和黄春雨5名海富通基金管理有限公司原任或时任基金经理涉嫌利用未公开信息交易股票案立案调查，调查发现上述5人相关行为涉嫌构成犯罪。

4日，中国证监会同意郑州商品交易所挂牌交易晚籼稻期货合约。

4日，中国证监会就《关于改革完善并严格实施上市公司退市制度的若干意见（征求意见稿）》向社会公开征求意见，标志着新一轮退市制度改革正式启动。

7日，中国证监会发布《公开募集证券投资基金运作管理办法》，明确规定将公募基金审查由“核准制”改为“注册制”，该办法的颁布标志着公募基金迈入了注册制时代。

18日，中国证监会宣布韩国、德国金融机构可参照RQFII试点相关法规申请RQFII资格并开展相关业务。RQFII试点进一步拓展到韩国、德国。

25日，全国中小企业股份转让系统公司发布《全国中小企业股份转让系统非上市公众公司重大资产重组业务指引（试行）》及其配套指南，对新三板公司重大资产重组的操作流程做了细化规定。

31日，中信证券（600030. SH，06030. HK）宣布以约8.42亿美元净对价完成里昂证券80.1%的股权收购，加上此前收购的19.9%股权，中信证券完成里昂证券的全资并购。中信证券也因此成为国内唯一一家在海外拥有广泛网络的券商，真正实现了中资券商国际化。

8月

1日，中国证监会批准郑州商品交易所挂牌交易铁合金期货合约。

7日，上海市政府发布《关于促进本市互联网金融产业健康发展的若干意见》。该意见指出，鼓励有条件的企业在上海市发起设立以互联网为主要业务载体或以互联网业务为主要服务领域的各类持牌金融机构；支持电子商务平台等大型互联网企业在本市设立小额贷款、融资担保、融资租赁、商业保理等新型金融企业。

12日，大智慧及全资子公司上海大智慧财汇数据科技有限公司拟以现金方式购买新湖控股持有的湘财证券（430399. OC）1.11亿股（占总股本3.5%），大智慧拟以发行股份方式购买其他股东持有的剩余湘财证券（430399. OC）30.85亿股（占总股本96.5%），收购原则不超过90亿元人民币。

15日，中国证券金融股份有限公司[①]下调了182天期转融资业务费率，从6.6%降至5.8%。其他期限品种整体费率则保持不变，其中7天、14天、28天、91天期费率仍

---

① 中国证券金融股份有限公司是经国家同意，中国证券监督主管部门批准，由上海证券交易所、深圳证券交易所和中国证券登记结算有限责任公司共同发起设立的证券类金融机构。主要业务职责范围：为证券公司融资融券业务提供转融通服务，对证券公司融资融券业务运行情况进行监控，监测分析全市场融资融券交易情况，运用市场化手段防控风险，以及中国证券监督主管部门批准的其他职责。

分别维持在6.2%、6.3%、6.4%、6.5%。中国证券金融公司此次费率下调旨在降低券商融资成本，形成合理的融资融券利率水平，更好地服务于市场，满足投资者融资需求。

15日，中国证券业协会发布《证券公司柜台市场管理办法》。该管理办法针对证券公司柜台业务试点过程中发现的问题，明确了证券公司柜台市场的范围和载体，丰富了产品种类和交易方式，提升了证券公司交易、托管结算、支付、融资和投资等基础功能，从而为证券公司柜台市场更好支持实体经济、创新创业和中小微企业发展奠定良好基础。

21日，中国证监会发布了《私募投资基金监督管理暂行办法》，该办法主要明确了以下五项制度安排：一是明确了全口径登记备案制度，二是确立了合格投资者制度，三是明确了私募基金的募资规则，四是提出了规范投资运作行为的有关规则，五是确立了对不同类别私募基金进行差异化行业自律和监管的制度安排。

22日，中国证监会通报4起市场操纵典型案例，分别是浙江恒逸集团有限公司操纵市场案①，厦门宝拓资源有限公司操纵“焦炭1200合约”案②，苏颜翔操纵市场案和王建森操纵市场案③。

25日，新三板做市转让方式正式实施。当日挂牌股票共成交8 038万元、1 389万股、2 897笔；其中，采用做市转让方式的股票成交3 892万元、479万股、2 722笔，分别占全部挂牌股票的48%、34%、94%。按当日收盘价统计，做市股票平均市盈率为22.22倍，低于全市场33.20倍的平均市盈率水平；平均市净率为3.85倍，低于全市场4.12倍的平均市净率水平。

25日，中国证券登记结算有限公司发布了《证券账户管理规则》。新规则放开一人一户限制，统一并降低账户业务收费标准，减少账户业务收费项目，统一并大幅降低投资者开户费用；新规则统一中国结算柜台账户业务，打通中国结算京、沪、深三地账户业务柜台，实现通柜受理各市场账户业务。

27日，深证可转换债券综合指数（399307.SZ）和国证可转换债券综合指数（399413.SZ）正式发布。深证转债和国证转债指数分别以在深交所和沪深交易所上市的可转换公司债券为样本空间，选取面值余额不小于3 000万元的债券组成指数样本。指数基日为2011年12月31日，基点为100点。

31日，十二届全国人大常委会第十次会议表决通过了全国人大常委会关于修改《中华人民共和国证券法》、《中华人民共和国保险法》等五部法律的决定，国家主席习近平

---

① 浙江恒逸集团有限公司财务负责人楼翔在定向增发过程中指使他人操作账户拉抬“恒逸石化”股价，证监会决定对恒逸集团处以60万元罚款；对楼翔给予警告，并处以10万元罚款。

② 厦门宝拓利用上海桐润和厦门宝拓期货账户操纵“焦炭1209合约”交割结算价，证监会决定对厦门宝拓没收违法所得38万余元并处以等额罚款，对相关人员给予警告并处以罚款。

③ 苏颜翔短线操纵推高股价，获利380余万元，中国证监会决定没收苏颜翔违法所得380余万元，并处380余万元罚款；王建森操纵“ST中冠A”，共计买入4 620万元，累计亏损32万元，中国证监会决定对王建森处以60万元罚款。

签署第14号主席令予以公布。

9月

2日，中国证券登记结算有限责任公司发布《关于统一账户平台上线过渡期证券账户业务安排的通知》，证券账户“一人一户”的限制被取消，参与沪港通交易的投资者还可以申请开立多个沪市A股账户。

4日，沪港通《四方协议》在上海证券交易所签署。《四方协议》是上海证券交易所、香港联合交易所有限公司、中国证券登记结算有限责任公司和香港中央结算有限公司就沪港通业务进行四方合作的基础文件，用以明确四方的权利和义务，内容涵盖沪港通主要基本业务细节。

9日，深圳证券交易所发布修订后的《深圳证券交易所上市公司股东大会网络投票实施细则》和《深圳证券交易所投资者网络服务身份认证业务指引》对网络投票系统进行了全面优化升级，其中包括上市公司股东大会全面实施网络投票。

12日，中石化披露了其子公司中石化销售公司的引资名单，共有25家境内外投资者。

12日，全资子公司中国石化销售有限公司与25家境内外投资者签署《关于中国石化销售有限公司之增资协议》，25家投资者以人民币1 070.94亿元认购销售公司29.99%的股权，剩余70.01%的股份由中石化继续持有。

16日，中国证监会发布《关于进一步推进期货经营机构创新发展的意见》，制定了一段时期推进期货经营机构创新发展的总体原则和具体措施，对期货经营机构创新发展重点提出了八大举措。

18日，上海自贸区首个面向境外投资者的“国际板”——上海国际黄金交易中心正式开展交易。黄金国际板的启动意味着继“纽约金”、“伦敦金”之后，国际黄金市场上迎来了新成员“上海金”。

19日，阿里巴巴正式在美国纽约证券交易所挂牌上市，开盘价为92.7美元，总市值超2 000亿美元。

10月

8日，中国证券登记结算公司为持有证券账户的投资者配发一码通账户，中国证券业正式迎来“一码通”时代。所谓“一码通”，是指中国证券登记结算公司为所有的持有证券账户（包括A股账户及封闭式基金账户）投资者配发一码通账户，关联沪深A、B股等各类证券子账户。

16日，深沪证券交易所发布《证券公司短期公司债券业务试点办法》，允许获得中国证监会试点发行资质认可的证券公司和中国证券金融股份有限公司发行短期公司债券。

17日，中国证监会发布《关于改革完善并严格实施上市公司退市制度的若干意见》，该意见主要包括五个方面的内容：一是健全上市公司的主动退市制度，二是实施重大违法公司强制退市制度，三是严格执行市场交易类、财务类退市制度，四是完善退市相关制度安排，五是加强中小投资者合法权益的保护。

20 日，深圳证券交易所正式推出首批交易型货币市场基金（简称货币 ETF）。货币 ETF 是深圳证券交易所年内推出的重大创新，是在原场内申赎货币基金基础上进行的升级改造。

20 日，新三板挂牌公司九鼎投资（430719. OC）宣布对天源证券进行增资 3. 64 亿元，持有天源证券 51% 股权，这是九鼎投资继率先登陆新三板、发起设立首家民营 PE 系公募基金后，再开 PE 控股券商先河。

24 日，中国证监会发布修订后的《上市公司重大资产重组管理办法》和《关于修改〈上市公司收购管理办法〉的决定》。本次修订进一步减少和简化并购重组行政许可，在强化信息披露、加强事中事后监管、督促中介机构归位尽责、保护投资者权益等方面作出配套安排。

24 日，中国证监会、国家工业和信息化部、国家发展改革委、商务部联合发布《上市公司并购重组行政许可并联审批工作方案》。该方案以信息披露为中心，实行上市公司并购重组行政许可并联审批。该方案明确国家发展改革委实施的境外投资项目核准和备案、商务部实施的外国投资者战略投资上市公司核准和经营者集中审查三项审批事项，不再作为中国证监会上市公司并购重组行政许可审批的前置条件。

29 日，《期货公司监督管理办法》正式发布实施。《期货公司监督管理办法》完善了期货公司业务范围，将期货公司可从事的业务划分为公司成立即可从事的业务、需经核准业务、需登记备案业务以及经批准可以从事的其他业务四个层次，并为未来牌照管理和混业经营预留了空间。

11 月

2 日，国家财政部首次发布中国关键期限国债收益率曲线，国债收益率曲线由中央国债登记结算有限责任公司编制及提供，主要内容包括 1 年、3 年、5 年、7 年、10 年等关键期限国债及其收益率水平曲线。

3 日，中国银行间市场交易商协会发布《中国人民银行金融市场司关于非金融机构合格投资人进入银行间债券市场有关事项的通知》，允许非金融机构合格投资人通过非金融机构合格投资人交易平台进行债券投资交易。通知要求，非金融机构合格投资人应符合以下条件：依法成立的法人机构或合伙企业等组织，业务经营合法合规，持续经营不少于 1 年；净资产不低于 3 000 万元；具备相应的债券投资业务制度及岗位，所配备工作人员应参加中国银行间市场交易商协会及银行间市场中介机构组织的相关培训并获得相应的资格证书；最近 1 年未发生违法和重大违规行为；中国人民银行要求的其他条件。

3 日，上海证券交易所和中证指数有限公司正式发布上证、中证汇率对冲指数系列，共6类指数：包括上证50汇率对冲指数、上证180汇率对冲指数、上证380汇率对冲指数、沪深300汇率对冲指数、中证500汇率对冲指数、中证1 000汇率对冲指数。

4日，中国证监会批准申银万国与宏源证券以换股吸收合并的方式实现重组，换股吸收合并的换股比例为2.049，即换股股东所持有的每股宏源证券A股股票可以换得2.049股申银万国本次发行的A股股票。此次合并形成了“投资控股集团（上市公司）+证券子公司”的母子公司双层架构，成立中国证券行业迄今为止最大的市场化并购案。

5日，中国证券业协会发布《并购重组私募债券①试点办法》。同日，沪深交易所也分别发布《关于开展并购重组私募债券业务试点有关事项的通知》，标志着并购重组私募债券试点工作正式启动。该试点办法从发行条件、募集资金用途、债券利率、备案材料及豁免、发行及转让方式、承销机构、投资者适当性管理、债券持有人权益保护及风险防控、信息披露等方面对试点工作进行了规范。并购重组私募债券对发行人企业规模和债券期限没有限制，发行利率不得超过同期银行贷款基准利率的4倍。募集资金应当用于支持并购重组活动，包括但不限于支付并购重组款项、偿还并购重组贷款等。

17日，沪港股票交易互联互通机制试点正式开通。从两地市场的额度使用来看，港股市场明显优于内地市场。沪港通总额度为5 500亿元，其中沪股通总额度为3 000亿元，每日额度为130亿元，港股通的总额度为2 500亿元，每日额度为105亿元。

19日，国务院总理李克强主持召开国务院常务会议，会议指出要抓紧出台股票发行注册制改革方案，取消股票发行的持续盈利条件，降低小微和创新型企业上市门槛；要建立资本市场小额再融资快速机制，开展股权众筹融资试点。这是李克强总理年内第二次对注册制表态。

21日，国务院发布《关于扶持小型微型企业健康发展的意见》，该意见从资金支持、财税优惠、创业基地建设、促进企业信息互联互通等方面提出一系列政策措施，扶持小微企业（含个体工商户）健康发展。

21日，中国证监会批准玉米淀粉期货在大连商品交易所交易。

21日，中国证监会就《证券公司及基金管理公司子公司资产证券化业务管理规定》以及配套的《证券公司及基金管理公司子公司资产证券化业务信息披露指引》、《证券公司及基金管理公司子公司资产证券化业务尽职调查工作指引》公开征求意见。本次修订稿的核心在于：一是由事前审批转向事后备案；二是在于取消了行政审批，实行市场化的证券自律组织事后备案和基础资产负面清单管理制度。

22日，中国人民银行首次降息。金融机构一年期贷款基准利率下调0.4个百分点至5.6%，一年期存款基准利率下调0.25个百分点至2.75%。

---

① 并购重组私募债券，是指在中国境内注册的公司制法人为开展并购重组活动，在中国境内以非公开方式发行和转让，约定在一定期限内还本付息的公司债券。与中小企业私募债券相比，并购债突破了私募债券发行主体需为中小企业的限制，但所募集资金应当用于支持企业并购重组活动，包括支付并购重组交易对价、替换并购重组贷款等。

28日，中国农业银行400亿元优先股在上海证券交易所正式挂牌，这标志着中国境内资本市场第一只优先股产品完成发行及挂牌工作。公告显示农业银行总共将发行800亿元优先股，首次发行400亿元，其余部分在未来24个月内完成发行。

12月

5日，中国证券投资基金业协会和深圳证监局对私募机构深圳吾思基金管理有限公司涉嫌违法、违规情况进行专项核查，其实际控制人因涉嫌犯罪被公安机关采取强制措施，基金业协会已对深圳吾思作出撤销管理人登记、对其实际控制人和法定代表人进行公开谴责并加入黑名单的纪律处分。

5日，2014年第十届中国国际期货大会主论坛在深圳开幕，中国证监会主席肖钢、副主席姜洋共同出席。中国证监会主席肖钢发表了讲话，关键点在于以下几点：一是坚持监管从产品设计开始；二是坚持效率和风险的平衡；三是坚持维护市场“三公”，保护投资者合法权益。

8日，中国证监会公布对獐子岛集团股份有限公司巨亏事件的核查及处理情况。獐子岛（002069）存在决策程序、信息披露以及财务核算不规范等问题，对核查过程中发现的问题相关部门已采取责令整改、出具警示函等行政监管措施。

9日，中国证券登记结算公司发布《关于加强企业债券回购风险管理相关措施的通知》。该通知相关内容显示，地方政府性债务甄别清理完成后，对于纳入地方政府一般债务与专项债务预算范围的企业债券，继续维持现行回购准入标准；对于未纳入地方政府一般债务与专项债务预算范围的企业债券，中证登仅接纳债项评级为AAA级、主体评级为AA级（含）以上（主体评级为AA级的，其评级展望应当为正面或稳定）的企业债券进入回购质押库。

10日，中国保监会就《互联网保险业务监管暂行办法》向社会征求意见。该办法从经营原则、经营区域、信息披露、经营规则、监督管理等多个方面对互联网保险经营进行了规范，标志着国内首份针对互联网金融领域的监管文件即将出台。该办法拟要求互联网保险业务应由保险机构总公司集中运营、集中管理，不得授权分支机构开展互联网保险业务。除规定的保险公司和保险专业中介机构外，其他机构或个人不得经营互联网保险业务。

12日，中国证监会批准上海期货交易所在其国际能源交易中心开展原油期货交易。

16日，中国保监会发布《关于保险资金投资创业投资基金有关事项的通知》，该通知明确保险资金可以投资创业投资基金，但该创业投资基金应当不是基金管理机构管理的首只创业投资基金。同时，该通知要求保险公司投资创业投资基金，应当具备股权投资能力，投资时上季度末偿付能力充足率不低于120%。

17日，中国证券业协会发布修订后的《证券业从业人员执业行为准则》，其中明确证券业从业人员不得从事内幕交易或利用未公开信息交易活动、利用工作之便向任何机构和个人输送利益等11项活动。

18日，中国证券业协会颁布《私募股权众筹融资管理办法》，对股权众筹融资的发行方式、投资者、融资者等都作出了明确规定。该办法规定股权众筹应当采取非公开发行方式，投资者必须为特定对象，投资者累计不得超过200人。此外，股权众筹平台和融资者均不得进行公开宣传、推介或劝诱。

19日，中国证监会发布《公开募集证券投资基金运作指引第1号——商品期货交易型开放式基金指引》，自发布之日起实施。该指引共十一条，对商品期货ETF的定义、投资范围、风险控制、相关主体责任、监管要求等内容进行了规范。

26日，中国证监会发布《关于证券经营机构参与全国股转系统相关业务有关问题的通知》，进一步明确证券经营机构参与全国股转系统业务的有关事项。主要包括六个方面：一是明确证券公司以及其他机构在全国股转系统开展推荐业务的有关要求；二是明确证券公司以及其他机构在全国股转系统开展做市业务的有关要求；三是明确证券公司、基金管理公司等机构投资全国股转系统挂牌股票的有关要求；四是明确证券期货经营机构在全国股转系统挂牌、募集资金和转让股权的有关要求；五是明确证券公司参与全国股转系统业务在合规风控管理、投资者保护、风险控制指标、分类评价等方面的要求；六是要求系统内各单位加强分工协作，形成集中统一、优势互补、功能配套、信息共享、协调高效的监管体系。

30日，中国证监会修订并发布了《证券期货业统计指标标准指引》。该指引的修订主要集中在两个方面，一是进一步完善统计指标体系，二是进一步完善统计分类标准。修订后该指引有154个一级指标，600多个二级指标，2 300多个细分的指标，基本反映了市场发展的最新情况。

31日，最后一个交易日，上证综指报收于3 234.68点，创下自2010年1月19日以来的59个月新高。最高3 239.36点，最低3 157.26点，涨幅为2.18%，成交额为4 323.2亿元；深证综指收于1 415.19点，最高1 415.19点，最低1 393.19点，上涨3.45点，涨幅为1.19%，成交额为2 080.91亿元；中小板指收于5 461.19点，最高5 464.83点，最低5 381.23点，涨幅为1.29%，成交额为269.47亿元；创业板指收于1471.76点，最高1 479.86点，最低1 451.29点，涨幅为0.8%，成交额为141.68亿元。2014年全年沪指上涨52.87%，深证成指年涨幅达35.62%。

附录4 《中国投资银行竞争力研究报告》评审会专家发言摘要*

2015年4月25日，《中国投资银行竞争力研究报告》评审会在北京丽丝卡尔顿酒店举行，来自中国证券业协会、中国金融出版社、中央财经大学、山东财经大学和济南大学的领导和专家学者，以及海通证券、银河证券、招商证券、兴业证券、长城证券、中原证券、华融证券和信达证券等20多家国内知名券商的研究机构负责人、金融证券行业研究员出席了评审会。济南大学社科处、学科建设与发展处、管理学院、经济学院、金融研究院等部门有关人员参加了评审会。济南大学社科处处长李光红教授主持了本次会议，爱建证券研究所所长胡伟东博士担任评审会专家组组长。以下为各位专家的发言摘要。

王　旻：很高兴参加今天的评审会，结合《中国投资银行竞争力研究报告》主要讲三个方面。

第一，经过三年的创新发展，现代投资银行刚刚具备了雏形。三年前投资银行各项业务的开展是以通道为主的中介机构的盈利模式，其他业务占比很少。但从证券业协会发布的数据来看，券商经纪业务出现较大幅度的下降，第二大类投资业务占整个收入比重的27%，第三类融资融券业务占17%左右，第四类保荐和承销业务占11%。此外，资产管理业务规模非常小，在创新大会开展以前资产管理业务只有3 500亿元左右的规模，经过三年的创新发展，现在规模已超过8万亿元，但是在发展过程中也存在一些问题，如自我创设产品的能力、风险管理的能力不足等。目前，券商场外业务蓬勃发展，如证券公司私募业务、大宗商品业务、风险管理业务还有最近开展的股权众筹业务、互联网证券业务。经过三年的发展，制约行业发展的体制、机制问题基本得到了解决，

---

* 1. 参加本次评审会的专家有（按发言的先后顺序）：王旻（中国证券业协会副会长、秘书长）、王汀汀（中央财经大学金融学院教授）、张红地（中国金融出版社副总编辑）、闻宏伟（海通证券研究所研究员）、宋蕊（华融证券研究所研究员）、杜征征（国开证券研究部副总经理）、杨莞茜（财富证券研究所研究员）、黄强（中德证券风险管理部副总经理）、陆华（中国证券业协会会员部处长）、刘志平（浙商证券研究所研究员）、邵晶鑫（安信证券研究部分析师）、杨文硕（安信证券研究部研究员）、章红宝（招商证券研究所研究员）、王爱国（济南大学经济学院管理学院院长）、冯乐宁（世纪证券研究所研究员）、胡伟东（爱建证券研究所所长）、朱相平（山东财经大学金融学院教授）孙国茂（济南大学金融研究院院长）。2. 发言摘要根据录音整理，其中宋蕊（华融证券研究所研究员）、杨莞茜（财富证券研究所研究员）、陆华（中国证券业协会会员部处长）、刘志平（浙商证券研究所研究员）、邵晶鑫（安信证券研究部分析师）、杨文硕（安信证券研究部研究员）的发言摘要未经本人审阅。

2014年出台的"国九条"和中国证监会出台的《关于进一步推进证券经营机构创新发展的意见》从现在的政策环境、各个公司的服务能力和发展方向的角度看，券商应该说具备了向现代投资银行发展的雏形。

第二，由济南大学金融研究院完成的《中国投资银行竞争力研究报告》对于提升我国现代投资银行的能力，把握发展方向非常有必要。现在有很多针对单项业务的排名或比较研究，但没有这个报告全面。随着资本市场二十多年的发展，我们对投资银行的概念认识逐步加深，券商的服务范围、广度和深度，服务实体经济的能力和水平不断提升。现代投资银行核心竞争力很重要的一个方面就是服务实体经济的能力和水平，首先是投资银行服务各类实体经济的能力、服务投融资需求的能力。其衡量标准主要有三个：其一，是否降低了融资的成本，其二，是否提升了服务的广度和深度，其三，是否提升了投资银行服务的质量和效益。

第三，提点希望。随着对投资银行竞争力研究的不断加深，衡量竞争力的指标要与时俱进。作为独立第三方学术研究机构，我希望济南大学金融研究院对投资银行竞争力的研究能坚持下去，使这份报告最终成为具有学术竞争力的甚至国际影响力的研究报告。

王汀汀：报告中衡量券商创新的指标采用的是分析师的数量以及分析师的评比结果，没有涉及产品设计方面的内容，希望在报告当中加入证券公司产品创新方面的内容。

张红地：建议在报告中再增加以下几块内容：第一，报告中应该有专栏对重点产品和政策进行介绍；第二，把制度创新和产品创新单独出来作为一个内容；第三，增加国际经济金融运行对中国投行竞争力的影响；第四，将投行公司在服务能力和水平的创新方面做一个排名；第五，报告第1章中建议从财政政策和货币政策对投资银行影响的途径和路径的影响角度来写。

闻宏伟：主要提两点建议：第一，国内市场和国外市场的联动效应越来越明显，券商不断加强港股和美股的研究，整体指标构成中可以加入体现国际化的内容；第二，业务创新能力这个指标，分两项创新指标，其中一项是分析师的排名，目前纳入的是国内比较权威的排名，未来报告做得更具有全球视野的话，可以考虑加入国际分析师评比的排名，鼓励国内券商参与国际研究的排名。

宋　蕊：向《中国投资银行竞争力研究报告》的编写组提出两点意见：第一，加入介绍国际投行产品的部分，与国内投资银行的产品作对比；第二，在竞争力的评价方法和评价体系中，完善创新业务方面的指标，更好地对创新能力进行说明。

杜征征：对《中国投资银行竞争力研究报告》提四点建议：第一，成果的应用范围或读者群应更具有针对性；第二，研究成果的时效性，如果能进一步提升数据的时效性，效果就会更好；第三，在报告中应加入一些人均指标，如券商人员数量等；第四，在创新能力中加入创新业务和创新品种推出的速度，包括券商推出创新产品时间先后的排名或者是创新产品推出的数量排名，以丰富创新指标的内涵。

杨莞茜：《中国投资银行竞争力研究报告》报告中可以增加两块内容：第一，增加四板市场的内容，第二，增加具有国际影响力的内容。目前国内上市券商中，许多公司都在香港设立子公司，这一块国际影响力可以包含在里面。

黄 强：给报告提出两点建议：第一，在报告中建议增加对国内和国外投行比较分析的内容，并为监管机构提供一些行业政策建议；第二，进行分类业务竞争力排名，及时更新排名，增强报告的实用性和权威性。投行竞争力排名可以将券商排名进行细分，比如分为经纪业务、资管业务、投行业务。经纪业务可以考虑手续费率、系统稳定性、增值服务情况几个指标，在投资者开户的时候可以参考这个排名选择经纪业务的开户券商。经纪业务排名可以做成动态的，每个月发布一次。投行业务排名就更有价值，很多企业在做IPO、增发、并购等业务时，投行的选择存在随机性，源于这方面信息的完全不对称。可以按照行业分类将投行业务的竞争力进行排名，可以设置这样的排名指标：在一个行业内将所做项目的数量、手续费率、完成项目的质量、项目的后市表现等做一个单项排名，企业可以参照排名进行投行的选择。

陆 华：向报告编写人员提两点建议：第一，更具体的介绍一些创新业务包括新三板和四板业务的发展状况；第二，企业文化建设、诚信建设和履行社会责任是证券公司软实力的体现，建议把这一部分加进来更全面地反映证券公司的核心竞争力，使其更具权威性。

刘志平：给报告提四点建议：第一，创新业务研究指标不能很好地衡量券商的业务创新能力，可以加入其他创新业务情况，把这个指标更加丰富一些，更加有针对性一些；第二，这份报告的券商业务可以涵盖更多，充实对证券公司资产负债的分析；第三，国外同行的一些借鉴可以纳入进去；第四，如果可以将报告的时间点提前一些，这样这个报告的应用价值会非常大，对同业的帮助作用也会非常大。

邵晶鑫：在这个研究报告中，行业分析对于整个证券公司的影响很大，以行业为中心特别是现在新三板的研究等，都是基于行业的判断以及对行业的深度了解，所以对于证券公司分类的时候，可以以行业分析为中心，进一步分析行业扩散辐射的能力。

杨文硕：这是一份与时俱进的研究报告，报告中提到了新三板和互联网金融部分。在经济发展的新常态下，新三板就代表了未来的发展趋势，而且互联网厂商巨头和其他互联网的厂商和证券业有了更多更深层次的结合。建议对互联网金融和新三板再多做一些更具前瞻性的研究。

章红宝：提出几点建议：第一，研究成果定位为第三方评价，而第三方评价的生命力在于它的权威性，研究成果没有市场权威性，便没有价值。第二，券商未来的竞争力发展变化的趋势问题。行业的市场主体，其竞争力是动态的、不断变化的。金融危机之后，世界金融格局正在发生深刻的变化，尤其随着全球性的货币体系的变化，我们国家也加快了改革开放的步伐，国家战略等都在发生巨大的变化，未来券商的竞争格局也将随之发生变化，这些因素都应该考虑进去。另外需要考虑的是研究成果的实用性。市场接受的实用性是体现其研究成果权威性的一个很重要的方面。第三，建议在财政、金融等方面设置一些调查问卷，将研究工作直接与市场建立连接。

王爱国：提两点建议：第一，设计一个类似竞争力指数这样的指标，通过这个指数来进行综合性评价；第二，报告最好能和证券业协会同步向社会公布，以提高报告本身的权威性和影响力。

冯乐宁：报告的受众群未来还是非常广的，报告本身的影响力、公信力在大家都能认识到它的功能以后，应该会被社会广泛接受，在券商、高校，甚至在企业当中应该会存在一定的公信力。未来实施注册制后，会有越来越多的企业与投行面临双向选择，报告在这方面的作用应该会体现出来。

朱相平：我也给报告提几点建议：第一，关于创新能力的问题和分类监管的分级问题，建议进一步进行完善。关于创新能力的体现可以分为三类，第一类是券商，第二是监管部门，第三类是市场的投资者。第二，建议考虑逐步增加国际业务板块。

胡伟东：这本研究报告具有良好的理论探索价值和应用前景，而且这份报告对于各方来说具有重要的价值。对于监管者来说，非常关注证券公司的评价工作和评价体系，并且每年都要发布对证券公司的评价，而这个报告可以提供有益的借鉴；对于券商自身来说，很多券商一直探索如何提高和改善自身竞争力的问题，如果能从中寻找到一些方法，就会更有针对性、更有实效；对于普通投资者来说，报告可以帮助他们寻找最具有成长性、最有价值、最有竞争力的券商；对于研究者来说，如果报告能坚持做下去，就可以完整客观地记载行业的伟大变革，未来可以通过看这份报告看到中国证券行业变革的清晰步伐。

对大家的见解进行一下总结，主要概括为以下几点：其一，时效性，证券行业是非常需要时效性的，报告最好是能够保持良好的时效性；其二，对创新的内涵应该细化；其三，注册制实施之后，定价能力就会成为各个证券公司投资银行业务的一个核心能力，建议报告增加这方面的研究；其四，建议将券商的服务能力加入到报告中；其五，评价指数，在报告当中建议通过 A 类、B 类、C 类上市公司评价形成一个评价指数，在一定程度上也可以反映券商竞争力的变化。

此外，关于这个横向课题研究成果如何去运用推广提出建议：第一，研究成果是不能束之高阁的，这个研究成果一定要有用，并且要主动去推广；第二，可以考虑成果的商业化，可以尝试通过提供一些咨询服务来获得它应有的收入，好多管理咨询公司的主要业务就是对企业提供战略发展建议。

孙国茂：作为《中国投资银行竞争力研究报告》的主要编写者，我非常感谢各位领导和专家学者能参加今天的评审会，并对《中国投资银行竞争力研究报告》提出这么多的宝贵意见。针对各位专家提出的问题和建议，我做几点说明。第一是关于报告的时效性问题。作为一个独立第三方研究机构，我们所采用的数据全部都是公开的数据，券商的财务数据到 2015 年 4 月 30 日才能全部披露，时效性很难保证。第二是关于如何设计创新能力指标，也就是说让这个指标能体现券商的创新能力。其实这个指标也是我们在整个指标体系设计中花费时间比较长的，就这个指标的设计，我们课题组走访了多家券商研究机构，包括海通证券副总裁李迅雷、银河证券首席经济学家左小蕾和国泰君安研究所研究员梁静等。我始终认为券商从事的监管部门批准的创新业务根本就不是创新，因为金融创新的本质是监管套利，券商是否具备监管套利能力主要取决于它的研究能力。第三是关于报告中的数据处理问题。我们认为应当把前几年券商的经营业绩、创新能力以及竞争力排名等因素考虑进来，对当年的统计数据进行平滑处理。平滑处理的重点在于如何选取二级、三级指标以及这些指标的权重。第四是关于区域性股权交易市场问题，也就是四板市场的问题。我们的报告暂时不考虑这类业务，原因有两个：首先，因为现在地方性股权交易机构基本上不接受证监会的监管，而是由地方金融办负责监管，所以这部分统计数据基本上不公开，数据的获取存在问题，时效性也不强；其次，四板市场的业务大多不是由券商做的，从某种程度来说和券商的关系不是很大。

2015 年是我们出版《中国投资银行竞争力研究报告》的第四个年度，在今年的报告中我们会把各位专家提的意见都体现出来。希望我们所做的这项工作能对证券行业发展有所帮助，能对中国多层次资本市场建设有所帮助。谢谢大家。

附：《中国投资银行竞争力研究报告》评审会议参会嘉宾

1. 中国证券业协会副会长、秘书长　王　旻博士
2. 中国证券业协会会员部　陆　华处长
3. 中国金融出版社　张红地副总编辑
4. 中国金融出版社独立策划部　肖丽敏主任
5. 银河证券战略研究部　刘世欣研究员
6. 海通证券研究所　闻宏伟研究员
7. 中德证券风险管理部　黄　强副总经理
8. 信达证券研究所　王小军研究员
9. 浙商证券研究所　刘志平研究员
10. 爱建证券研究所　胡伟东所长
11. 爱建证券研究所　左红英研究员
12. 世纪证券研究所　冯乐宁研究员
13. 长城证券研究所　曲小溪研究员
14. 中原证券研究所　张　川研究员
15. 财富证券研究所　杨莞茜研究员
16. 兴业证券研究所　唐　跃研究员
17. 华融证券研究所　宋　蕊研究员
18. 招商证券研究所　章红宝研究员
19. 国开证券研究部　杜征征副总经理
20. 安信证券研究部　杨文硕研究员
21. 安信证券研究部　邵晶鑫分析师
22. 中央财经大学金融学院　王汀汀教授
23. 山东财经大学金融学院　朱相平教授

24. 济南大学副校长　蔡先金教授
25. 济南大学社科处处长　李光红教授
26. 济南大学学科建设与发展处副处长　王　岩教授
27. 济南大学经济学院管理学院院长　王爱国教授
28. 济南大学经济学院副书记　刘　军教授
29. 济南大学金融研究院院长　孙国茂教授
30. 《公司金融研究》杂志社副主编　董新兴教授
31. 证券时报记者　付建利

后　记

盛夏季节，《中国投资银行竞争力研究报告（2015）》连续四年如期而至，又与读者见面了。2014 年 5 月，国务院出台的《关于进一步促进资本市场健康发展的若干意见》（“新国九条”）提出：到 2020 年，基本形成结构合理、功能完善、规范透明、稳健高效、开放包容的多层次资本市场体系。这似乎注定了 2014 年中国资本市场开始进入快速发展阶段。“新国九条”出台后，我给《人民日报》理论版写了一篇文章，题目是《资本市场是国家战略的重要组成部分》。我认为，要发挥市场配置资源的关键作用，实现十八届三中全会提出的“国家治理体系和治理能力现代化”的改革目标，完成国有企业、金融市场、养老保险制度等一系列重大经济社会改革，中国必须建立一个强大的资本市场。作为最重要的市场主体，投资银行竞争力的提高是资本市场发展的必然要求。从这个意义上理解，“新国九条”不仅给中国投资银行带来了空前的发展机遇，也增加了我们研究、考察投资银行新的视角。正如中国证券业协会副会长王旻所说：现代投资银行核心竞争力很重要的一个方面就是服务实体经济的能力和水平，首先是投资银行服务各类实体经济的能力、服务投融资需求的能力。

为了贯彻“新国九条”精神，“紧紧围绕促进实体经济发展，激发市场创新活力，拓展市场广度深度，扩大市场双向开放，促进直接融资与间接融资协调发展，提高直接融资比重，防范和分散金融风险”，使券商竞争力研究更有现实性和可操作性，2015 年 4 月，由济南大学主办的《中国投资银行竞争力研究报告》评审会在北京举行，来自中国证券业协会、中国金融出版社、中央财经大学和山东财经大学等高校的专家学者以及海通证券、银河证券、招商证券、兴业证券、长城证券、中原证券、华融证券和信达证券等 20 多家券商研究机构负责人、金融证券行业研究员出席了评审会。参加此次评审会的专家学者认为，中国证监会主席肖钢年初提出“让资本市场成为服务和引领中国经济新常态的重要无形之手，成为创业创新的广阔平台，成为实现中国梦的重要载体”，资本市场面临着难得的发展机遇，券商应当把提高竞争力作为永恒的命题。除了对报告的肯定和鼓励外，专家学者还从报告的时效性、资本市场的金融创新、多层次资本市场建设和券商创新能力评价等方面，对报告的完善提出了建议，绝大多数的建议已经体现在 2015 年的报告中。

尽管已经积累了三年的券商统计数据和报告编写经验，但 2015 年的报告编写丝毫不觉轻松。6 月完成初稿后，课题组每周要集体讨论 1 ~ 2 次，直到 7 月 20 日中国证监会公布券商分类评级结果。借报告出版之机，我们向中国证券业协会副会长王旻博士表示感谢，感谢王旻副会长对报告始终如一的指导和关心。感谢中国证券业协会会员部陆华处长、中国金融出版社张红地副总编辑、中央财经大学金融学院王汀汀教授、银河证券战略研究部刘世欣研究员、海通证券研究所闻宏伟研究员、中德证券风险管理部黄强副总经理、信达证券研究所王小军研究员、浙商证券研究所刘志平研究员、爱建证券研究所所长胡伟东博士、爱建证券研究所左红英研究员、世纪证券研究所冯乐宁研究员、长城证券研究所曲小溪研究员、中原证券研究所张川研究员、财富证券研究所杨莞茜研究员、兴业证券研究所唐跃研究员、华融证券研究所宋蕊研究员、招商证券研究所章红宝研究员、国开证券研究部杜征征副总经理、安信证券研究部杨文硕研究员、安信证券研究部邵晶鑫分析师，没有大家的帮助和支持，报告的编写和出版难以完成。

与2014年的报告相比，2015年的报告在结构上没有太大变化，但在报告第5章和第6章中，我们增加了一些重要内容。报告的第1章由孙国茂撰写；第2章由朱相平、冯琳、姜顺其撰写；第3章由朱相平、周雪、孙艳艳撰写；第4章由冯琳、姜顺其撰写；第5章由孙同岩、刘叶、孙艳艳撰写；第6章由孙同岩、刘叶、孙艳艳撰写；大事记由冯琳、刘叶撰写；《中国投资银行竞争力研究报告》评审会会议记录由孙同岩整理。在报告撰写期间，上海申万菱信基金管理公司的李泽祥博士、美国肯塔基大学戈顿商学院的陈国文博士参加了多次讨论，对报告的撰写提出了指导和建议。整个报告由孙国茂统撰定稿。

值得说明的是，课题组成员冯琳是我调入济南大学后指导的第一个硕士研究生，她连续四年参加报告撰写。在今年的报告撰写期间，冯琳既要准备博士研究生入学考试、硕士论文答辩，又要撰写报告，紧张程度可想而知。幸运的是，在报告完成时，冯琳的论文不仅顺利通过答辩，被评为济南大学优秀硕士论文，她本人也被中央财经大学录取为博士研究生，在此，课题组全体成员向她表示祝贺。

就在《中国投资银行竞争力研究报告（2015）》初稿完成时，中国股市发生了自诞生以来最惨烈的股灾。从2015年6月15日到7月8日，上证综指从5 166点跌到3 421点，短短16个交易日累计下跌了1 659点，跌幅达到30%。若按6月末沪深两市62.74万亿元总市值计算，两市损失市值超过20万亿元，这个数字相当于2014年全国GDP的30%！股灾发生后，为了防止系统性金融风险，金融监管最高当局推出了多种救市措施，对市场进行干预。在这些稳定市场的措施中，最有力的措施之一就是召集21家大型券商进京开会，决定以2015年6月底净资产15%出资，合计不低于1 200亿元，用于投资蓝筹股ETF。这21家券商还承诺，上证综指在4 500点以下，在2015年7月3日余额的基础上，证券公司自营股票盘不减持，并择机增持。现在，尽管一系列救市措施开始显现效果，但如果说股灾已彻底过去还为时尚早。人们思考更多的问题是，究竟什么原因导致了此次股灾？作为市场主体，券商应当为防范系统性风险做些什么？券商的竞争力对市场稳健运行将产生怎样的影响？我们希望有更多关心中国资本市场发展的人与我们一起交流、分享思想和观点，帮助我们进一步完善关于券商竞争力的研究。

我们的联系方式是：Email：ccfri2012@163.com
电话：0531－89736573

孙国茂

2015年7月于上海浦东金桥